세계사에 기억된 50개의 장소

시대의 이야기를 품은 특별한 공간,
땅 위에 남겨진 역사를 읽다

세계사에 기억된
50개의 장소

제이콥 필드Jacob F. Field 지음 | 김산하 옮김

미래의창

♣ 들어가며 ♣

오랜 인류의 역사를 거쳐 오면서 어떤 특정한 장소들은 계속해서 주목받을 일이나 비극적인 사건의 기념비, 획기적인 사건들의 현장이 됐다. 《세계사에 기억된 50개의 장소》에서는 오랜 역사의 흐름이나 주제에 관한 보다 더 광범위한 이야기를 자세히 다루고 있다. 이 이야기는 과학, 경제, 종교, 예술과 사회 전반으로 확장한다. 이를 바탕으로 선사시대부터 21세기에 이르는 인류의 이야기를 새롭게 구성했다. 연대기 순으로 정리한 이 책을 보면 역사를 결정짓는 50개의 장소가 인류 역사에 끼쳤던 영향과 영광, 그리고 장소들의 역할에 대해 상세히 기술되어 있다.

1장에서는 도구를 사용하기 시작한 최초의 인류가 출현했던 아프리카 탄자니아 올두바이 계곡과 그곳으로부터 뻗어나간 인류가 오스트레일리아, 아메리카 대륙까지 지구의 전 대륙에 정착한 이야기다. 2장의 고대시대에서는 비옥한 초승달 지역과 나일강, 황허강 유역과 같이 최초의 문명이 발생한 곳을 다룬다. 더불어 유대교, 기독교, 이슬람교의 성지가 된 예루살렘의 성전산과 그리스 황금시대의 영광을 상징하는 아테네의 아크로폴리스의 이야기도 담겨있다. 3장에서는 중세시대에 관한 내용으로 이슬람 세계에서 학문의 중추적 역할을 했던 팀북투 대학부터 실크로드의 중요한 중계점인 사마르칸트(현재의 우즈베키스탄), 아즈텍 문명의 중심이었던 멕시코 테노치티틀란, 세계에서 전략적으로 가장 중요한 수로인 터키 보스포루스 해협까지 소개하고 있다. 4장에는 근대시대에 관한 것으로 벨렘과 대서양 노예무역의 주요 거점이었던 가나의 케이프 코스트 성을 통해 포르투갈과 다른 유럽 국가들이 어떻게 수세기 동안 제국주의를 건설했는지 보여준다. 5장에서는 현대사회의 수많은 혁명적인 사건들에 대해 상세히 기술했다. 공장을 기반으로 산업화 시대를 연 스코틀랜드의 뉴 래너크, 시몬 볼리바르와 연합군이 라틴 아메리카의 독립을 위해 구축했던 베네수엘라의 앙고스투라에 대해 설명한다. 마지막으로 6장 현대시대에서는 영화산업의 지형에 결정적인 영향을 끼친 할리우드와 한때 핵 전멸 직전까지 갔던 냉전시대의 유일한 상징인 비무장지대DMZ가 나온다.

여러분의 관심사가 언제 어디에 있던《세계사에 기억될 50개의 장소》는 과거 인류의 역사에 대한 새로운 통찰과 관점을 제시해 줄 것이다.

목차

III 문화의 발전 중세시대

IV 전쟁과 절대왕정의 시대 근대시대

V 세상에 반기를 들다 혁명의 시대

VI 박해와 변혁의 시대 현대시대

올두바이 협곡
멍고호

I

현생인류의 등장

선사시대

✤ 001 ✤

올두바이 협곡

Olduvai Gorge

최초의 현생인류가 등장하다

약 2백만 년 전, 아프리카의 사하라사막 이남 지역에서 최초의 현생인류가 출현했다. 호모 하빌리스Homo habilis(손재주가 있는 사람)로 분류된 이들은 수천 년에 걸쳐 오늘날 현대인의 직계 조상인 호모 사피엔스Homo sapiens(슬기로운 사람)로 진화하면서 전 세계로 퍼져나갔다. 이처럼 인류의 아주 오래전 조상에 대해 알 수 있었던 것은 탄자니아에 있는 올두바이 협곡*에서 이들의 흔적들이 연이어

* 동아프리카 지구대는 터키의 최남단에서 모잠비크의 잠베지강 입구까지 6천 4백 킬로미터에 달한다. 약 3천만 년 전에 일어난 지구의 지각변동으로 이곳에 폭 80킬로미터, 깊이 309미터의 협곡이 생겼고, 수많은 산맥과 호수가 만들어졌다. 이처럼 다양한 환경은 유인원이 현생인류로 진화할 수 있었던 배경이자 현재 이곳이 세계에서 화석 인류가 가장 풍부한 보고寶庫가 된 이유다.

올두바이 협곡은 탄자니아 북부 세렝게티 국립공원 동부에 위치하고 있다. 이곳은 유난히 화석 인류가 많이 나온 곳으로 유명하다.

발견됐기 때문이다.

탄자니아 북부 세렝게티 평원의 동쪽 끝에 위치한 올두바이 협곡은 길이 약 48킬로미터의 아주 깊고 가파른 골짜기다. 올두바이라는 이름은 올두파이Oldupai라는 마사이족의 언어에서 유래된 말로 '야생 사이잘Sisal삼의 서식지'라는 뜻이다. 실제로 이 협곡 주변에서는 가시처럼 뾰족한 잎을 지닌 사이잘삼을 흔하게 볼 수 있다. 선사시대에는 협곡 바로 옆에 호수가 있었는데, 동물이나 초기 인류가 모여 있었던 중요한 장소였다. 이들의 유해는 협곡 가까운 곳에 있던 화산에서 떨어진 화산재 퇴적물 덕분에 잘 보존되어 있었다. 1911년 독일 출신의 곤충학자 빌헬름 카트빈켈Wilhelm Kattwinkel은 당시 독일령 동아프리카에 속해 있던 이곳에서 오늘날에는 멸종된 히파리온Hipparion(말목 말과 포유류)의 이빨이 포함된 동물 화석층을 최초로 발견했다.

빌헬름 카트빈켈이 올두바이에서 수집한 유해를 독일에서 발표한 후, 지리학자이자 고생물학자인 한스 레크Hans Reck가 이끄는 발굴단이 공식적으로 꾸려졌다. 이때까지 인류의 진화론은 현생인류가 영장류에서 진화했다는 설이 지배적이었다. 하지만 이 이론을 뒷받침할 만한 화석기록이 충분하지 않았기 때문에 인류가 어디서, 어떻게 진화해왔는지를 이해하는 것에는 여전히 한계가 있었다. 그 당시 가장 오래된 고인류 화석종으로 알려진 것은 아시아에서 발견된 호모 에렉투스Homo erectus(직립원인, 선 사람)였다. 직립보행이 가능하며 손을 보다 자유롭게 움직일 수 있어 도구를 만들 수 있었고, 주어진 환경에 능숙하게 적응할 수 있었던 이들은 영장류인 오스트랄로피테쿠스Australopithecus에서 진화된 것으로 여겨졌다. 한스 레크의 발굴단은 올두바이에서 수백 점의 동물 화석과 함께 조사 당시 50만 년 전 이상의 완전한 형태를 갖춘 호모 사피엔스 유골 하나를 발굴했다. 하지만 올두바이 협곡에 대한 대중의 관심이 점차 커지면서 보다 많은 현장 발굴 조사가 진행됐음에도 이 유골의 정확한 연대에 대해서는 여러 의문점이 제기됐다(이러한 의구심은 신빙성이 있었다. 당시 유골에서 추출한 시료를 방사성탄소연대 측정법을 통해 분석한 결과 그 연대가 1만 7천 년 전의 것으로 밝혀졌다).

제1차 세계대전이 발발하고 탄자니아가 영국의 위임통치령이 되자 올두바이에서의 발굴은 더 이상 이어질 수 없었다. 이후 1931년이 되어 다시 현장 조사가 시작됐다. 올두바이 발굴단은 케냐 출생의 영국 인류학자 루이스 리키Louise Leakey가 이끌었다. 그는 독일에 있는 한스 레크를 일찍이 찾아가 이곳에서 수집한 화석을 살펴본 적이 있었다. 리키 박사와 그의 가족들은 올두바이 협곡에서 수십 년에 걸친 발굴 작업을 통해 초기 인류에 대한 기존의 가설을 뒤집는 인류의 기원에 대한 혁명적인 발견을 했다. 인류학자인 부인 메리 리키Mary Leakey도 발굴단의 일원으로 참여했다. 처음에는 발굴단이 1백만여 년 전의 것으로 추정되는 아주 정교하게 만들어진 주먹도끼를 발견했지만, 호모 에렉투스 이전에 출현한 인류 종에 대한 흔적은 아무 것도 찾아내지 못했다.

1959년 7월 17일, 제 7차 발굴에서 리키 박사 부부는 아주 중요하고 획기적인 발견을 했다. 아내 메리가 달마티안 여섯 마리를 데리고 계곡을 조사하다가 우연히 두개골 조각을 찾아낸 것이다. 175만 년 전으로 추정되는 거의 완전한 형태의 이 유골은 커다란 어금니 때문에 '호두까기 인간Nutcraker man'이라는 별명으로 불렸다(당시 초기 학명은 '진잔트로푸스보이세이Zinjanthropus boisei'라는 새로운 속의 종으로 분류됨 – 옮긴이). 그들은 이 유골을 인류의 기원이 아프리카라는 사실을 뒷받침할 증거로서 오스트랄로피테쿠스와 같은 종의 유골이라고 결론을 내렸다. 이듬해 메리는 아들 조나단Jonathan Leakey과 함께 초기 인류의 아래턱뼈와 나머지 부위의 뼈를 찾아냈다. 이후 대대적인 발굴 조사가 이뤄지면서 유사한 종의 유해들이 더 많이 발견됐고, 이들은 오스트랄로피테쿠스에서 호모 에렉투스로 진화되기 전 단계에 생존했던 종으로 밝혀졌다.

1964년, 마침내 인류의 새로운 종이 등장했다. '손재주가 있는 사람'을 뜻하는 호모 하빌리스는 240만 년부터 150만 년 전까지 생존했으며 뇌 용적이 오스트랄로피테쿠스보다 좀 더 크고 보다 정교한 도구를 만들어 사용했다.

올두바이 협곡에는 초기 인류가 만든 석기 유물들이 많이 발견됐다. 호모 하빌리스는 수렵을 하면서 죽은 동물을 주로 먹었으며 '돌과 돌을 부딪쳐 깨는' 기술을 이용해 하나의 돌로 다른 돌의 표면을 반복적으로 쳐서 날카로운 날을 가진 격지(박편)를 만들기도 했다. 이러한 올도완Oldowan 석기는 주로 짐승의 뼈에서 고기를 발라내거나 큰 뼈를 열어서 골수를 꺼내 먹는 용도였다. 또한 나뭇가지를 재료로 한 은신처나 나무를 활용한 무기와 덫을 만드는데 활용되기도 했다. 석기를 사용하면서 이들은 매우 다양한 지역에서 적응할 수 있었고, 이는 인류가 생존하는 데 있어 아주 중요한 요소였다. 약 190만 년 전, 호모 하빌리스는 보다 정교한 도구를 사용하고 불을 다룰 수 있는 호모 에렉투스로 진화했다. 그리고 약 20만 년 전에는 해부학적으로 현생인류와 가장 가까운 호모 사피엔스가 동아프리카에 출현했다. 호모 에렉투스와 호모 사피엔스의 화석은 모두 올두바이에서 발견됐고, 이는 2백만 년 이상의 시간 동안 인류 종들이 어떻게 영장류에서 진화했는지를 잘 보여준다.

호모 사피엔스는 아프리카에만 머물러 있지 않았다. 다른 종에 비해 상대적으로 큰 뇌 용적과 뛰어난 지능을 지녔기에 매우 다양한 지역에서 생존할 수 있었다. 13만 년부터 1만 년 전 사이에는 근동 지역으로, 약 5만 년 전에는 유럽을 비롯해 아시아 지역으로 더 멀리 퍼져나갔다. 호모 사피엔스의 거주 지역이 확장되면서 네

안데르탈인*과의 교배가 이뤄졌을 가능성이 높다. 유전자 검사에서도 이 지역의 사람들에게서 네안데르탈인의 DNA가 발견됐다. 하지만 네안데르탈인은 호모 사피엔스와는 완전히 다른 별개의 종으로, 4만여 년 전에 멸종했다. 이들의 멸종 원인으로는 지구의 기후 변화나 현생인류인 호모 사피엔스에 밀려나 도태 및 흡수됐다는 가설이 제기되고 있지만, 아직 학계에서 정설로 받아들여진 것은 없다.

1만 5천 년 전에는 전 세계로 호모 사피엔스들이 퍼져나갔다. 초기 호모 사피엔스는 이전 조상인 호모 에렉투스처럼 30명에서 50명 정도의 집단생활을 하면서 야생 동·식물을 수렵하고 채집했다. 남녀는 평등했으며 계속 이동했기 때문에 사유 재산이라는 개념이 거의 없었다. 이러한 점들은 초기 구석기 사회가 경제·사회적으로 평등한 사회였음을 보여준다. 10만 년 전의 호모 사피엔스는 시체를 매장하는 풍습이 있었고, 5만 년 전에는 이러한 의식을 재현한 예술품이 발견됐다. 또한 1만 4천 년 전에는 이전 시대보다 한층 더 정교해진 활과 화살 같은 무기들을 제작할 수 있는 능력을

* 네안데르탈인(호모 네안데르탈렌시스Homo neanderthalensis)은 약 40만 년 전에 호모 사피엔스와는 다른 사람 속의 한 종으로 진화한 고생인류다. 유럽에서 등장한 네안데르탈인은 북아프리카와 아시아 일부로 퍼져나갔으며 현생인류에 비해 짧은 다리와 큰 코, 다부진 체격을 갖고 있어서 추운 지역에서 잘 적응했다. 이들은 동굴 안에서만 지내지 않고 음성언어와 불을 사용했으며 돌을 이용해 도구를 제작했다.

갖췄다. 여러 가지 면에서 활과 화살은 움직이는 부품과 근육 에너지를 역학 에너지로 전환시키는 최초의 무기였다. 더불어 그물이나 투창기(혹은 스피어 스로우어), 사냥용 올가미인 볼라Bola와 같은 혁신적인 도구들을 이용해 자기들보다 덩치가 큰 짐승을 사냥할 수 있었다. 유목 생활을 하던 구석기시대는 기원전 1만 년 전부터 사라지기 시작했으며, 중동 지역에 사람들이 정착하면서 농경사회가 시작됐다.

✤ 002 ✤

멍고호

Lake Mungo

메말라버린 호수에서 발견된 현생인류

오스트레일리아 원주민 에보리진Aborigine은 수천 년간 전해오는 고유의 문화와 함께 세계에서 가장 오래 보존된 인류다. 이들은 최소 5만 년 전부터 오스트레일리아에 들어와 섬 전 지역에 정착했다. 에보리진의 가장 오래된 화석이 발견된 곳은 오스트레일리아 남서쪽의 뉴사우스웨일스에 있는 멍고호다. 이곳은 이미 메말라버린 지 오래된 곳이다.

1968년 오스트레일리아의 지질학자 짐 모리스 바울러James Maurice Bowler는 멍고호 주변의 고대 모래언덕을 조사하고 있었다. 그는 근처에서 불에 탄 흔적이 있는 부식된 사람의 뼈를 발견했고, 이듬해 캔버라에 있는 오스트레일리아 국립대학에서 심층적

멍고호는 오스트레일리아 뉴사우스웨일스 주에 있는 멍고 국립공원 내에 위치하고 있다. 멍고호는 17개의 호수 가운데 두 번째로 큰 크기였으나 기후가 건조해지면서 사막으로 바뀌었다.

인 조사를 진행했다. 조사 결과, 유골은 키가 147센티미터인 어린 소녀의 것으로 드러났다. 유골에는 붉은 황토색 안료인 오커가 뿌려져 있었다. 이를 통해 안료를 칠하고 화장을 하는 등의 장례 의식이 존재했다는 것을 유추할 수 있었다. 즉, 당시 사람들이 사후 세계에 대한 인식을 하고 있었다는 것이다. 바울러 박사는 1974년에도 멍고호 주변의 바위에서 유해 덩어리를 발견했다. 이 유골은 170센티미터의 키에 50대 정도의 성인 남자로 추정되며, 오른쪽 팔꿈치에 골관절염을 앓은 흔적이 있었다(투창을 자주 던져서 그런 것일 수도 있다). 또한 유골은 송곳니 두 개가 빠져 있었는데, 이는 당시의 종교적인 장례의식과 연관되어 있을 가능성이 높다. '멍고인1Mungo lady'과 '멍고인3Mungo man' 모두 약 4만 2천 년 전에 사망한 것으로 추정되며, 이 시기는 이미 에보리진이 오스트레일리아에 정착해 있었던 때였다.

DNA 검사 결과 에보리진은 호모 사피엔스의 직접적인 후손으로 나타났다. 약 7만 2천 년 전 호모 사피엔스는 아프리카를 떠나 동남아시아를 거쳐 오스트레일리아로 이동했다. 인간이 정착했다는 최초의 증거는 오스트레일리아 북부에 있는 아넘랜드에 있다. 아넘랜드에 있는 석굴 두 곳에서 5만 3천 년에서 6만 1천 년 사이로 보이는 석기 도구들이 발견됐다. 이 증거들은 에보리진이 3만 5천 년 전까지 오스트레일리아 전 대륙을 배경으로 이동했다는 것을 알려준다. 대부분은 초기 인류의 특징인 수렵과 채집 생활을 고수했다(일부 무리들은 농사를 짓거나 식량 수확 및 저장, 뱀장어나 생선을 잡는 올가미를 치기 위한 정교한 방식들을 시도하기도 했다). 그들은 숙련된 추적자와 사냥꾼이었으며 창던지기 선수와 다름없었다. 불은 그들의 생존에 있어 아주 중요한 요소였다. 음식을 만들거나 안식처인 동굴을 공격하는 짐승을 내쫓을 때 필요했고, 쓰고 남은 재는 농작물을 키우는 비료로 사용했다.

인류가 처음 정착했을 때 오스트레일리아 대륙의 모습은 오늘날과 사뭇 달랐다. 에보리진이 5만 년에서 4만 5천 년 전 사이에 멍고호로 처음 왔을 무렵 멍고호는 내륙의 큰 호수였다. 당시 기온이 서서히 떨어지면서 증발되지 못한 물은 계속 축적되어 13개의 호수를 만들었다. 멍고호 주변은 야생 동·식물로 가득 찬 초원과 숲이었다. 하지만 약 4만 년 전, 모래 언덕에서 불어오는 모래 폭풍과 지구 기온의 상승으로 멍고호의 수면은 점점 낮아졌다. 멍고호는 1만 9천 년 전에 완전히 메말라버렸고, 주변에 있던 사람들은 물이 풍부한 다른 곳으로 이동했다.

에보리진 부족은 대략 5백 개 정도로, 각각의 부족은 고대의 어느 특정한 지역과 관련되어 있었다. 글을 쓰는 대신 대대로 후손들에게 자신들의 신화를 구두로 전달하는 체계가 존재했다. 이들 내에서는 사회적 위계질서가 자리 잡고 있지 않았다. 부족 간에 전쟁이 발생하는 경우도 있었으나 이들 사이에는 서로의 문화를 교류하는 일이 잦았다. 가까이 있는 부족들끼리 모여서 종교적인 의식을 치르기도 했으며, 1천 6백 킬로미터 이상 떨어진 해안으로부터 내륙까지 서로 교류할 수 있는 네트워크를 형성하기도 했다. 에보리진은 오랜 세월 동안 이동하며 살았던 사람들이었기 때문에 정착하여 살아가는 방식에 대한 체계가 거의 잡혀 있지 않았다. 예외적으로 그들이 잠시 정착하며 사용했던 움막이 빅토리아 주 남서부에서 발견됐다. 이 움막은 약 6백 년 전에 만들어진 것으로 네 명에서 일곱 명의 가족을 수용할 수 있는 크기였다. 끊임없이 이동하면서 살았던 생활 방식으로 인해 에보리진의 인구는 점차 줄어들었고, 18세기 말 무렵에는 오스트레일리아에서 살고 있는 에보리진의 수가 30만 명 정도였다. 이 숫자는 26제곱미터 당 한 명꼴인 셈이다.

1786년, 영국 정부는 오스트레일리아에 영국의 범죄자를 수용하기로 결정했다. 이는 제임스 쿡James Cook이 제1차 항해를 한 지 2년이 지난 후였다. 18세기 말까지 오스트레일리아에는 5천 명이 넘는 범죄자가 살고 있었고, 19세기에서 20세기까지 수백만 명의 이민자가 오스트레일리아에 왔다. 영국은 오스트레일리아의 원래 주인인 원주민들과 어떤 협약도 사전에 하지 않은 채 통치권을 선포하며 오스트레일리아의 땅을 지배했다. 이것이 가능했던 이유는 테라 눌리우스Terra nullius*라는 국제법 때문이었다. 당시 원주민이었던 에보리진의 권리는 완전히 무시됐다. 1992년이 되어서야 오스트레일리아 고등법원은 원주민의 토지 소유권을 인정했다.

오스트레일리아가 영국의 식민지가 되는 과정은 너무나 잔인했

* 무주지라는 뜻으로 국제 공법에서 어떤 국가의 주권도 미치지 않은 영토 또는 이전에 주권을 행사했던 어떤 국가도 명시적으로 혹은 암시적으로 주권을 포기한 영토를 이르는 말이다. 무주지의 영토 주권은 점령하면 얻을 수 있으나 이 경우 일부 국제법이나 조약을 위반하는 행위가 될 수 있다.

으며 이는 현지 원주민 사회에 큰 충격을 주었다. 원주민들은 땅을 빼기는 것도 모자라 영국 이주자들이 들여온 질병으로 인해 죽거나 정착민들의 인종 탄압에 시달렸다.

멍고호에서 발견된 멍고인 유골들은 그동안 캔버라에서 보관하고 있었다. 사실 이 유골은 멍호고의 원래 주인이었던 에보리진의 파아르칸트지Paakantyi, 마티마티Muthi muthi, 응이얌파아Ngiyampaa라는 세 부족들의 허락을 받고 보관했어야 했다. 하지만 그 과정은 진행되지 않았다. 1992년에 이르러서야 오스트레일리아 정부는 이들 부족과 논의를 시작했고, 멍고인1을 무조건적으로 에보리진에게 반환했다. 현재 유골은 멍고국립공원 전시장에 이중으로 잠긴 금고에 보관되어 있다. 두 개의 열쇠를 동시에 넣어야 열리는 금고의 열쇠 중 하나는 고고학회가, 다른 하나는 원주민 단체가 관리 중이다. 하지만 성인 남성 멍고인의 유골인 멍고인3은 2017년이 되어서야 반환됐는데, 그 유골은 멍고호 끝자락에 다시 묻혔다. 그의 유골은 수 세기 동안 아무도 손대지 않았던 원주민의 땅 위에 영원히 남게 될 것이다.

보터니만

1770년 4월 29일 영국의 탐험가 제임스 쿡James Cook이 이끄는 영국 함대 엔데버Endeavor호가 오스트레일리아 동쪽 해안을 따라 북상했다. 엔데버호는 남태평양 섬들의 위치와 명칭을 결정하고 뉴질랜드 해안가를 거쳐 오는 중이었다. 이때 그는 자신이 발견한 영토를 보터니만Botany Bay이라고 명명했고, 영국에 돌아오기 전까지 8천 킬로미터에 달하는 오스트레일리아의 해안 지도를 완성했다. 이 지도를 바탕으로 1788년 영국 함대는 죄수 736명을 포함한 1,030명의 사람들을 태우고 보터니만에 도착했다. 그러나 보터니만은 죄수 유형지에 적합하지 않았다. 이에 죄수들은 북쪽으로 8킬로미터 떨어진 포트 잭슨Port Jackson으로 보내졌으며 이곳은 훗날 시드니가 된다.

로마
아테네
예루살렘
(성전산)
알렉산드리아
페르세폴리스
메소포타미아
황허강
노나라
(공자)
부다가야
(보리수나무)
나일강

II

문명의 시작

고대시대

✤ 003 ✤

메소포타미아의 비옥한 초승달 지역

The Fertile Crescent

세계 최고 문명의 발상지

약 1만 2천 년 전, 인류 문명은 수렵채집 사회에서 농경사회로 변화하면서 정착사회가 형성됐다. 세상을 뒤바꾼 이른바 '신석기시대혁명'이었다. 인구가 증가함에 따라 일이 분업화되면서 마을과 도시가 등장했다.

비옥한 초승달 지역(이하 초승달 지역)은 티그리스와 유프라테스 강(터키와 이란의 산맥에서 시작해 페르시아만으로 흘러 들어간다) 사이에 있는 중동 지역을 말한다. 가장 비옥한 농경지로 알려진 곳은 이 두 강 사이에 위치한 메소포타미아 지역으로, 이곳에서는 기원전 9000년까지 농사를 지었다. 초승달 지역에서는 에머밀, 보리, 수수, 아마, 그리고 쓴 맛이 나는 살갈퀴나 렌틸과 같은 콩류와 야생

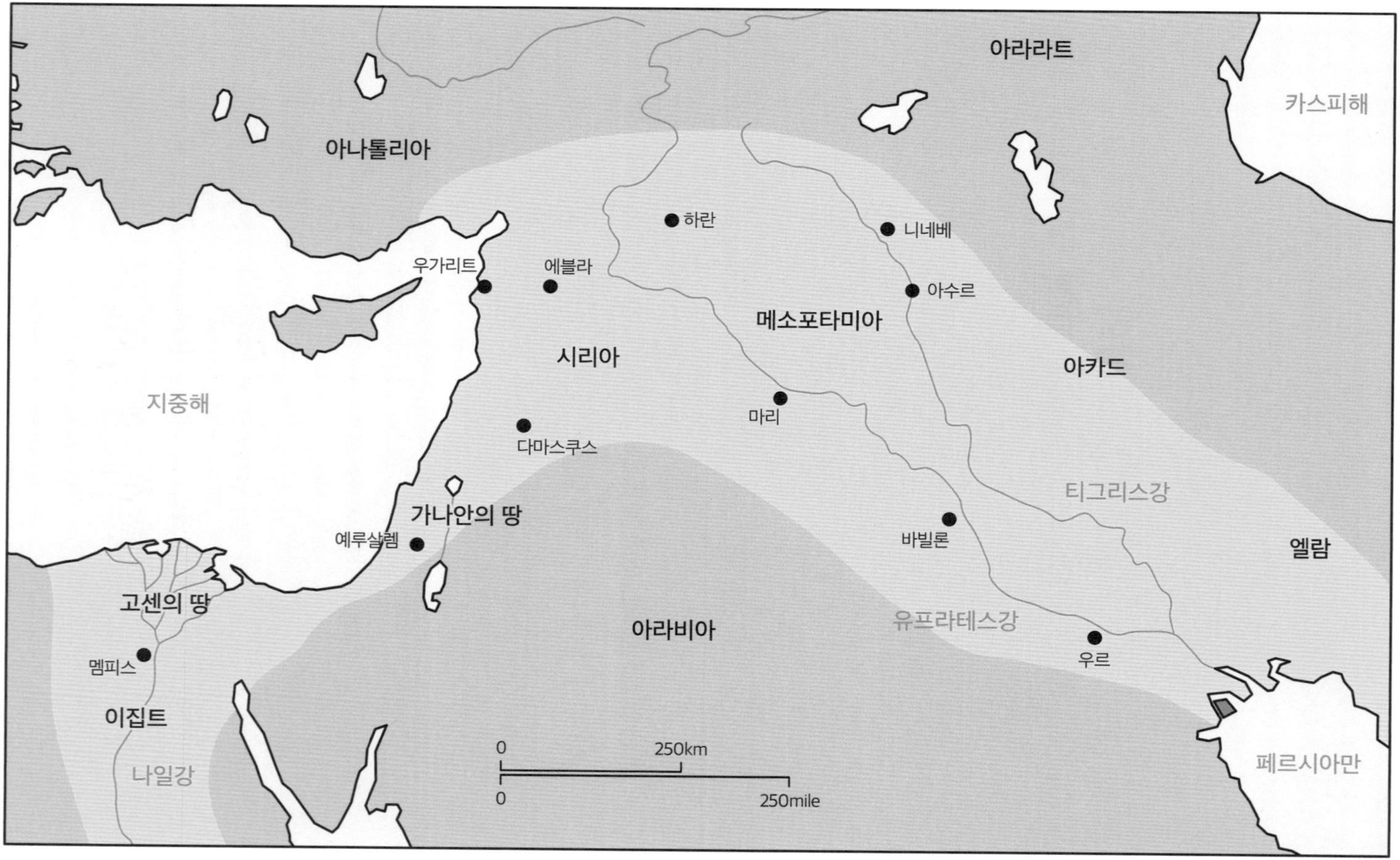

메소포타미아의 초승달 지역(기원전 6000년경)

작물들도 자랐다. 이 지역에서 사람들이 살기 시작하면서 이러한 작물들을 직접 경작했다.

염소와 양, 소, 돼지는 초승달 지역에 살았던 야생동물들로, 사람들에 의해 가축화가 됐다(러시아와 중앙아시아에서 가장 먼저 가축화된 동물인 말은 기원전 4000년 이후에 등장했다). 기원전 7000년 초승달 지역 전역에는 대규모 농경 마을이 형성됐다. 이 지역은 강의 수위가 일정했고, 강수량이 풍부한 곳이었다. 기원전 6000년경부터 물을 이용한 소규모의 관개시설을 설치했고, 기원전 5000년에는 좀 더 정교해진 배수로와 저류지 시설이 조성됐다. 이를 통해 습지대를 농토로 개간할 수 있게 되면서 다양한 작물들의 재배가 가능해졌다. 즉, 농토를 광범위하게 활용할 수 있게 된 것이다. 쟁기와 써레와 같은 농기구도 발명되면서 농작물 수확이 증가했고, 이로 인해 많은 사람들이 점차 이곳으로 빠르게 모여들었다.

메소포타미아의 최남단에 있는 수메르에는 기원전 4500년경에 사람들이 정착하기 시작했다. 수메르는 기원전 4000년 중반 무렵 도시국가들이 형성됐고, 세계에서 가장 오래된 문명의 발상지로 여겨지고 있다. 수 세기 동안 수메르 문명은 초승달 지역을 넘어 페르시아와 이집트까지 확장됐다. 그러나 이 무렵 건조해진 기후로 인해 흉년이 계속됐고, 사람들은 주기적으로 도시를 옮겨 다닐 수밖에 없었다. 그들은 집약적으로 농사를 짓기 위해 사람들이 밀집해 있는 지역을 찾아다녔다. 도시국가의 발달로 사람들의 직업은 점차 전문화됐고, 그 결과 직물과 도자기와 같은 공예품을 많이 볼 수 있었다. 특히 금속을 다루는 기술이 발전하면서 기원전 3500년경에는 청동을 만들었고, 기원전 1000년경에는 더 강력하고 날카로운 철기를 생산해냈다.

다양한 공예품들이 등장했음에도 대부분의 사람들은 여전히 농사를 지었다. 농사를 짓기 위해 집을 떠나 도시 밖에 있는 지역으로 향하기도 했다. 기원전 3000년경 초승달 지역에서는 수레를 활용한 원거리 교역이 이뤄졌는데, 이는 무게가 나가는 물건들도 먼 거리까지 운반할 수 있었다는 것을 의미한다. 이 시기에 메소포타미아 사람들은 짐을 실을 수 있는 커다란 보트를 제작할 수 있었고, 기원전 2300년 무렵에는 오만과 인도처럼 먼 지역과의 교역도 이뤄졌다. 하지만 당시의 활발한 경제활동에도 불구하고 초승달 지역에서는 화폐를 사용하지 않았다. 보통의 거래 방식은 물물교환이었으며 사람들에게 주는 임금은 주로 곡식이 활용됐다.

초승달 지역의 도시들은 점차 국가의 형태로 성장했고, 중심에서 약 16킬로미터 떨어진 지역까지 영향력이 뻗어나갔다. 이러한 도시국가의 지배 구조는 지배자들의 연합 체제에서 독재 구조로 변화했다. 기원전 3000년경 대부분의 도시국가는 한 명의 통치자가 지배하면서 그 후손들에게 세습되는 방식이 자리 잡기 시작했다. 최초의 통치자는 석고 기단의 유물 흔적에서 발견된 엔메바라게시Enmebaragesi다. 그는 기원전 2600년경에 수메르 도시국가 중 하나인 키시Kish를 통치했던 인물이다. 초기 왕들의 가장 중요한 역할은 군사 통솔 능력이었다. 이는 당시 도시국가가 성장하면서 경쟁자들을 무찌르고 영토를 확장하는 데 반드시 필요한 능력이었다. 석고 기단에 따르면, 역사에 기록된 첫 전투는 기원전 2450년경 관개시설이 설치된 토지를 두고 라가시Lagash와 움마Umma 사이에서 벌어졌다. 에안나툼Eannatum은 라가시의 왕으로 직접 군대를 이끌었으며, 전장에서 화살에 맞으면서도 부대를 승전으로 이끌었다. 왕들은 도시 경계를 위한 벽이나 관개시설, 곡물창고를 관리했고, 이에 필요한 명령을 내렸다.

조직화된 종교도 등장했다. 각 도시국가들은 저마다의 지역을 관장하는 신을 모시고 있었으며 그들을 위한 정교한 사원을 지었다. 기원전 2000년부터는 신성한 산을 상징하는 피라미드에 수많은 계단을 놓은 고대 건조물 지구라트Ziggurat를 만들었다. 통치자들은 일반 사람들의 삶을 종교와 긴밀한 관계를 맺도록 했으며, 신성한 성직자의 역할을 부여받아 국가권력과 종교의식을 결합했다.

초승달 지역의 최초의 황제는 사르곤Sargon왕이었다. 기원전 24세기에 수메르 키시에서 정원사의 아들로 태어난 그는 키시의 왕에게 술을 따르던 신분이었다. 키시의 왕을 끌어내리고 권력을 잡은 그는 권위를 과시하기 위해 샤루-킨Sharru-kin이라는 섭정명을 사용했다. 이는 '정통 왕'이라는 의미다. 기원전 2334년부터 그는 메소포타미아 전 지역을 점령해나갔고, 현재 이라크 바그다드 지역인 아카드Akkad에 새로운 수도를 건설했다. 사르곤은 그가 정복했던 도시국가들의 기존 통치자들을 그대로 두었지만, 그들의 역할은 오늘날 도지사와 같은 위치에 불과했다. 사르곤은 5천 명 이상의 상비군을 주둔시켰고, 다른 민족에게 무거운 세금을 물었으며 토지를 바치도록 만들었다. 사르곤의 대를 이은 후손들은 그들의 왕국을 점차 확장해나갔다. 그러나 수많은 반란 세력은 물론 페르시아, 시리아, 아나톨리아와 같은 접경 지역의 침략이 끊임없이 이어졌다. 기원전 2154년 결국 아카드 제국은 멸망했고, 도시국가로 분리되어 이전의 모습으로 돌아갔다.

아카드 제국이 멸망한 뒤, 초승달 지역을 제패한 도시국가는 기원전 1894년에 유프라테스강변에 세워진 바빌론Babylon이다. 함무라비왕의 집권 시기였던 기원전 1792년부터 1750년까지 바빌론은 주변의 도시국가를 정복해가면서 메소포타미아에서 주도권을 잡았다. 함무라비왕은 자신의 권력을 확장하는 데 온 힘을 쏟았던 인물이었으며, 그가 만든 함무라비 법전은 기원전 1764년경에 제정된 세계 최고의 법전이다. 높이 2-3미터의 돌기둥에 세겨진 이 법전은 바빌론 전 지역에 세워졌다. 함무라비 법전에는 노예, 상업,

임금, 간통, 결혼, 입양 등과 같은 282개의 판례법이 포함되어 있으며, 이것의 가장 기본 정신은 '눈에는 눈'으로 다른 법전뿐 아니라 구약 성서에도 큰 영향을 주었다. 당시 바빌론은 학문과 종교, 상업의 최고 중심 지역이었지만 함무라비왕 사후에 분열됐다. 수메르 문명부터 바빌론까지 초승달 지역에서 발생한 고대 문명은 널리 퍼져나갔다. 수 세기 동안 아시아를 가로질러 아프리카와 유럽으로 전파됐으며, 오늘날 인류 역사에서 가장 영향력 있는 문명의 하나로 자리 잡았다.

설형문자

기원전 3300년경, 수메르인들은 설형문자라는 최초의 문자체계를 만들었다. 점토판을 구워 딱딱하기 만든 뒤 갈대줄기를 활용해 글자를 새겨넣었다. 수메르인들이 처음으로 만들어낸 문자는 쐐기형 문자가 아니라 동그라미나 짧은 선으로 표현하는 그림문자였다. 이 그림문자를 사용하는 과정에서 그 미흡함을 보충하기 위해 단단한 갈대 줄기나 철필로 점토판에 쐐기형의 글자를 새기기 시작했는데, 그 모양이 쐐기와 같다고 해서 설형문자란 이름을 붙였다. 초기 문자는 몇 개의 한정된 그림문자를 이용해 물건이나 곡식, 세금 등을 기록했다. 이후 6백 년 동안 1천 개의 표음문자체계로 발전했고, 이 문자체계는 중동 전 지역에서 받아들여졌으나 서기 1세기까지만 사용됐다.

✦ 004 ✦

나일강

The Nile

문명을 낳은 강

나일강은 아프리카에서 지중해를 향해 6천 4백 킬로미터 이상을 가로지르는 세계에서 가장 긴 강이다(세계에서 가장 긴 강이라고 알려져 왔으나, 2008년 5월 리마지리학회의 발표에 따르면 아마존강이 나일강보다 긴 것으로 조사됐다 - 옮긴이). 이 강줄기가 없었다면 3천여 년간 고대 이집트 문명은 존재할 수 없었을 것이다. 나일강은 이 지역의 과거와 함께 현재, 그리고 미래를 형성하는 중추적인 역할을 하고 있다.

이집트에서 나일강은 사하라사막을 가로지르는 일종의 오아시스다. 나일강 유역에는 두 곳의 중요한 지역이 있다. 하나는 약 13킬로미터 폭의 계곡이며, 다른 하나는 삼각주Dleta 저지대(하천

대략 기원전 3200년경 이집트 남부에 사람들이 정착하면서 이집트 문명이 탄생했다.

이 바다나 호수와 만나 퇴적물이 오랫동안 쌓여 만들어진 평평한 지형)다. 240킬로미터의 석호와 습지가 펼쳐진 이곳은 지중해안까지 이어져 이집트와 유럽 간에 선박을 통한 이동을 자유롭게 만들었다. 나일강에는 주요 원류 두 곳이 있는데, 이에 대한 상세한 정보는 19세기 후반이 되어서야 밝혀졌다. 에티오피아의 타나Tana호수에서 흘러온 지류는 청나일강Blue Nile으로, 동아프리카의 빅토리아호수에서 흘러온 지류는 점토가 많은 백나일강White Nile으로 향한다.

이 두 지류는 오늘날의 수단 북부에 위치한 수도 하르툼에서 합쳐진다.

다른 지역에서는 물이 부족했기 때문에 나일강 유역은 고대 이집트인에게 아주 중요했다. 그들은 나일강을 '강'이라는 뜻을 가진 이테루Iteru라고 불렀고, 나일이라는 이름은 고대 그리스어인 네일로스Neilos에서 유래했다. 기원전 5000년경 이후에는 오늘날의 이집트 지역인 나일강 유역을 따라 최초의 농경사회가 형성됐다. 보리, 밀, 아마, 과일과 야채는 물론 가축도 길렀으며, 강을 따라 야생 파피루스Papyrus도 자랐다. 이 식물의 속은 고대인들이 글을 쓰는 데 사용했던 파피루스 종이의 원료였다. 그리고 나일강의 중요한 특징은 매해 주기적으로 범람했다는 것이다. 늦여름 동안에 강이 범람하면서 토지에 쌓인 독소와 염분이 씻겨나갔고, 많은 양의 퇴적토가 쌓여 주변의 토양을 비옥하게 만들었다. 고대 이집트인들은 이를 두고 '나일강의 범람'이라고 불렀다. 그들은 강이 범람하는 것을 두고 고대 이집트의 어머니 신인 이시스Isis가 죽은 남편 오시리스Osiris을 위해 흘린 눈물 때문이라고 믿었다. 하지만 나일강이 범람한 이유는 에티오피아에서 수백킬로미터 떨어진 상류에서 시작된 계절풍 강우 때문이다. 이렇게 넘쳐난 물은 자연 유역에서 약 6주에서 8주 동안 농사를 지을 만큼의 엄청난 양이었는데, 고대 이집트인들은 넘쳐난 물을 저장했을뿐 아니라 사람들에게 물을 좀 더 효율적으로 공급하기 위해 제방과 관개수로를 만들었다.

언젠가부터 이집트 나일강 유역에서 더 이상의 주기적인 범람이 일어나지 않았다. 그래서 19세기 중반 이후부터는 해마다 공급될 물을 확보할 수 있는 관개수로를 만들기 위해 댐과 수문을 건설하는 수많은 사업들이 연이어 진행됐다. 이 사업의 목적은 일 년 내내 물이 공급될 수 있도록 나일강물의 흐름을 바꾸는 것이었다. 1956년에 이집트 대통령이 된 가말 압델 나세르Gamal Abdel Nasser에 의해 진행된 이 사업들은 아스완하이댐Aswan High Dam을 끝으로 마무리됐다. 그는 이 댐을 통해 이집트 경제의 활성화는 물론 현대화를 꿈꿨지만, 미국과 영국 정부가 댐 건설을 위한 자금 후원을 중단하면서 경제 활성화 목표를 이룰 수 없게 됐다. 후원 중단의 배경에는 냉전시대에 나세르 대통령이 중립적인 외교 입장을 고수했다는 이유가 어느 정도 작용했다. 그는 프랑스와 영국 정부의 지원으로 건설된 수에즈운하*를 국유화하면서 댐 사업 건설비용을 지원했다. 수에즈 위기를 겪었음에도 나세르 대통령은 수에즈운하의 통행료로 1960년부터 1970년대에 걸쳐 아스완하이댐을 지었

* 수에즈운하는 1869년에 개통된 운하로, 지중해에서 아프리카를 거치지 않고 인도양으로 바로 항해할 수 있는 세계에서 가장 중요한 수로 중의 하나로 꼽힌다. (나세르 대통령이 당시 영국 회사가 운영하던 수에즈운하를 점령하고 국유화하면서 발생한 국가 간 갈등으로 1956년 영국, 프랑스, 이스라엘 연합군이 이집트를 침공하는 빌미가 됐다. – 옮긴이)

다. 그러나 그는 댐 완공 두 달을 앞두고 심장마비로 사망했다. 아스완하이댐의 건설로 이집트 나일강 계곡에 인공호수인 나세르호(나세르 대통령의 이름을 땄다)가 만들어졌고, 이 호수는 수단 영내까지 흘러가 그곳에서는 누비아호Nubia Lake라고 부른다. 이집트 정부는 이 호수의 아이스완하이댐을 통해 나일강의 범람을 조절할 수 있게 됐고, 현재는 농업용수와 수력발전으로 활용하고 있다.

마지막으로 고대 나일강은 노동력과 물자 운송에 있어서 중요한 역할을 했다. 나일강에 모인 최초의 배는 갈대로 만든 어선용 작은 뗏목이었지만, 시대가 바뀌면서 뗏목은 사람을 태운 유람선이나 곡류나 화강암 같은 특대 화물을 실어 나르는 바지선으로 바뀌었다. 이집트의 나일강은 배가 다니기에 수월한 편으로 보통은 조류속도가 1노트knot(1노트는 약 1.85킬로미터/시간 – 옮긴이)지만 강이 범람했을 때는 4노트까지 올라간다. 바람이 많이 불 때는 북쪽으로 거슬러 올라갈 수는 있지만, 남쪽이나 상류로 떠밀리기 때문에 있는 힘껏 노를 저어야 한다. 하지만 이집트를 벗어난 다른 지역의 나일강 유역에는 여섯 개의 급류가 있는데, 강물 밖으로 나온 바위와 돌이 많아 항해가 순조롭지 않다. 제1폭포 근처인 엘레판티네섬 북쪽에는 1천 2백 킬로미터 구간까지 장애물이 없어 지중해까지 배나 보트가 쉽게 항해할 수 있다.

최초의 이집트 도시국가는 기원전 3100년경에 등장했다. 나일강 유역에 있던 여러 개의 도시국가는 고대 이집트 제1왕조의 창시자이자 반전설적인 통치자였던 메네스Menes에 의해 통합됐다. 그는 나르메르Narmer 도시국가의 왕이었다. 그와 그의 후계자들은 이집트어로 '위대한 집'이라는 의미의 '파라오Pharaoh'였다. 이집트의 파라오는 나일강 계곡 지역인 상上 이집트와 삼각주 중앙에 있던 하下이집트 두 지역을 모두 지배했기에 '두 땅의 주인'이라는 칭호를 겸했다. 따라서 상이집트를 의미하는 붉은 관과 하이집트를 상징하는 흰색 관으로 이뤄진 이중 관은 그들의 권력을 증명하는 중요한 요소였다. 수 세기를 거쳐 오면서 파라오는 나일강 삼각주의 가장 정점이자 전략적 위치였던 멤피스Memphis를 수도로 두고, 왕권 중심의 행정체계를 점점 강화해나갔다.

이집트의 파라오는 나일강의 작은 섬 엘레판티네섬에서 삼각주까지를 원래의 이집트 영토라고 생각했다. 하지만 누비아(엘레판티네섬 남쪽에 위치한 지역으로 오늘날 수단의 대부분 지역에 해당한다)는 외부의 침략이 빈번했던 곳이었다. 이 지역은 이집트만큼 땅이 비옥한 곳은 아니었지만, 흑단과 황금이 풍부했다. 더불어 향신료와 상아를 생산하는 아프리카로 가는 중요한 수송 통로였다. 파라오는 이 지역에 상당수의 경찰과 군대 병력을 배치했고, 급기야 기원전 1500년경에는 누비아에 대한 이집트의 본격적인 원정이 시작됐다. 결국 누비아는 이집트 왕국의 속국으로 전락하고 만다. 그 이후 누비아는 기원전 17세기까지 이집트의 지배를 받았다. 기원전 17세기부터 11세기까지 이집트는 나일강 북부에 있는 시나이Sinai사막을 거쳐 아나톨리아 지역을 기반으로 하는 히타이트Hittite 제국과 전투를 벌였고, 이를 통해 중동까지 영토를 확장할 수 있었다.

기원전 9세기에 접어들면서 이집트는 파라오의 권력이 약해지면서 분열되기 시작했다. 자국은 물론 아시아에서도 영향력을 잃은 이집트는 외부로부터 침략을 피할 수 없게 됐다. 더불어 누비아의 강력한 도시국가였던 키시 왕국과 메소포타미아에서 시작된 네오아시리아 제국이 여러 차례 이곳을 장악했다. 기원전 525년에 나일강 삼각주 동쪽에 위치한 펠루시움Pelusium에서 페르시아의 아케메네스 왕조와의 전투가 발발했다. 이 전투에서 멤피스가 함락됐고, 고대 이집트 왕조는 결국 최후를 맞았다. 그 이후 페르시아의 아케메네스인들이 이집트 국왕의 호칭인 파라오를 그대로 따라 쓰면서 통치를 했지만, 이집트는 페르시아의 속국과 다름없었다. 기원전 404년부터 343년까지 현지 출신의 파라오가 지배를 한 시기를 제외하면 이집트는 알렉산더 대왕이 정복했던 기원전 332년까지 페르시아의 지배를 받았다. 이후 이집트는 로마, 비잔틴, 아랍, 오스만, 영국과 같은 외부 세력의 지배를 잇달아 받아오다 1953년이 되어서야 이집트 공화국으로서 완전한 독립을 이룬다.

피라미드

피라미드는 이집트의 왕 파라오와 왕족을 위한 무덤이다. 최초의 피라미드는 기원전 2650년경 멤피스 근처에서 축조된 죠세르Djoser 왕의 계단식 피라미드로, 이후에는 굴절 피라미드로 발전했다. 현재까지 가장 큰 규모의 피라미드는 이집트 기자Giza에 있는 파라오 쿠푸Khufu의 무덤으로, 높이 152미터, 면적 약 5만 2천 6백 제곱미터에 이른다. 피라미드 축조에 필요한 자재와 노동자들의 식량은 나일강을 통해 운반됐다. 나일강이 존재하지 않았다면 피라미드 축조는 아마 불가능했을 것이다.

✤ 005 ✤

황허강

The Yellow River Basin

동아시아 최고의 문명

초기 중국 문명은 석기시대에 황허강 중간 유역에서 등장했다. 황허강은 화북 평원을 따라 흐르는데, 이곳은 오늘날 중국 최초의 왕조라고 여겨지는 하夏나라의 발상지다. 황허강은 5,464킬로미터로 칭하이성青海省에서 시작해 중국 북동부 해안에 있는 발해Bohai Sea(중국 랴오둥반도, 산둥반도에 의해 황해와 구분된 내만성의 해역 – 옮긴이)까지 흐르는 강이다. 황허라고 이름이 붙여진 이유는 강물의 색깔이 누런데서 비롯됐다. 이는 세계에서 가장 높은 양의 퇴적층 때문에 생긴 모래와 다른 퇴적토가 강물로 흘러들어갔기 때문이다. 황허강에서는 계속 떠다니는 사퇴 때문에 항해를 하는데 있어 종종 어려움이 따른다. 게다가 황허강에는 홍수가 자주 발생해 사퇴가

황허 문명은 황허강 유역에서 발생한 중국의 고대 문명으로 양쯔강 문명과 함께 중국 문명을 대표한다.

없어지기도 하는데, 그 횟수가 지난 2천 5백 년 동안 무려 1천 5백 회였다. 이로 인해 생겨난 별명이 '중국의 슬픔'이다. 하지만 이보다 더 심각한 문제는 강변에 쌓인 토사가 물의 흐름을 급격히 바꾼다는 점이다. 주변에 있던 고대 중국인들의 거주지가 수몰되는 재앙이 일어났을 뿐 아니라 석기시대와 청동기시대의 수많은 유적지와 흔적들이 없어지기도 했다. 그럼에도 불구하고 여전히 황허강은 중국 문명의 발상지로 인식되고 있다. 그 이유는 황허강의 홍수로 인해 퇴적토들이 주변 땅에 쌓이면서 비옥해졌고, 농사에 아주 적합한 토지가 됐기 때문이다.

중국에서의 농경은 온난다습했던 기원전 17세기와 16세기 사이에 황허강을 중심으로 시작됐다. 황허강의 작은 마을들은 주로 수수나 쌀과 같은 곡식들을 경작했다. 기원전 2000년까지 화북평야에는 성벽으로 둘러싼 수천 개의 도시국가들이 들어서면서 인구수가 급격히 많아지고 도시화가 이뤄졌다. 각 도시국가는 그들의 수장에 의해 관리됐고, 전쟁을 통해 다른 도시국가의 지배권을 빼앗아 오기도 했다. 이러한 과정 속에서 최초로 등장한 중국의 왕조가 바로 하나라다.

하나라의 기원은 기원전 2100년경으로, 황허강에서 시작됐다. 하나라 최초의 왕인 우의 아버지 곤은 신에게 훔친 마법의 흙으로 제방을 만들어 수년간 황허강의 강물 줄기를 관리했다. 한 전설에 따르면, 큰 홍수가 발생해 제방이 무너질 뻔한 상황에서 제방이 스스로 올라갔다는 설이 있다. 신은 곤이 저지른 도둑질의 대가로 그를 처형시켰다(자결을 명했다는 설도 있다). 우는 그의 아버지가 평생 이루지 못했던 일을 성공시키고자 황허강 유역에 댐을 세우거나 다른 지역에 수로를 만드는 대신, 강바닥에 쌓인 모래나 암석을 파내는 준설 작업을 강행했다. 10년 만에 건설된 수로를 통해 강물의 배수가 원활하게 이뤄질 수 있었다. 그렇게 우는 하나라의 왕이 됐다. 하지만 그에 대한 당시의 자료가 중국 어디에도 남아 있지 않기 때문에 학계에서는 우 임금의 실존 여부에 대해 논란이 있다. 하지만 우에 대한 전설은 황허강에서 발생한 홍수와 같은 천재지변을 과거의 위정자들이 어떻게 다스렸는지 확인할 수 있는 사례다. 특히 이러한 기후 변화를 잘 극복한 우는 현명하고 덕망 있는 통치자의 전형으로 여겨지고 있다.

백성들은 우 임금을 사랑한 만큼 그의 아들 계가 우를 계승하길 바랐다. 이렇게 하나라의 왕위 세습 전통이 세워졌다. 하 왕조의 왕위 세습은 기원전 1600년경까지 계속됐으며 폭군이자 방탕아로 이름난 걸은 상나라의 시조 탕왕에 의해 폐위됐다. 하나라의 실제 존재 논란과는 상관없이 상나라의 문헌에 중국의 수준 높은 정치체계는 틀을 잡는 과도기적인 시기가 존재했다는 사실이 분명히 나타나 있다. 상나라는 황허강 계곡에서부터 중국의 북동쪽까지 영토를 확장하기 위해 국력을 쏟았고, 칙령을 만들어 지방의 위정자들에게 왕의 무덤과 정교한 궁궐을 만들게 하는 등 수준 높은 행정체제를 확립했다. 이 시기에 발달한 초기 중국 문자체계는 2천자가 넘는 상형문자였다. 이 문자는 미래를 점치는 용도로서 동물의 뼈나 조개껍데기에 새겨져 있었다. 당시 현자들은 질문을 조각한 다음 금속 막대로 열을 가해서 생겨난 균열을 해석했다.

기원전 1046년경에 주나라의 유왕은 비도덕적이고 잔인하기 그

지없었던 것으로 알려진 상나라의 마지막 왕인 주*를 폐위시켰다. 유왕은 주왕의 군대를 격퇴했고, 상나라의 도시에 있던 궁궐에서 쫓겨난 주왕은 자결했다. 주나라의 유왕은 상나라가 신에 의해 통치자의 권위가 부여됐던 '하늘의 의무'를 이미 잃었기에 그들의 왕권을 빼앗는 것은 당연하다고 반란을 합리화했다. 고대 중국의 왕조가 하, 상, 주의 순으로 존재했다는 것이 역사적으로 확인됐지만, 실제로는 그렇게 간단하지 않다. 왜냐하면 황허강을 따라 작은 도시국가들이 같이 서로의 영토를 침략하고 정복하면서 상존했을 가능성이 높기 때문이다.

기원전 1000년 무렵, 중국의 도시국가의 위력은 황허강을 따라 그 심장부 너머까지 확장됐지만, 황허강은 여전히 농사를 위한 중요한 수원이었다. 서기 7세기 무렵 황허강은 중국 남부의 중요한 강인 양쯔강과 연결됐다(양쯔강은 황허강과 달리 홍수가 거의 일어나지 않는 강이다). 황허강과 양쯔강이 대운하로 이어지면서 중국은 경제적·정치적으로 통합할 수 있는 초석을 다질 수 있었다. 한편, 황허강의 범람을 막기 위해 제방과 둑을 쌓는 등 많은 시도가 있었지만 여전히 주기적인 홍수로 인해 수천 명의 목숨을 앗아갔다. 이러한

* 하나라의 걸왕과 상나라(은나라)의 주왕을 일컬어 '하걸은주'라고 했으며, 전형적인 폭군의 대명사로 일컫는 말이다.

슬픔이 중국에 더 이상 일어나지 않길 바라면서 20세기 중반부터 황허강에 수력 발전 댐이나 강의 수위를 조절하려는 시도가 몇 차례 있었다.

✦ 006 ✦

나우루

Nauru

세계에서 가장 작은 독립공화국

인류 역사상 가장 큰 업적 중 하나는 원주민의 오세아니아 정착이다. 이후 18-19세기에 유럽인들이 들어와 이 지역을 송두리째 바꿔놓았는데 나우루의 이야기는 이민족과의 문화 접촉으로 인해 발생했던 비극적인 결과를 보여준다.

오세아니아 대륙은 오스트레일리아, 멜라네시아, 미크로네시아, 폴리네시아 네 개의 문화와 지역으로 구성되어 있다. 이 중에서 인류가 처음 정착한 곳은 멜라네시아로, 4만 년 전에 파푸아 사람이 뉴기니로 이동했을 때다. 기원전 3000년경이 되어서야 그들은 동남아시아에서 온 오스트로네시아 사람들과 함께 멜라네시아의 작은 섬들이 있는 동쪽으로 밀려났다.

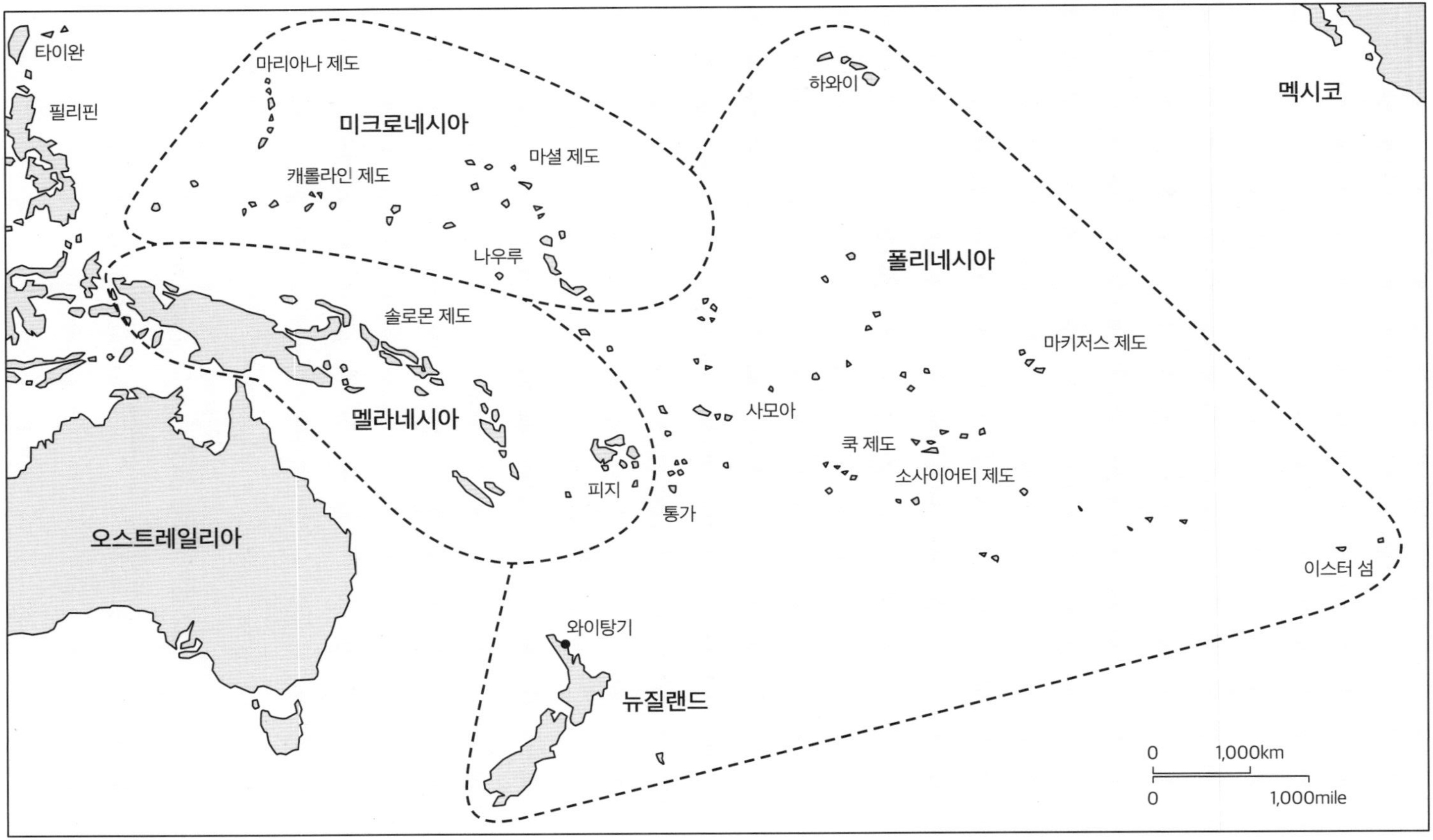
타이완
필리핀
마리아나 제도
미크로네시아
캐롤라인 제도
마셜 제도
나우루
솔로몬 제도
멜라네시아
오스트레일리아
피지
통가
사모아
하와이
폴리네시아
마키저스 제도
쿡 제도
소사이어티 제도
멕시코
이스터 섬
와이탕기
뉴질랜드
0
1,000km
0
1,000mile

오세아니아 지역

미크로네시아로 알려진 북쪽 섬들에는 기원전 1000년에 이주했으며 지금으로부터 2천 년 전부터는 동쪽에 있는 폴리네시아로 다시 이동했다. 이러한 섬들 간의 기나긴 이동은 태평양 전역에 걸쳐 이뤄졌다. 그들은 두 물체 간 각거리를 측정하는 육분의와 캠퍼스도 없는 아우트리거Outrigger 카누를 타고 몇 주 동안 하늘과 파도, 새의 움직임만 보고 망망대해를 항해했다.

나우루는 정확히 21제곱킬로미터 크기의 타원형 섬으로, 산호초가 주변을 둘러싸고 있다. 이곳은 태평양 남서부 지역에 위치하고 있으며 가장 가까운 섬과는 약 320킬로미터 떨어져 있어 새들의 안식처가 됐다. 수 세기 동안 바위로 떨어져 쌓인 배설물은 해발 30미터에 있는 중앙 고원 지대에 인산염이 풍부한 퇴적물을 만들었다. 이러한 부산물들이 결과적으로 이 섬의 운명을 급격하게 변화시켰다. 약 2천 년 전 멜라네시아인, 미크로네시아인, 폴리네이사인은 서로 혼합된 상태로 나우루에 정착했다. 다른 태평양 섬들은 상호작용이 활발했지만 나우루의 사람들은 비교적 자립적이었다. 왜냐하면 강한 조류는 심해 항해를 어렵게 만들었기 때문이다. 나우루 사람들은 자연스럽게 고립될 수밖에 없었고, 그들은 대부분 그들의 집과 가까운 곳에 머물렀다.

1798년 11월 8일, 영국은 포경선 헌터Hunter호가 이 섬을 발견한 후 카누로섬에 들어오려고 시도했지만 끝내 성공하지 못했다.

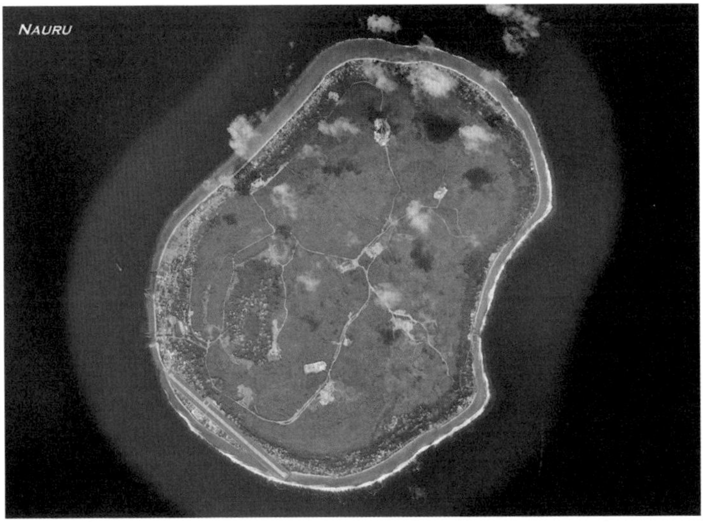

나우루는 오세아니아 남태평양에 있는 섬나라로, 영연방의 하나다. 면적은 21제곱킬로미터, 인구는 9,450명 정도다.

헌터 호의 선장 존 피언John Fearn은 아주 잠깐이었지만 나우루가 사람이 살기에 좋은 섬이라는 인상을 받아 이 섬의 이름을 '기쁜 섬Pleasant Island'이라고 지었다. 1830년대까지 이 포경선은 나우루를 재보급지로 활용했다. 당시 이 섬에 처음 들어온 외지인은 유럽인들로, 배에서 탈출한 사람이거나 태평양을 건너 다른 섬들에 있다 도망친 죄수들이었다. 유럽인들은 그들에게 술과 총기, 질병을 가져다주었다. 이러한 변화는 나우루 사회를 불안정하게 만들었다. 1870년대에는 결혼식에서 젊은 부족장이 총에 맞는 사고가 발생했다. 이로 인해 총기로 무장한 나우루의 12개 씨족 사이에서 10년이 넘는 내전이 발생했고, 그 결과 전체 인구의 3분의 1이 사망했다. 1888년에는 독일제국이 나우루를 점령했다. 이들은 36개 부대를 이끌고 이곳에 쳐들어와 족장들을 납치했는데, 그 이유는 모든 총기와 탄약을 몰수하기 위해서였다. 독일 제국주의자들은 섬에 술을 반입하는 것을 금지했고, 기독교 선교사들이 섬에 들어와 선교를 할 수 있도록 했다.

19세기 후반 과학자들은 인산염으로 덮인 바위가 아주 좋은 비료가 된다는 것을 알아냈다. 태평양 섬에서 인산염 퇴적물을 발견한 유럽인들은 인산염을 반출하기 시작했고, 인산염 채굴에서 제외됐던 나우루는 앨버트 앨리스Albert Ellis 덕분에 상황이 바뀌기 시작했다. 1899년, 태평양 지역 사무소에서 인산염 채굴 사업단으로 일했던 앨버트는 한 동료가 나우루에서 돌아오던 길에 가져온 괴상하게 생긴 돌 하나를 시드니 사무실의 도어스톱으로 사용했다. 나중에 앨버트는 이것이 인산광물이라는 것을 알았고, 바로 다음 해에 나우루에서 인산염 채굴을 시작해 1년간 약 8만 9천 톤의 인산염을 거둬들였다. 1914년에 제1차 세계대전이 발발하자마자 오스트레일리아 군대는 나우루를 점령했다. 전쟁이 끝난 후, 나우루는 국제연맹의 위임 하에 놓였다. 오스트레일리아, 뉴질랜드, 영국이 그 신탁자로 임명됐고, 실질적인 통치는 오스트레일리아 정부가 담당했다. 나우루에서의 인광석 채굴은 계속 진행됐고, 이곳 사람들에게 돌아가는 대가는 수익금에 비해 아주 적었다.

제2차 세계대전으로 나우루 공화국은 더욱 피폐해졌다. 1940년에 독일 유람선이 나우루에 수도 없이 들어왔고, 1942년에는 일본 군대에 의해 점령되기도 했다. 일본은 나우루에 활주로를 만들어 1천 9백 킬로미터 떨어진 추크Chuuk 제도에서의 강제 노역을 위해 1천 2백 명의 나우루 사람들을 데려갔고, 전쟁이 끝난 후에 절반만이 본국으로 송환됐다. 연합군은 1945년 일본군이 항복하기 전까지 나우루에 정기적으로 폭격을 가했다. 제2차 세계대전 후 나우루는 국제연합의 신탁 통치령에 있었으나 인광석 채굴은 여전히 진행됐다. 1968년에 나우루는 독립을 하면서 세계에서 가장 작은 국가가 됐다. 하지만 인광석 채굴을 통해 단기간에 전 세계에서 GDP가 가장 높은 국가로 성장했다. 정부는 신탁 기금을 설치하고 전 세계로부터 받은 투자금으로 이익을 챙겼다. 하지만 인광석이 점점 고갈되면서 가격이 급격히 떨어졌고 경제는 불안정해졌다. 설상가상으로 정부의 신탁 기금으로 투자했던 레오나르도 다 빈치의 인생을 다룬 런던의 뮤지컬 사업들이 흥행에 실패하는 등 투자하는 곳마다 큰 손해를 입었다.

21세기 초에 인광석이 고갈되어 더 이상 채굴 사업을 유지하기 힘들었던 나우루는 위기에 봉착했다. 계속적인 채굴로 인해 나우루의 3분의 1이 파괴됐고, 전문가들은 나우루의 생태를 복원하기 위해 무려 1천 년이라는 시간이 필요하다고 주장했다. 나우루의 경제는 결국 무너졌고, 재정적인 의무를 할 수 있는 모든 능력은 상실한 상태였다. 그래서 나우루 정부는 새로운 대안으로 2001년에 오스트레일리아에 들어오는 아프가니스탄과 이라크에서 온 난민들을 위한 수용소를 짓는 조건으로 오스트레일리아 정부로부터 원조를 받는 것에 합의했다. 이들은 2008년까지 나우루에 머물렀다. 4년 후, 오스트레일리아 정부가 나우루에 난민 수용소를 다시 개방하면서 이곳은 나우루에게 인광석 채굴만큼이나 중요한 경제적 원천이 됐다. 하지만 나우루 수용소의 비인간적인 처우와 학대에 대해 국제사회의 격렬한 항의도 있었다. 나우루는 해안의 심해 채굴 계획이 있지만, 앞으로 이 섬이 계속 남아 있을지는 아무도 모를 일이다.

✦ 007 ✦

성전산

The Temple Mount

세계 3대 종교의 성지

예루살렘은 유대교, 기독교, 이슬람교의 성지다. 예루살렘에서 가장 성스러운 곳은 바로 성전산이다. 솔로몬왕의 성전이자 이슬람 예언자인 무함마드의 승천지다.

작은 마을에 지나지 않았던 예루살렘은 여러 강대국들이 차지하기 위해 치열한 전투를 벌였던 곳이기도 하다. 예루살렘은 가나안Canaan의 옛 지역에 위치했고, 팔레스타인과 시리아에 걸쳐 있었다. 예루살렘의 이름은 가나안 사람들의 수호신 중 하나인 살렘Shalem에서 따온 것이다. 기원전 1000년경 다윗왕은 예루살렘을 정복했고, 이스라엘의 수도로 지정했다. 이집트와 메소포타미아에 흩어져 살던 이스라엘 사람들은 예루살렘 정복 후 고국으로 돌아

성전산은 아브라함이 아들 이삭을 제물로 바치려 했던 산으로, 유대교·기독교·이슬람교의 성지다.

갈 수 있었다. 그들의 종교는 유일신 사상의 유대교였고, 유대교는 아브라함에 의해 만들어졌다. 성전산은 다윗이 예루살렘을 정복하기 전부터 유대인들에게 아주 중요한 곳이었다. 왜냐하면 유대인들은 성전산을 '모리아산Mount Moriah'으로 여겼기 때문이다. 모리아산은 아브라함이 신실함을 증명하기 위해 자신의 아들인 이삭을 제물로 바치려 하자, 신이 숫양을 대신 제물로 바치라고 명했던 장소다. 더불어 유대인들은 성전산에서 세계가 창조됐다고 믿었다. 다윗의 아들인 솔로몬은 이러한 이유로 예루살렘에 최초의 성전을 지었다. 그 중심에는 지성소Holy of Holies라고 불리는 작은 방이 있었다. 이곳에는 모세의 십계명이 새겨진 석판이 아카시아 나무로 만들어진 금박의 언약궤Ark of the Covenant에 보관되어 있었다. 지성소가 만들어지기 이전의 언약궤는 다윗왕이 세웠던 성막에서 보관하고 있었다. 기원전 930년경 솔로몬왕이 세상을 떠나자 이스라엘은 분열됐고, 북부 지방에서만 이스라엘이라는 이름을 지켜나갈 수 있었다. 그러나 기원전 722년, 아시리아인의 침입으로 멸망했다. 남부 지역은 유다Judah라는 이름으로 예루살렘 지역을 포함하고 있었지만, 기원전 586년 바빌론 사람들에 의해 약탈당했다. 바빌론 사람들은 최초의 신전을 파괴했고 예루살렘의 많은 사람들을 바빌론으로 추방시켰다.

기원전 538년, 바빌론은 아케메네스 페르시아 제국에 의해 멸망했다. 덕분에 바빌론의 포로였던 유대인들은 고국으로 귀환할 수 있게 됐다. 유대인들은 유다의 왕족 출신이자 예루살렘의 총독이었던 스룹바벨Zerubbabel의 지휘로 기원전 516년 두 번째 성전을 재건했다. 예루살렘은 기원전 4세기 초반까지 페르시아의 통치를 받다가 알렉산더 왕국의 일부가 됐다.

제2의 성전인 스룹바벨 성전은 그리스의 지배 아래 놓여 있었다. 외세의 내정 간섭에 항거했던 마카비스Maccabees 일가가 기원전 167년에 반란을 일으키면서 8년간은 그리스의 지배에서 벗어난 적도 있었다. 유대인들은 고대 팔레스타인 남부의 로마 영토인 고대 유대Judae의 통치령을 다시 가져왔고, 예루살렘은 하스몬Hasmonean가가 통치하는 독립된 왕국의 수도가 됐다. 기원전 63년, 로마 공화국은 유대를 침략했다. 로마의 정치가이자 장군인 폼페이의 부대는 성전산을 집중적으로 공격하며 예루살렘을 포위했다. 그는 안식일을 이용해 방어용 배수로를 공격했고, 포위 작전을 펼치기 위한 경사로를 만들었다. 유대인들이 종교적인 신념으로 함부로 저항하지 못할 것이라는 점을 노렸던 것이다. 폼페이는 성전산으로 진군해 지성소까지 단숨에 공격했다. 하스몬가는 기원전 37년까지 로마의 예속된 왕으로 지냈다. 이후 헤롯은 왕위를 계승하고, 자신의 군대를 이끌고 예루살렘을 정복했다. 헤롯은 성전산을 대규모로 재건하는데 앞장섰으며 성전 재건은 80년이 걸렸다.*

유대인과 예루살렘은 서기 6년에 로마의 직접적인 통치를 받았다. 30년 무렵에는 나사렛 예수Jesus of Nazareth가 등장해 예수를 따르는 제자들이 생겨났다. 당시 로마제국과 유대인들 사이의 긴장

* 헤롯은 성전소를 완전히 바꿔놓은 인물이다. 성전 윗부분의 장식을 더 크게 만들었으며, 확장 공사를 통해 규모가 약 14만 5천 7백 제곱미터로 그 크기가 이전의 두 배에 달했다. 공사 과정에 있어서 종교 행사에 방해가 되지 않도록 성전 내부에서는 돌을 제작할 수 없도록 만들었다. 덕분에 성전 내부의 공사는 조용하게 이뤄질 수 있었다. 더불어 성전에서 가장 성스러운 성소를 제작에는 석공과 목수와 견주어도 될 만한 실력을 가진 1천 명의 사제들을 투입했다.

감은 최고조에 달했고, 유대인들이 많이 따랐던 예수는 로마제국에 있어 잠재적인 위험인물이었다. 로마제국의 입장에서는 예루살렘에 모여드는 상인들과 화폐 중개업자들을 해산시키는 것은 순간적인 모면책이었을 뿐, 이미 조성된 위기를 없앨 수는 없었다. 위협감을 느꼈던 로마제국은 서기 33년에 예수를 로마제국에 대항하는 유대인의 왕이라는 죄목을 물어 십자가형을 내렸다. 그러나 예수의 제자들은 예수가 인류의 구세주이자 하느님의 아들이라는 사실을 전파하면서 로마제국에 반기를 들었다. 초기 기독교인들의 대부분은 유대인들로 구성됐지만 1세기 중반 이후부터는 다른 지역 사람들의 개종이 늘어나면서 기독교는 전 세계로 퍼져나갔다.

위협감을 느낀 로마제국은 70년에 예루살렘을 공격했고, 제2의 성전을 파괴했다. 당시 성전에 남은 것이라고는 성전을 받치고 있던 벽과 기단, 천장, 그리고 탑의 밑단뿐이었다. 유대인들은 같은 자리에 제3의 성전을 짓는 것이 목표였지만, 그 소원은 이뤄지지 않았다. 130년, 예루살렘 지역에 로마의 식민지인 엘리아 카피톨리나Aelia Capitolina가 건설됐고, 금성을 모시는 사원이 성전산에 세워졌다. 이로 인해 유대인들의 분노는 걷잡을 수 없이 커졌다. 로마제국은 유대인들의 저항을 무참히 짓밟았고, 유대인들의 예루살렘 출입을 아예 금지했다. 이후 363년이 되어서야 로마의 율리아누스 황제에 의해 이러한 조치가 변경됐다. 율리아누스 황제는 기독교를 믿지 않았으나 유대인 백성들을 위해 성전산에 있는 작은 유대교 회당인 시너고그Sinagogue를 세웠다. 또한 비기독교인들을 위한 방책으로 제3의 성전을 건설하고자 했다. 그러나 일부 기독교인들이 비기독교인들을 위한 성전에 불을 지르면서 율리아누스의 계획은 결국 실행되지 못했다. 그리고 율리아누스는 그해에 돌연 사망했다.

이슬람에서의 성전산은 마호메트와 관련이 깊다. 620년경 예언자 마호메트가 부라크Buraq(번개)라는 날개 달린 생명체를 타고 하룻밤 사이에 메카에서 예루살렘까지 날아왔다는 신화가 있다. 이 신화에 따르면 마호메트는 성전산 위에서 천국에 가기 전 아브라함과 모세, 예수를 만났다고 한다. 이러한 이유로 무슬림들에게 성전산은 알하람 알 샤리프al-Haram al-Sharif(바위 성원)로 여겨진다. 마호메트가 죽은 후, 아랍 칼리파트Arab Caliphate는 중동 지역에서 가장 강력한 세력으로 부상했다. 638년, 칼리프 우마르Caliph Umar는 당시 예루살렘을 지배하던 비잔틴 제국을 공격하고 예루살렘을 차지했다. 칼리프는 황폐해진 사원 경내를 직접 치웠으며, 아브라함의 제단과 무함마드의 '야간여행Night of Journey(미라지, 이슬람교에서 예언자 무함마드의 기적의 승천을 의미함 – 옮긴이)'이 새겨진 바위 사원Dome of the Rock을 건설했다. 바위 돔 동쪽 부근에 있는 기도실인 사슬의 돔Dome of the Chain은 691년에 완공됐고, 성전산에서 가장 규모가 큰 무슬림의 건축물인 알 아크사 모스크al-Aqsa mosque는 705년에 세워졌다. 모스크는 지진으로 인해 746년과 1033년에 파손된 적이 있지만, 바로 재건했다.

1095년, 비잔틴 제국 황제는 교황 우르바누스 2세에게 도움을 요청했다. 당시 비잔틴 제국은 팔레스타인과 아나톨리아 지역을 차지하고 있었던 셀주크 투르크Seljuk Turks와 전쟁 중이었다. 기독교 순례자들이 성지로 가는 길에 방해가 될 수 있다고 판단한 교황 우르바누스는 '성지순례'를 명분으로 삼아 투르크족과의 전쟁을 주장했다. 교황의 외침에 많은 사람들이 동조했고, 제1차 십자군*이 1096년에 예루살렘으로 출정했다. 그러나 십자군은 비잔틴 제국을 지원하기보다 팔레스타인을 약탈하고 수천 명을 대학살했다. 십자군은 전쟁에서 승리한 후, 성지에 국가를 세웠고, 그중 가장 강력한 국가가 바로 예루살렘이었다(제1차 십자군 전쟁의 성공으로 지중해 동해안에는 네 개의 십자군 국가들이 생겼는데 예루살렘 왕국, 안티오키아 공국, 에데사 백작령, 트리폴리 백작령이었다 – 옮긴이). 무슬림에 의해 지배됐던 팔레스타인은 살라딘Saladin이 재정비를 시작했다. 살

* 십자군 국가와 기독교 순례자들을 보호하기 위해 성지에서 군대가 결성됐다. 그중에서도 가장 막강한 권력을 지닌 군대는 성전기사단이었다. 119년 예루살렘에서 설립된 성전기사단은 1312년까지 그 위세를 떨쳤다. 이들은 알 아크사 모스크를 본부로 삼아 바위 돔 사원을 교회로, 코란 경전을 라틴어로 바꿨으며, 이슬람교의 상징인 크레센트를 십자가로 교체했다.

라딘은 쿠르드족 출신의 장군으로, 1171년에 이집트에서 세운 아이유브 왕조의 왕으로 즉위했다. 그는 차례대로 시리아와 아라비아 반도, 그리고 메소포타미아 영토를 점령해나갔다. 1187년, 예루살렘을 정복한 살라딘은 바위 돔 사원에 덮여 있던 십자가를 없애고 왕족들과 귀족들을 초대해 장미수로 바닥을 씻어냈다. 1229년부터 1244년까지 예루살렘은 기독교인들에게 귀속되어 있었지만, 1517년 오스만 제국의 일부가 되면서 예루살렘과 팔레스타인 나머지 지역은 20세기 초까지 무슬림이 지배했다.

예루살렘은 제1차 세계대전 기간에 오스만 제국의 지배에서 벗어났다. 1917년 연합군은 이집트에서 시작해 시나이 반도를 거쳐 팔레스타인까지 진격했다. 당시 연합군은 오스만의 전쟁의지가 없다는 것과 독일이 예루살렘을 파괴할 가능성이 낫다는 것을 알게 되자 12월 8일 밤 철수했다. 제1차 세계대전 후 예루살렘과 팔레스타인 일부 지역은 국제연맹의 위임 통치령에 속하는 영국의 지배를 받았다. 이때 수천 명의 유대인들은 팔레스타인에 정착했고, 유대인들의 국가 건설을 위한 민족주의 운동인 시오니즘Zionism을 일으켰다. 시오니즘은 수 세기 동안 받아온 탄압에 의한 그들의 희생과 박해에 대한 반응이었다. 대표적으로 포그롬Pogrom에 대한 반대운동이 있었다. 포그롬은 19세기에서 20세기 초까지 국가적인 차원에서 러시아 제국이 유대인들에게 조직적으로 자행한 약탈과

학살을 일컫는다. 러시아 내 아랍인과 유대인들 간에 성전산을 둘러싼 긴장감이 감돌았고, 이는 내부 폭동과 싸움으로 이어졌다. 또한 가열되는 폭력 사태를 진압하지 못한 영국군과의 소규모 접전도 발생했다. 1947년, 유엔은 팔레스타인에게 영국의 위임통치가 끝난 후 예루살렘이 국제도시로 관리되도록 분할안을 제안했지만 받아들여지지 않았다. 1948년, 이스라엘은 국가를 선포했고, 이를 두고 이스라엘과 아랍 동맹국들 사이에서 전쟁이 발발했다. 이스라엘은 성전이 있던 동쪽 예루살렘을 요르단에게 넘겨주는 조건으로 휴전 협정을 맺으면서 전쟁은 마무리됐다.

중동 지역의 불안정한 상황은 1987년까지 이어졌으며, 제3의 중동전쟁이라고 하는 6일간의 전쟁 동안 이스라엘 군대가 예루살렘을 차지하면서 대승을 거뒀다. 하지만 성전산에 있는 종교 건축물들은 이슬람교에서 무슬림이 재산을 사회에 환원하거나 기부하는 일종의 '와크프Waqf' 방식으로 요르단인들에게 돌아갔다. 유대인들은 이곳을 방문할 수는 있었지만 기도를 할 수 없게 된 것이다. 그러나 이스라엘 예루살렘 서쪽 성벽의 일부인 '통곡의 벽'에서는 종교의식이 가능했다. 이곳은 성전산의 한쪽 벽을 따라 이어진 것으로 과거 헤롯왕이 지었던 큰 옹벽의 흔적이다. 아직까지도 성전산은 여전히 주변 국가들 간의 긴장을 야기하는 팔레스타인과 이스라엘 간 분쟁의 화약고다.

✦ 008 ✦

페르세폴리스의 아파다나 궁전

The Apadana at Parsa

도시 왕궁의 꽃

에케메네스 페르시아 왕조는 신화적인 인물인 아케메네스왕의 이름을 딴 국가였다. 에케메네스 페르시아 왕조는 세상에서 가장 강력한 거대 왕조 중 하나로, 이들의 정신적 수도는 페르시아어로 파르사Parsa 혹은 그리스어로 '페르시아의 도시'라는 뜻의 페르세폴리스Persepolis였다.

기원전 1000년 무렵, 인도-유럽 부족들은 중앙아시아에서 중동으로 퍼져나갔고, 유럽과 아나톨리아, 인도에 정착했다. 그들은 고대 제국 메대Medes(고대 메소포타미아 북동쪽 해발 약 9백 미터의 고원 지대에 위치한 고대 제국)와 페르시아 반도까지 영역을 확장하며 현재의 이란 지역으로 이주한 사람들이다. 이 무렵 중동 지역은 아시리아 사람들이 지배하고 있었다. 그러나 백성들의 계속되는 봉기로 기원전 612년에 몰락했다. 아시리아 제국은 다시 규합한 바빌론 사람들에 의해 지배권을 상실했다. 기원전 558년경 키루스 2세는 아버지의 뒤를 이어 페르시아의 왕이 됐다. 기원전 548년 반란을 일으킨 그는 아나톨리아에서 아프가니스탄에 이르는 지역을 전쟁을 통해 획득하면서 이란의 전 지역을 장악할 수 있었다. 마지막으로 기원전 539년 키루스 2세는 바빌론과의 전쟁에서 승리한 뒤, 스스로를 '바빌론의 왕이자 수메르와 아카드의 왕이며 전 세계 사면의 왕이다'라고 선포했다. 기원전 530년, 키루스 대왕은 북동쪽 국경선을 침입한 유목민을 토벌하던 중 사망했고, 그의 아들 캄비세스 2세가 왕위를 물려받았다. 캄비세스 2세는 기원전 525년에 이집트를 정복했다.

기원전 521년, 왕위를 물려받은 캄비세스의 사위였던 다리우스 1세가 다스렸던 기간은 페르시아 왕조의 치세가 가장 높았던 시기였다. 당시 페르시아의 영토는 흑해 서쪽 해안에서부터 인더스강까지 3천 킬로미터에 이르렀다. 이 광활한 영토는 사트라파이Satrapie에 의해 관리됐는데, 사트라파이는 세무, 공공질서, 사법 업무를 관장하는 국가 관리인이었다. '대왕'이라는 칭호를 가졌던 다리우스 1세는 도로를 재정비하고 화폐와 측량을 표준화했다. 더불어 지방의 관습을 존중하고 종교와 문화적 다양성을 포용하도

페르세폴리스는 기원전 518년 다리우스 1세가 아케메네스 왕조의 수도로 세운 도시다. 거대한 반 인공, 반 천연 기단 위에 건설됐으며, '왕 중의 왕'이 이곳에 메소포타미아 양식의 영향을 받은 웅장한 왕궁 복합 단지를 창건했다. 페르세폴리스 유적은 그 중요성과 가치로 인해 독특한 고고학적 유적으로 평가받고 있다.

록 권장했다. 아나톨리아 반도에 대한 다리우스의 제국주의적 열망은 그리스 도시국가들과의 분쟁을 촉발했고 그곳에서 몇몇 식민지를 거느릴 수 있었다. 어떤 간섭도 받지 않기 위해 다리우스 1세는 기원전 492년 그리스를 침략했다. 그러나 마라톤 전투Battle of marathon에서 크게 패한 뒤 철수했다. 그로부터 10년이 지난 후, 더 많은 군대를 이끌고 다시 그리스를 정복하려 했지만 그 또한 좌절됐다.

아케메네스 페르시아 위정자들은 바빌론, 수사Susa, 파사르가데Pasargadae, 에크바타나Ecbatana와 같은 곳에 여러 개의 수도를 두었는데, 이들 모두 기원전 545년에 키로스 왕에 의해 건설됐다. 그중에서 페르시아 왕조의 정신적인 지주였던 도시는 파르사였다. 이란의 남쪽에 위치해 있는 이 도시는 다른 수도들과는 다소 떨어져 있었지만 행정력이 대부분 이곳에 집중되어 있었다. 파르사는 위대한 아케메네스 왕조의 규모를 상징하는 기념비들이 많이 있었고, 왕족들의 거주 공간으로 구성되어 있었다. 파르사에서 정사를 직접 본 시기는 크세르크세스Xerxes 1세의 재임 시기인 기원전 520-480경 사이였다. 크세르크세스는 13년간의 공백기를 두고 업무를 재개했고, 기원전 450년경에 그의 아들이자 계승자였던 아르타크세르세스Artaxerxes 1세에게 물려줬다. 산기슭에 위치한 파르사에는 높이가 12미터나 되는 석조기단이 있었다. 이 기념비적인 계단은 보통 크기의 두 배였고, 입구와 연결되어 있었으며, 가장 위에는 12미터 높이의 나무로 '만국의 문'을 만들었다. 이 문을 통과하면 주변 산을 깎아서 건축한 건물들을 볼 수 있었는데, 그곳에는 크세르크세스의 왕궁과 그의 궁녀들이 살았던 궁전인 하렘, 의사당, 왕가의 궁전, 국고청 등이 있었다.

파르사에서 가장 화려했던 건물은 3천 6백 제곱미터 규모의 아파다나Apadana 궁전일 것이다. 아파다나는 신하와 백성이 왕을 알

현할 수 있는 연회장으로, 메인홀은 21미터 높이의 여섯 개 기둥이 여섯 줄로 줄지어 지붕을 받치고 있고, 기둥 위에는 두 마리의 황소와 사자, 독수리 장식이 있었다. 아파다나 궁전으로 이르는 계단 난간에는 23개의 식민지 국가 사절단이 조공을 받치러 오는 모습이 조각되어 있다. 페르시아의 새해*에는 조공 행렬이 끊임없이 이어지는 날이었다. 물론 대표단이 실제로 파르사로 왔는지 아니면 다국적 제국 부대에서 복무하던 그 나라 출신의 군인들이 행사에 참여하는 의례적인 행사인지는 알려지지 않았다. 아파다나 궁전홀의 수용인원은 최대 1만 명이었지만, 홀의 기둥 때문에 자연광이 잘 비치지 않아 왕의 모습을 보기가 어려웠다고 한다. 아마도 이것은 왕의 절대적인 위치를 지키기 위한 의도적인 배치였을 것이다. 이를 통해 아케메네스 왕들은 신격화됐고, 백성들이 조공을 받치고 절대적으로 충성해야 하는 대상이 될 수 있었다.

기원전 330년 무렵 아케메네스 왕조의 세력이 약화됐고, 알렉산더 대왕의 침략으로 아케메네스 왕조는 멸망했다. 같은 해 알렉산더는 바빌론과 수사를 차지한 후 파르사로 입성했다. 이 도시는 아무런 저항 없이 알렉산더에게 굴복했지만, 알렉산더는 파르사를

* 노르즈라고 하는 이 날은 천문학적으로 태양이 북쪽 방향으로 적도에 들어서는 3월 21일, 즉 춘분을 의미한다. 노르즈 축제는 3천 년 이상 이어온 페르시아의 봄 축제로 국제적인 축제의 날로 인정되어 유네스코 인류무형문화유산으로 등재됐다.

무참히 짓밟고 약탈했다. 알렉산더와 그의 군사들은 12만 달란트의 금과 은, 각종 보석을 빼앗아갔다. 약탈한 전리품의 무게만 해도 1천 2백 만 킬로그램에 달했고 1만 마리의 노새와 5백 마리의 낙타를 운반에 동원해야 했다. 여기서 멈추지 않고 알렉산더는 파르사를 불태웠다. 그 이유는 150년 전에 아케메네스 왕조가 그리스를 침략한 것에 대한 복수를 하기 위해서였다. 아이러니하게도 화재로 인한 잔해와 먼지들로 인해 유적지가 잘 보존되는 결과를 낳았다. 사람들이 함부로 이곳에 있는 돌을 가져다 쓰지 않았던 덕에 1878년에 처음 시작된 발굴 조사 연구자들에게는 큰 도움이 됐다. 파르사는 지방의 수도로 명맥을 유지했지만 서서히 쇠퇴의 길로 접어들었다.

✦ 009 ✦

아테네의 아크로폴리스

The Acropolis of Athens

서양 문명의 뿌리

오랜 세월 동안 아테네는 고대 그리스 문화의 절정으로 여겨져왔다. 그 대표적인 상징이 바로 아크로폴리스다. 기원전 2200년경 무렵 인도-유럽 부족이 그리스로 이주해 군주 체제를 수립했는데, 대표적으로 미케네Mycenae라는 고대 도시가 있다. 기원전 1250년부터 1100년까지 미케네 문명은 도리아인을 비롯한 외부의 침략과 내전, 자연재해로 몰락했다. 그리스는 기원전 800년에 폴리스라는 도시국가 체제를 형성했다. 이 중 가장 유명한 곳이 아테네다.

아테네는 미케네 문명의 중심이었으며, 기원전 13세기에 그리스어로 '가장 높은 도시'라는 뜻의 아크로폴리스가 만들어졌다. 아크로폴리스는 벽으로 둘러싸인 복합 왕궁으로 기둥과 계단이 보이

고대 그리스의 도시국가 대부분은 중심지에 약간 높은 언덕을 가지고 있었으며 이것을 폴리스라고 불렀다. 여기에 'akros(높은)'라는 형용사를 붙여 아크로폴리스라고 부르게 됐다.

지 않는다는 점이 특징이다. 아테네의 아크로폴리스는 70미터 높이의 언덕 정상에 약 9평 정도의 공간을 차지했다. 기원전 17세기에 아테네는 아티카Attica라는 주변 지역을 지배할 만큼 점점 강해졌다. 기원전 594년에는 민주주의 체제가 도입됐다. 이는 빈부 격차로 인해 조성되는 위기감이 내부 분열로 이어지는 것을 막기 위한 장치였다. 위기감을 모든 국민에게 발언할 수 있는 자유권을 부여하면서 잠재우려고 했던 것이다. 그러나 이는 기득권층에 더 많은 권한을 부여하는 결과를 가져왔다. 아테네가 성장하면서 도시를 에워싸는 벽들이 외곽 쪽에 새롭게 세워졌다. 이에 따라 아크로폴리스가 이전만큼 도시를 방어하는 기능을 하지 못하면서 아크로폴리스는 전쟁의 신 아테나를 모시는 장소로 더 많이 활용됐다. 기원전 6세기에는 아테나를 위한 신전이 별도로 아크로폴리스에 세워졌다.

아크로폴리스는 점차 신성한 장소로 변모했다. 아크로폴리스에서는 탄생과 죽음이 발생해서는 안 됐고, 방문하기 전에 성관계를 맺었던 사람들은 입장하기 전에 정화 의식을 치러야 했다. 신성한 아크로폴리스를 어지럽히는 개와 염소는 근처에도 오지 못하게 했다. 아크로폴리스에 모셔둔 것들은 믿기 어려울 정도로 낡고 오래된 아테네 여신상이었다. 제각각 사람들은 이것이 천당에서 왔거나 아테네의 전설적인 왕이 만들었을 거라고 믿었다. 아크로폴리스를 관리하는 여사제는 올리브 나무로 제작된 실물 크기의 여신 조각상에 4년마다 샤프론으로 염색한 가운을 갈아 입혔다. 조각상은 15세기 초기에 훼손됐고, 세월이 흐르면서 허물어졌다.

아테네를 비롯한 다른 그리스 도시국가들은 국경 바깥의 세상과 교역했다. 더불어 지중해 건너 식민지를 건설하면서 활발한 활동을 이어갔다. 아나톨리아 지역에서는 이 문제를 두고 페르시아와 대립 중이었다. 결국 기원전 490년에 페르시아 제국이 그리스를 침략했다. 이에 대응하기 위해 아테네는 다른 도시국가와 연합을 맺었다. 이 중 가장 강력한 국가가 페르시아를 물리쳤던 스파르타다. 같은 해 아테네의 가장 오래된 사원이 전쟁으로 인해 파괴됐고, 재건을 시작했다. 기원전 480년, 페르시아와의 전쟁이 또다시 발발했다. 당시 아테네는 사원 재건이 끝나지 않았기에 전쟁에 국력을 쏟을 수 없었고, 결국 아테네를 비롯한 다른 도시국가들은 완전히 초토화됐다. 다행히 아테네 여신상은 안전한 곳으로 빼돌렸지만 건물이 불에 타면서 안에 있던 신성한 물건이나 값비싼 금속들은 모조리 소실됐다. 기원전 479년, 아테네의 지도자들은 플라타이아이 전투Battle of Plataea에 앞서 페르시아를 격퇴하기 전까지 아크로폴리스를 절대 재건하지 않을 것을 맹세했다. 이 전투에서 그리스 연합군은 페르시아를 상대로 큰 승리를 거뒀다. 하지만 아테네 사람들은 외부의 침략이 더 이상 일어나지 않는다는 확신이 들 때까지 전쟁을 계속하기를 원했다.

이 일을 계기로 아테네는 전쟁을 멈추고 평화를 원했던 스파르타와의 의견 차이로 충돌이 발생했다. 아테네는 자신들과 뜻을 같이 하는 폴리스들과 연합군을 결성했고, 이것이 이른바 델로스 동맹Delian League이다. 아테네를 위시한 델로스 동맹군과 스파르타가 주도하는 펠로폰네소스 동맹군 간에 충돌이 일어났다. 아테네는 길고 긴 전쟁 끝에 기원전 449년에는 페르시아와, 기원전 445년에는 펠로폰네소스 동맹군과 각각 평화협정을 체결했다. 이 무렵 아크로폴리스 재건이 본격적으로 시작했는데, 기원전 461년부터 아테네를 이끌어 온 페리클레스Periclua s의 지휘 하에 아크로폴리스 재건 사업은 전국 규모로 이뤄졌다. 아크로폴리스의 가장 맨 앞에는 기원전 432년에 완공된 페르테논 신전이 있었다. 새롭게 단장한 사원은 델로스 동맹군의 국고로 활용되기도 했으며, 아테네에서 신을 모시는 의식과 관련된 물품을 보관하는 창고로서의 역할을 하기도 했다. 페리클레스 장군은 프로필라이움Propylaeum도 제작하도록 했는데, 이 문은 아크로폴리스의 출입을 관리하는 기념비적인 정문이다.

기원전 431년, 펠로폰네소스 동맹군과의 전투가 다시 시작됐다. 스파르타가 아티카를 침략하면서 아테네인들은 성벽 뒤에 몸을 숨길 수밖에 없었다. 왜냐하면 페리클레스 장군이 전투를 벌이지 않았기 때문이다. 페리클레스 장군은 적과 교전하지 않은 것에 비난을 받았고, 그는 결국 기원전 429년에 전염병으로 사망했다. 아테네에 창궐했던 이 전염병은 도시 인구의 절반 이상을 사망하게 만들었다. 이런 상황에서도 스파르타군과 동맹군은 아테네의 성벽을 깨지 못했다. 몹쓸 전염병과 전쟁이 휩쓸고 간 아테네에서는 아크로폴리스 재건 작업이 계속 이어졌다. 기원전 420년에 승리의 여신인 아테네 니케 신전이 완공됐고, 가장 마지막에 지은 신전은 기원전 406년에 완공된 에레크테이온Erechtheum이다. 이곳은 전쟁의 여신 아테나와 포세이돈을 수호신으로 모셔놓은 곳이다. 그로부터

2년 뒤 스파르타는 아테네와의 전쟁에서 승리하며 그리스에서 가장 강력한 도시국가가 됐다.

그 후로 아테네는 기원전 5세기에 누렸던 과거의 영광을 다시는 회복할 수 없었다. 기원전 4세기 중반에 스파르타는 그리스에서 가장 강력한 세력으로 등장하는 마케도니아에게 정복됐다. 아테네를 지배한 그다음 세력은 고대 로마제국이다. 로마의 영향력은 아크로폴리스까지 미쳤고, 이는 기원전 19년경에 로마제국과 아우구스투스 황제를 모시는 작은 신전이 파르테논 앞에 세워진 것을 통해 확인할 수 있다. 오스만 제국이 서기 15세기 중반에 그리스를 침략한 이후부터 아크로폴리스에는 터키의 수비대가 주둔해 있었다. 신전에서 교회로 바뀌었던 파르테논은 무슬림의 모스크로, 이후에는 화약고로 바뀌었다. 1687년, 아크로폴리스가 심각한 타격을 입었고, 오스만과 전쟁을 벌이던 베네치아군이 아테네를 향해 쏘아 올린 대포 하나가 신전으로 떨어지면서 화약이 폭발해 신전이 무너져내린 것이다.

오스만 제국과의 수년간의 전쟁 이후, 1832년에 그리스의 독립이 공식적으로 이뤄졌고, 아테네는 그리스의 수도가 됐다. 그 후 아크로폴리스에 있던 터키의 흔적들을 모두 없애고 헬레니즘 문명의 황금기를 누렸던 영광의 상징을 되찾기까지는 수십년이 넘는 세월이 걸렸다.

✤ 010 ✤

공자의 생가

The House of Confucius

동아시아 인문주의의 원형인 고대 중국 사상가의 터

기원전 6세기에서 5세기까지 중국은 춘추전국시대로 지방의 제후들이 황권에 도전하면서 매우 혼란스러운 시기였다. 당시 학자들은 이 혼란을 극복하여 주나라의 전통적인 질서와 문화를 다시 세우고자 했다. 가장 유명한 학자로 알려진 사람은 공자다. 공자의 본명은 공부자로, 세계 역사에서 가장 영향력 있는 사상가 중 한 명이다.

기원전 551년, 노나라에서 태어난 공자의 신분은 평민의 바로 위에 있는 관리직으로, 통치계급 중 가장 말단의 사 계급* 출신이었다. 젊었을 때 공자는 노나라 지방의 행정가로 활동했는데 말단에서부터 시작해 형조판서 격인 대사구大司寇 벼슬까지 올랐다. 그는 높은 학식과 곧은 성품으로 군주의 신임을 얻어 사회개혁을 위해 노력했지만, 자신의 이상이 노나라에서 실현될 수 없음을 알고 50대 중반에 자리에서 물러났다. 공자는 여러 제자들과 함께 10년이 넘는 시간 동안 중국 천하를 떠돌아다니며 그의 정치사상을 받아줄 군주를 찾아다녔으나 끝내 이루지 못했다. 결국 공자는 기원전 484년경에 다시 노나라로 돌아와 정치가이자 교육자, 사상가로서 명성을 얻었다.

노나라로 돌아온 공자는 정치가들을 양성할 목적으로 자신의 집에 학당을 열였다. 공자는 출신 성분이나 재산의 규모 및 사회적 지위를 따지지 않고 제자들을 양성했고, 주어진 정보를 단순히 습득하기보다 협의와 토론을 통해 제자들을 교육했으며, 도덕적인 행실과 선善의 실천을 중요시 여겼다. 더불어 예술적 소양의 중요성을 강조하면서 제자들에게 시와 음악을 가르쳤다. 공자는 역사가 사람들의 삶에 중요한 기준으로 작용할 수 있다고 생각해서 제자들에게 역사를 언급하며 과거의 위인들을 본으로 삼아 그들의 지혜를 현재에 적용할 수 있도록 했다. 공자는 기원전 479년에 세상을 떠났다. 그는 자신의 임종을 앞두고 장례를 간소하게 치러달

* 당시 주나라의 봉건제는 제후 왕들이 현지에서 지방자치를 하면서 주 왕실을 모시는 제도로, 천자-제후-경대부-사로 이뤄진 통치계급에서 사 계급은 귀족의 최하위층으로 평시에는 정사를 돌보고 전시에는 전쟁을 하는 무사계급이었다.

공자는 중국 춘추전국시대의 사상가 및 학자다. 노나라 사람으로 여러 나라를 두루 돌아다니면서 인을 정치와 윤리의 이상으로 하는 도덕주의를 설파하여 덕치 정치를 강조했다.

라는 당부를 했다고 전해지고 있다. 이 무렵 공자는 중국 전역에 수백 명의 제자들이 있었으며, 제자들은 공자의 가르침을 토대로 학당을 세워 다른 사람들을 가르쳤다.

노나라 취푸에 있던 방 세 칸짜리의 단출한 공자의 생가는 현재 큰 규모의 사당인 공자사당(혹은 공묘)이 됐다. 공자사당은 1994년에 유네스코 세계유산에 등재됐다. 집 한 채에 불과했던 공자의 생가는 수 세기를 거치면서 여러 개의 건물과 수백 개의 방들이 갖춰졌고, 화려한 조각품과 조각상으로 꾸며졌다. 사당의 모습을 점차 갖춰가면서 공자를 기리기 위해 황제들도 자주 방문했다고 전해진다. 공자의 생가는 7세기에 다른 곳으로 옮겨졌지만 그의 후손들은 계속 취푸에 남아 살았다. 이곳은 현재 7만 제곱미터에 이르며 다양한 역사적 유물들과 문서들을 소장하고 있다. 그의 집과 인접한 공자의 무덤은 수천 명의 후손들도 같이 묻혀 있는 공동묘지가 됐다. 묘지 주변에는 나무들이 있는데 그 대부분은 공자가 세상을 떠난 후 밤을 새워가며 무덤 곁을 지킨 제자들이 집에서 직접 가져와 심은 나무들로 알려져 있다.

공자의 사후 제자들은 공자와 그의 수제자들의 가르침을 묶어 책을 만들었는데, 바로 세계사에서 가장 중요한 철학서 중 하나인 《논어》다. 공자의 유교는 궁극적으로 실천하는 데 있다. 《논어》는 인仁에 바탕을 둔 개인의 인격 완성과 예禮로 표현되는 사회 질서의 확립을 어떻게 할 것인가에 초점을 맞춘 책이다. 공자는 교육을 받고 도덕적으로 올곧은 군자가 나라를 통치함으로써 유교가 확립될 수 있다고 믿었다. 또한 사람들이 자비와 선행을 베풀면서 윗사람에 대한 존경과 부모님에 대한 공경을 배울 수 있다고 생각했다.

《논어》는 사람들이 유교를 실천할 수 있는 이론적 근거가 됐다. 기원전 2세기에서 1세기 무렵 중국 황실에 유교를 수용하면서 중국의 정치와 사회, 철학 원리로 자리 잡았다. 공자가 세상을 떠난

지 수 세기가 흘렀지만 그의 철학과 사상은 중국은 물론 한국, 일본, 베트남에도 여전히 깊은 영향을 주고 있다.

진시황릉

춘추전국시대를 통일한 인물은 진나라의 시황제다. 기원전 221년, 시황제는 6개국 나라를 평정한 후 중국의 황제가 됐다. 그의 공식적인 칭호는 진시황제다. 시황제는 중앙집권체제를 수립하고, 법률을 표준화시켰으며, 새로운 글자를 도입하고, 화폐제도를 적극 활동했다. 그의 가장 큰 업적 중 하나는 북쪽 오랑캐의 침략을 막기 위해 세운 수많은 방어벽을 하나로 연결시킨 만리장성이다. 물론 지금의 만리장성은 시황제 때 건립된 것이 아니라 명나라 때 재건된 것이다.

시황제는 불로장생할 수 있다는 믿음으로 수은을 복용했고, 결국 수은 중독으로 사망했다. 중국 산시성 시안에 있는 그의 무덤은 매우 웅장하게 만들어졌다. 무덤에는 수천 개에 이르는 실물 크기의 병사와 말, 마차, 관료, 신하의 테라코타가 있었다. 1974년, 이곳에서 우물을 파던 사람에 의해 우연히 테라코타 조각들이 발견되면서 이전에는 드러나지 않았던 시황제 무덤에 대한 고고학 발굴이 이어졌다.

✤ 011 ✤

부처의 보리수나무

The Bodhi Tree in Bodh Gaya

해탈의 경지에 이르다

고타마 싯다르타Siddhartha Gautama는 불교의 창시자로 네팔의 룸비니에서 태어났다. 그는 힌두교 집안의 부유한 왕족 출신으로 어머니는 그가 태어난 지 일주일 만에 세상을 떠났다. 아버지는 싯다르타를 험한 세상으로부터 보호하고자 엄청난 보호 속에서 그를 길렀다. 싯다르타는 열여섯에 야쇼다라Yaśodharā 공주와 혼인했으며 그 둘 사이에는 아들 라훌라가 있었다고 전해진다. 스물아홉이 될 때까지 궁궐에 갇혀 살았던 싯다르타의 인생은 그가 궁궐을 나오면서 완전히 뒤바뀌었다. 그는 어느 날 궁궐 밖에서 노인과 병자, 죽은 사람, 수행하는 사람들을 보고 인간 존재의 본질은 고통에 있다는 사실을 깨달았다. 이에 싯다르타는 왕세자라는 지위를 버리고 다섯 명(카운디냐, 아스바지트, 바스파, 마하나마, 바드라지트 – 옮긴이)의 탁발승과 함께 출가했다. 이들은 시골 이곳저곳을 떠돌아다녔고, 싯다르타는 극도의 극기와 단식으로 점점 쇠약해져 갔다.

출가한 지 6년이 지난 후, 싯다르타는 비하르Bihar의 네란자라Lilajan 강변에 있는 보리수나무 아래에 앉았다. 그는 자신의 고행이 곧 정신적인 깨달음을 얻는 유일한 길이 아니라는 것을 증명하고 싶었다. 그래서 마을의 소녀였던 수자타Sujata가 올린 유미죽 한 그릇을 먹고 난 후 깨달음을 얻을 때까지 나무 아래에 남아 있기로 결심했다. 욕망의 신, 마라Mara의 유혹을 견뎌내고 수일 간의 고행 끝에 싯다르타는 결국 깨달음을 얻었다. 바로 누구나 자신의 카르마에 집착하지 않고 수행에 정진하면 '깨달은 자', 곧 부처의 열반에 이를 수 있다는 것이다.

석가모니('샤카 족의 성자'라는 뜻의 '샤카무니'를 음역한 것이다 – 옮긴이)는 7주 동안 보리수나무에 머물면서 그간의 삶을 돌아본 후 사르나트Sarnath의 녹야원에서 설법을 전했다. 함께 떠나왔던 다섯 명의 탁발승이 바로 그의 첫 제자들이다. 그의 가르침은 팔정도로 요약할 수 있다. 팔정도는 열반의 세계로 나아가기 위해서 실천 및 수행해야 하는 8가지 길을 말한다. 팔정도에는 정견正見, 정사유正思惟, 정어正語, 정업正業, 정명正命, 정정진正精進, 정념正念, 정정正定이 있다. 첫 설법을 마친 석가모니는 다시 길을 떠나 갠지스 평원을 거쳐 40년 넘게 설법을 전하며 사람들을 모았다. 석가모니의 말씀을 함께 나누기 위해 제자들은 스님들의 모임인 상가Sangha를 형성했고 이는 초기 불교를 전파하는 데 상당한 역할을 했다. 불교는 여성에 대한 차별이 없었다. 다른 종교들과는 달리 여자들도 상가에 참여할 수 있었으며 열반에 오를 수도 있었다. 석가모니의 말씀은 카스트 계급 제도를 뛰어넘어 모든 이들에게 공평하게 열려 있었다. 석가모니는 여든 살이 되어 열반했다.

불교가 종교로 발전함에 있어서 가장 큰 기여를 한 사람은 아소카왕이다. 아소카왕은 고대의 인도 마우리아 왕조의 지배자로 남부의 일부 지역을 제외한 인도 아대륙의 전 지역을 차지했던 인물이다. 그는 왕위 계승을 위한 쟁탈전에서 자신의 아홉 형제 중 여덟 명을 죽일 정도로 아주 잔인하고 폭력적이었다. 기원전 262년경에 아소카는 인도 남동부 해안의 칼링가Kalinga 왕국을 상대로 군사작전을 개시했다. 이 피비린내 나는 전쟁을 겪은 후 아소카는 정신적인 깨달음을 얻고 불교 신자가 됐다. 인도 각지에는 '아소카의 석주(기둥)'라는 비문이 30여 개 정도 흩어져 있는데, 이 기둥에는 아소카왕이 석가모니의 가르침을 익히기 위해 노력했던 모습을 기록해놓았다. 아소카왕은 여러 개의 상가를 위한 연합체를 구성하기 위해 노력했고, 수천 개의 사원과 죽은 이의 유골을 안치하는 탑 스투파Stupa를 세우는 등 불교를 전파하는 데 전념을 다했다.

파트나의 남쪽 80킬로미터 되는 곳 부다가야Bodh Gaya의 마하보디 사원Mahabodli Vihara은 붓다가 보리수 밑에서 성도成道한 장소에 건설된 불교 4대 성지 중의 하나인 불교사원이다.

더불어 스리랑카와 미얀마까지 불교가 전파되도록 적극적으로 지원했다. 아소카왕이 불교신자이기는 했지만 그는 백성들에게 종교의 자유를 인정했다. 그가 오직 바랐던 것은 백성들이 평화롭게 도덕적으로 살아가는 것이었기 때문이다. 아소카왕이 세상을 떠나자 마우리아 왕조도 결국 외부의 침입과 내전으로 분열됐고, 기원전 185년에 멸망했다.

석가모니의 깨달음을 얻었던 보리수나무는 불교 순례자들

의 성지가 됐다. 기원전 3세기에 아소카왕은 그 주변에 마하보디 Mahabodhi 사원을 지었고, 보리수나무 옆에는 금강보좌Vajrasana를 만들었다. 수 세기 동안 보리수나무는 여러 차례 쓰러졌지만 그때마다 기적적으로 되살아났으며 여전히 마하보디 사원에 있다. 이 나무는 석가모니가 고행했던 원나무 종자의 후손일 수 있다. 나무의 씨앗과 부러진 가지들은 염주를 만드는데 쓰인다고 한다. 그리고 그 나무의 묘목을 가져가 다른 곳에 심기도 했다. 일례로 아소카왕의 딸 상가미타Sanghamitta 공주가 스리랑카의 왕에게 묘목을 전했고, 묘목은 기원전 288년 아누라다푸라Anuradhapura에 심어졌다고 한다. 스리마라보디 사원Jaya Sri maha Bodhi으로 알려진 이 나무는 인류가 심은 나무 중에 세계에서 가장 오래된 유적이다.

불교의 성전인 삼장Tripitaka은 석가모니가 열반한 후 집대성된 것으로 2세기가 지난 후에 문자로 기록됐다. 석가모니의 가르침과 교리에 대한 문답을 정의하기 위한 위원회도 열렸다. 불교는 오랜 세월 동안 아시아에 걸쳐 여러 갈래로 분열됐고, 훗날 유교와 조상, 자연을 섬기는 일본 종교인 신도에 큰 영향을 미쳤다.

◆ 012 ◆

고대 알렉산드리아 도서관

The Library of Alexandria

학문과 예술의 상징

알렉산드리아는 고대시대에 가장 유명한 도시이자 학문의 중심지였다. 알렉산드리아가 지성의 중심이 될 수 있었던 이유는 전 세계의 문헌들을 모아 세워진 알렉산드리아 도서관 덕분이었다. 기원전 336년, 작은 왕국에 불과했던 마케도니아를 그리스에서 가장 강력한 국가로 성장시켰던 필립 2세가 암살당했다. 알렉산더 대왕은 그의 아버지 필립 2세가 마케도니아를 다스리던 시기에 그리스에서 입지를 공고히 다져왔다. 즉위 직후 알렉산더 대왕은 중앙아시아와 중동, 그리고 북아프리카 지역의 대부분을 다스렸던 아케메네스 페르시아 제국에 관심을 가졌고, 기원전 334년 군대를 이끌고 다르다넬스Dardanelles 해협을 거쳐 아나톨리아 반도와 시리아

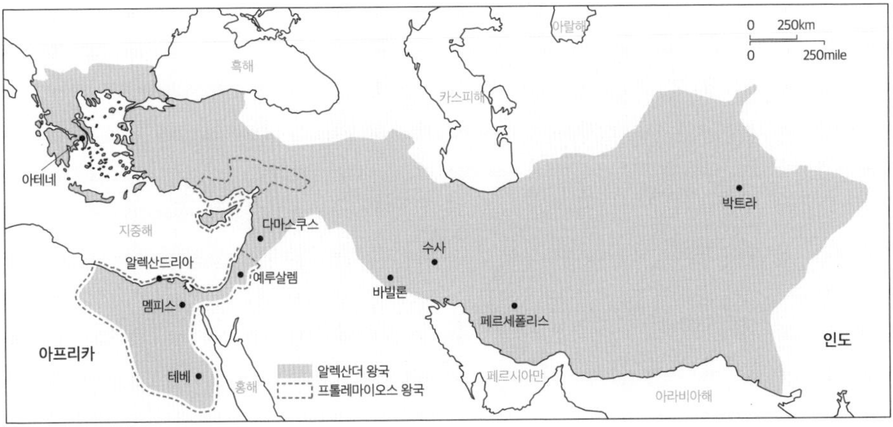

알렉산더 대왕 제국(기원전 323년)

를 점령했다. 그의 다음 목표는 그리스인들이 거주하고 있었던 이집트였다. 기원전 332년, 아케메네스 제국의 지배에 불만이 컸던 이집트 백성들은 알렉산더 대왕이 이집트에 입성하자 자신들의 구원자로 받들며 그를 환영했다. 아케메네스는 알렉산더 대왕에게 순순히 항복했고 그에게 파라오의 왕관을 주었다. 알렉산더 대왕은 원정한 지역에 자신의 이름을 붙였는데 그로 인해 당시 알렉산드로스라는 도시의 이름이 20개가 넘었다. 그중에서 가장 번영을 누렸고 지금도 남아 있는 곳이 바로 이집트 나일강 유역에 위치한 알렉산드리아다.

알렉산더 대왕은 알렉산드리아 도시를 건립하는데 많은 공을 들였다. 그는 궁정건축가였던 로도스 출신의 디노크라테스 Deinocrates를 책임자로 지명해 아고라와 사원과 성벽을 만들었다. 알렉산드리아의 위치는 매우 이상적이었는데, 나일강 삼각주 서부에 있는 기다란 해변 위에 세워져 지중해와 이집트의 나머지 지역을 연결해주는 곳이었다. 이곳은 원래 이집트인들이 살았던 라코티스Rhacotis라는 작은 마을로, 알렉산더 대왕이 처음부터 이곳을 개발하고자 한 것은 아니었다. 아케메네스 왕조와의 기나긴 전투 끝에 라코티스를 확보한 알렉산더 대왕은 지방 군주들에게 이집트를 맡기고 떠났다. 그러나 12명의 그리스 관료들은 라코티스의 지리적 위치의 특성을 눈여겨봤다. 그렇게 개발된 알렉산드리아는 계획도시였다. 이곳에 정착한 대부분의 사람들은 그리스인들이였지만 그 중에는 이집트인과 유대인도 있었다.

알렉산더 대왕은 기원전 323년에 바빌론에서 사망했다. 그러나 후계자 계승이 제대로 되지 않아 제국은 장군들 간의 내전으로 분열됐다. 이들 중 한 명인 알렉산더 대왕의 친한 친구였던 프톨레마이오스가 이집트를 침략해 왕위를 차지했다. 그는 알렉산드리아를 수도로 정했고 그의 후손들은 약 3백 년간 알렉산드리아에서 이집트까지 지배했다. 프톨레마이오스는 알렉산더 대왕의 시신을 가져와 알렉산드리아에 그의 무덤을 만들어줬다. 알렉산드리아에 남긴 프톨레마이오스의 가장 위대한 업적은 무사이Muses를 숭배하기 위한 무세이온Mouseion(기원전 3세기 초 이집트 알렉산드리아에 설치한 왕실부속연구소 – 옮긴이)을 세운 것이었다. 무사이는 예술과 문학, 과학 등을 관장하며 영감을 주는 아홉 명의 여신으로 당시 사원뿐 아니라 정원, 동물원, 천문대에서도 모셔졌다. 그중 가장 유명한 것이 도서관이었다. 기원전 282년에 프톨레마이오스가 사망한 후 뒤를 이은 프톨레마이오스 2세가 무세이온와 도서관을 완공시켰다. 또한 알렉산드리아 대등대*를 건립했다.

막대한 부와 지적인 일에 관심이 많았던 프톨레마이오스 왕조의 역대 왕들은 자신의 재산을 털어 무세이온에 아낌없이 후원했다. 약 40여 명의 학자들을 초빙해 숙소를 비롯한 연구 환경을 제공했고, 세금 감면은 물론 연구수당을 지급하면서 대중을 위한 강연과 수업을 열었다. 무세이온에 대한 왕의 절대적인 보호와 재정 지원이 의미하는 바는 알렉산드리아의 학자들은 높은 수준의 학문적 자유를 만끽했다는 뜻이기도 하다. 알렉산드리아는 다른 그리스 도시국가들보다 시와 문학 분야는 뒤처져 있었으나 의학과 수학, 역학, 천문학과 같은 과학 분야에서는 선두에 있었다. 고대의 가장 위대한 과학자 시러큐스Syracuse 출신인 아르키메데스

* 기원전 280년경 이집트 알렉산드리아 앞 파로스섬에 세워진 높이 106미터의 세계 최초의 등대로 세계 7대 불가사의 중 하나다.

Archimedes와 수학자인 유클리드Euclid도 도서관에서 연구를 진행했고, 지동설을 최초로 주장한 사모스Samos 출신의 천문학자 아리스타쿠스Aristarchus도 있었다.

알렉산드리아 도서관은 왕이 직접 지정한 관료의 관리 속에서 헬레나와 이집트, 메소포타미아에서 온 수많은 기록들을 보관했다. 도서관을 완성하기 위해 혈안이 된 프톨레마이오스 왕들은 알렉산드리아에 입항한 모든 선박에서 나온 자료들을 압수한 뒤 몇 달이 걸리든 필사본을 만들어냈다. 그 외의 다른 작품들은 아테네와 로도스섬과 같은 다른 도시에 있는 왕립 기관에서 구입하기도 했다. 돈은 문제가 되지 않았다. 프톨레마이오스 3세가 다른 도시국가에 그들의 문헌을 필사할 수 있도록 요청 서신을 보냈을 때의 일이다. 그러자 아테네에서 중요한 문헌 몇 개를 보냈다. 프톨레마이오스는 은 150킬로미터에 달하는 15달란트의 채권으로 벌금을 낼지언정 원본을 알렉산드리아 아테네에 돌려보내지 않았고 그대로 소장했다. 기원전 3세기 중반까지 도서관에는 49만여 개의 필사본 두루마리가 있었다. 이뿐 아니라 4만 개 이상의 작품은 고대 그리스 이집트의 수호신 세라피스를 모시는 신전 세라페움Serapeum에 보관됐다.

기원전 2세기 후반, 알렉산드리아 도서관은 소장품을 관리하는 데만 집중한 나머지 이전만큼 혁신적인 공간으로서의 역할을 수행하지 못하면서 가지고 있던 위상의 상당 부분을 잃게 됐다. 이러한 상황을 잘 보여주기라도 하듯, 로마공화정이 상대적으로 세력이 커지면서 프톨레마이오스 왕조는 점점 힘을 잃어갔다. 프톨레마이오스 13세와 여동생 클레오파트라 7세간의 왕위 계승 다툼이 기원전 48년에 시작되면서 로마는 율리우스 카이사르Gaius Julius Caesar를 앞세워 이집트에 대한 내정 간섭을 시작했다. 당시 카이사르는 자신의 권력에 불만을 품은 정적들과 한창 암투를 벌이던 중이었다. 그는 친구였지만 정적이 된 프톨레마이오스 13세를 찾아 이집트로 향했다. 이 무렵 폼페이우스는 프톨레마이오스 13세로부터 도망치던 중이었는데, 카이사르의 이집트 방문 소식을 듣고 그의 지지를 얻기 위해 프톨레마이오스 13세를 살해했다. 그러나 카이사르는 과거 동지였던 프톨레마이오스의 죽음을 애도하고 가슴 아파했다. 이 일을 계기로 클레오파트라가 오히려 카이사르의 환심을 사면서 이 둘은 사랑하는 사이가 됐다. 로마의 알렉산드리아 포위 작전에서 프톨레마이오스의 군대가 카이스르에게 대패하자 이를 기회로 삼은 클레오파트라가 왕좌를 탈환하는데 성공한다. 이 전쟁으로 알렉산드리아 도서관이 희생양이 됐다. 카이사르의 장군들은 적의 배가 들어오는 것을 막기 위해 부두에 불을 지르기 시작했고, 그 화염이 도서관까지 번져 일부 건물이 불타면서 4만여개의 필사본이 소실되어 버렸다. 복원된 도서관에는 카이사르가 클레오파트라에게 준 선물들이 보관됐다. 아나톨리아의 베르가모Pergamum 도서관에서 가져온 20만 개의 작품은 알렉산드리아 도서관에 있는 장서를 다시 채우기에 충분했다.

이집트는 아우구스투스가 통치했던 로마 제정의 속국으로 전락했지만, 알렉산드리아 도시는 무역으로 부를 축척할 수 있었다. 그러나 도서관의 쇠퇴는 계속됐다. 215년 로마 황제 카라칼라Caracalla가 로마 시민들의 비난을 받은 앙갚음으로 알렉산드리아를 처참히 짓밟으면서 도서관은 큰 피해를 입었고, 390년대 무렵에는 정통 기독교를 로마의 국교로 선포한 테오도시우스Theodosius 1세가 이교도와 관련된 모든 작품들을 불사르는 탄압정책을 실시하면서 알렉산드리아 도서관에 있었던 대부분의 자료들이 소실됐다. 642년 알렉산드리아가 아랍제국에 의해 정복당할 때까지 도서관에는 남아 있는 자료가 거의 없을 정도였다. 알렉산드리아 도서관은 당시 학문에 대한 고귀한 정신과 옛 도서관을 기리기 위해 2002년에 새로운 도서관과 복합 박물관으로 재건립됐다.

알렉산드리아의 세계 최초 여성 수학자, 히파티아

무세이온의 가장 마지막으로 알려진 학자는 테온이다. 수학과 천문학에 뛰어난 그에게는 히파티아라는 딸이 있었는데 그녀는 무세이온에서 철학 강의도 했던 가장 뛰어난 천문학자이자 수학자였다. 당시는 로마가 기독교를 공인할 무렵으로 비기독교인인 히파티아는 매파 기독교인들에게는 증오의 대상이었다. 그녀는 415년에 결국 한 무리의 광신자들에 의해 납치되어 비참하게 죽는다. 이러한 히파티아의 비극적인 죽음은 세계 학문의 중심이던 알렉산드리아의 명성이 추락했다는 역사적 징후였다.

✤ 013 ✤

로마의 신전 판테온

The Pantheon of Rome

로마 건축 기술을 집대성하다

로마제국의 위상은 트라야누스 황제가 집권할 무렵 절정에 이르렀다. 그의 후계자인 하드리아누스 황제 때 판테온이 건축됐는데 이는 로마의 세련된 건축양식을 대표하는 건축물이다.

신화에 따르면 로마는 기원전 753년에 로마의 건국 시조로 알려진 로물루스Romulus에 의해 세워졌다. 하지만 로마는 실제로 기원전 10세기 무렵에 세워진 것으로 보인다(로마 건국 신화는 신빙성이 없는 것으로 받아들여지는 것이 학계의 정설이다 – 옮긴이). 기원전 509년까지 로마는 왕정 체제를 유지하고 있었는데, 시민들의 독재에 대한 반발이 심했다. 이후 공화정 체제로 변화한 로마는 투표권을 남성에게만 부여했기 때문에 엄밀하게 민주주의는 아니었다. 로마공화정은 부유한 상류계급에게 더 많은 권력이 집중될 수밖에 없는 구조였다. 기원전 5세기에서 3세기 무렵, 로마는 이탈리아에서 주도적인 위치를 점했고, 당시 페니키아 지역(지금의 튀니지)을 비롯해 북아프리카, 남부 스페인, 코르시카Corsica, 사르디니아Sardinia, 시칠리아의 대부분을 지배했던 서지중해의 맹주 카르타고 제국Carthaginian Empire과의 전쟁을 계속 이어나갔다.

기원전 264년에 시칠리아섬에서 제1차 포에니 전쟁이 발발했다. 포에니는 라틴어 푸니쿠스Punicus에서 유래한 말로 '페니키아인'을 가리킨다. 로마는 카르타고와의 전쟁을 통해 지중해에서의 패권을 장악할 수 있는 발판을 마련했고, 기원전 241년에 결국 카르타고를 물리치고 시칠리아섬을 차지했다. 그로부터 3년 후에 로마는 코르시카와 사르디니아까지 제2의 속주로 만들었다. 기원전 218년, 제2차 포에니 전쟁(카르타고의 장군 한니발과 로마의 대결이라는 점에서 '한니발 전쟁'이라고도 한다 – 옮긴이)이 다시 발발했다. 이때 카르타고의 장군 한니발 바르카Hannibal Barca가 알프스를 넘어 이탈리아를 공격했다. 이 전쟁에서 그는 여러 번의 승리를 거뒀지만 너무나도 큰 피해를 본 나머지 로마 지역까지 점령할 힘이 남아 있지 않았다. 기원전 202년에 북아프리카를 점령했던 로마 군대가 카르타고를 위협하고 있었고, 이에 한니발은 본국으로 송환됐고, 카르타고에서 서남쪽으로 129킬로미터 떨어져 있는 자마Zama에서 로마 군대에게 대패했다. 그들은 스페인 영토를 잃고 거액의 배상금을 물어야 했고, 이는 카르타고 제국이 기울기 시작했다는 것을 알려주는 신호탄이었다. 한니발 장군은 아나톨리아로 추방됐고, 아나톨리아의 왕이 한니발을 로마에 넘기려 하자 그는 자살을 선택했다. 제3차 포에니 전쟁에서 로마가 대승을 거두면서 카르타고는 폐허로 변했고, 그곳에 남은 백성들은 노예가 됐다. 카르타고를 손에 넣은 로마는 그리스, 아나톨리아, 시리아를 차례대로 정복해갔다.

기원전 1세기, 로마는 내부 갈등에 시달리고 있었다. 명성이 높았던 율리우스 카이사르는 기원전 58년에서 50년까지 지금의 프랑스인 갈리아Gaul을 정복하고 속국으로 삼았다. 카이사르의 권세가 점점 강해지는 것에 두려움을 느꼈던 로마의 원로원은 그에게 군대를 포기하라는 명을 내렸다. 하지만 카이사르는 이 명령을 무시하고 기원전 49년 이탈리아로 진군했다. 6년간의 전투 끝에 카이사르의 승리로 전쟁이 마무리됐고, 카이사르는 권력을 이양받았다. 하지만 보수파였던 일부 원로들에 의해 살해된다. 그의 암살은 원로원의 원했던 결과를 만들어주지 못했다. 카이사르의 입양아들이자 큰 조카였던 가이우스 옥토비아누스가 공식적으로 황제에 등극하면서 공화제 시대가 끝나버린 것이다. 훗날 그는 아우구스투스라는 이름을 사용하며 이베리아, 북아프리카, 중앙 유럽으로 차츰 그 세력을 확장해나갔다. 아우구스투스의 사망 후, 로마제국은 서기 69년에 한 해에만 집권자가 네 명이나 교체될 만큼 왕위 계승 문제가 끊임없이 발생했다. 하지만 로마의 군대, 행정, 사법, 화폐, 교통 체계와 같은 사회체계는 이러한 정치적인 혼란에도 불구하고 막강한 힘을 계속 이어나갔다.

아우구스투스의 절친했던 친구 중 한 명이자 그의 사위였던 마르쿠스 빕사니우스 아그리파Marcus Vipsanius Agrippa는 정치가이자 장군이었다. 아그리파는 로마의 건설 계획을 진두지휘했는데, 대다수는 캄푸스 마르티우스Camous martius라고 하는 마르스Mars 평원에 세워졌다. 이곳은 로마 근교에 위치한 습지로 조성된 곳으로 아그리파는 마르스 평원에 대정원을 옮겨놨고, 아그리파 욕장을 건설했으며, 해전에서의 승리를 기념하기 위해 넵튠신전Basilica of Neptune을 만들었다. 로마 시민을 위한 투표소인 디리비토리움Diribitorium과 사입타 율리아Saepta Julia를 조성하기도 했다. 사입타 율리아는 로마공화정 말기에 율리우스 카이사르가 건설을 계획했던 것이다.

마지막으로 그는 기원전 27년에서 25년까지 모든 신을 위한 신전인 판테온을 지었다. 이곳에는 '신격' 율리우스Divus Julius를 포함해 마르스, 비너스 같은 신들의 조각상으로 가득했다. 아우구스투스의 흉상이 판테온 포치에 비치되어 있었으나 그는 이런 성역에 자신이 포함되는 것을 꺼려했다. 아그리파가 죽자, 그는 판테온 북쪽의 캄푸스 마르티우스에 있던 아우구스투스의 묘지에 매장됐고, 이후에 황제도 같이 이곳에 묻혔다.

서기 80년경에 아그리파의 판테온은 화재로 인해 소실됐고, 그 자리에 새로운 사원이 들어섰다. 하지만 그 건축양식에 대해 알려진 바는 거의 없다. 이때까지 로마제국의 팽창주의는 점차 줄어들면서 1세기 이후에는 전쟁을 하지 않고 기존의 국격을 유지하는 것에 힘썼다. 하드리아누스만큼 방위를 강화하고 국력을 충실히 하는데 힘을 쏟은 황제도 없었다. 그는 스페인에서 태어난 장군 출신으로 117년에 황제로 즉위한 인물이다. 그는 재임기간 동안 로마제국의 영토를 돌아다니며 방대한 영토를 하나로 굳건히 하는데 노력을 기울였다. 하드리아누스는 브리타니아(현재의 영국 브리튼섬으로, 고대 로마시대 이름이다 – 옮긴이)에 자신의 이름을 딴 하드리아누스 성벽을 짓는 등 수많은 건설 현장을 적극적으로 지휘했다. 하드리아누스는 118년 무렵에 판테온을 짓기 시작했다. 판테온의 주요한 건축 구조는 가장 큰 규모의 돔이다. 이 돔과 나머지 건축물은 콘크리트를 사용했는데 로마의 건축가들은 최소 기원전 2세기부터 콘크리트를 사용해왔다. 하지만 로마인들이 콘크리트를 사용하는 방법은 18세기 후반에 들어서야 그 방법이 밝혀졌다. 돔은 완벽한 반구 모양을 구현하기 위해 나무로 거푸집을 만들어 콘크리트를 한 번에 부어 만들었고, 콘크리트가 다 마르면 그 틀을 없앴다. 유일하게 자연광을 받을 수 있는 돔의 가장 꼭대기 부분에는 개구 혹은 창이 있었다. 바닥은 약간 볼록해서 만약 비가 큰 창으로 떨어지면 더 빨리 배수될 수 있도록 만들어졌다. 바닥은 대리석과 반암, 이집트와 아나톨리아에서 채석해 온 다양한 색상의 화강석으로 깔려 있었다. 하드리아누스는 판테온의 페디먼트 앞 쪽에 "m · AGRIPPA · L · F · COS · TERTIUm · FECIT(루키우스의 아들인 마르쿠스 아그리파가 세 번째 집정관 임기 중에 만들다)"라고 새겨져 있다.

1세기 중반부터 로마에서는 기독교를 따르는 사람들이 많아졌다. 종교 탄압에도 불구하고 기독교는 은밀하게 전파됐고, 점점 더 많은 사람들이 기독교로 개종했다. 313년, 콘스탄티누스 1세가 밀라노 칙령Edict of milan을 발표하면서 기독교에 대한 박해가 끝이 났다. 이후 380년에는 테오도시우스 1세가 기독교를 로마의 국교로 선포했다. 이는 로마의 주교인 교황이 막강한 위력을 지닌 권위자라는 주장을 뒷받침하는 명분이 됐고, 황제의 권력이 교황에게 분산되면서 자연스럽게 황제의 영향력은 약화될 수밖에 없었다.

609년에 판테온은 교회의 역할을 하게 됐고, '산타 마리아 로톤다Santa maria Rotonda'라는 이름으로 재탄생했다. 판테온에 있었던 이교도적인 치장들은 다 제거되어 기독교와 관련된 프레스코와 그림, 조각들로 대체됐으며 건물 내부 구조 역시 많이 바뀌었다. 기도실이 생겨났으며 반짝거리는 청동 지붕 타일을 제거하고 그 안

원형의 돔은 하늘(천국)을 상징하기 위한 의도였을 가능성이 있으며, 완벽한 균형을 이루는 우주, 조화의 이미지를 이룬다. 돔의 꼭대기에 원형으로 뚫린 오쿨루스는 로마의 건축물에서 몇몇 예를 찾아볼 수 있으나, 지름 8.3미터에 이르는 거대한 크기는 건축 공학적으로 매우 극단적이면서도 과감한 시도라고 할 수 있다.

에 순교자들의 뼈를 묻었다. 그리고 돔 위에 지붕을 덧씌웠고, 현관의 외관에는 종탑을 세웠다(물론 종탑은 이후에 철거됐다).

15세기 후반부터 16세기에 걸쳐 이탈리아에서 고대 문헌이나 작품 및 건축물의 양식이 부흥하는 르네상스가 시작됐다. 르네상스 시대에 활동했던 사람들은 고전적인 건축물에 대해 경이로움을 느끼며 이들 양식을 모방하기 위해 고군분투했다. 판테온의 돔은 산타 마리아 델 피오레 대성당과 성 베드로 대성당과 같은 많은 건축물에 영향을 미쳤다. 판테온은 그 명성이 당시에도 높았지만, 온전히 잘 관리된 것은 아니었다. 우르바누스 교황 8세는 청동으로 만들어진 포르티코Portico(대형 건물 입구에 기둥을 받쳐 만든 현관 지붕 – 옮긴이)를 없애고 그 청동을 녹여 기관포를 만들었으며 성 베드로 성당 제단의 대형 덮개를 만드는 데도 사용했다. 그리고 판테온의 정면에 똑같은 두 개의 종탑을 설치했는데 이것은 19세기 후반에 철거됐다. 이탈리아의 통일은 6세기가 넘어서야 이뤄졌다.

통일이 된 이탈리아에서 판테온은 영광스러운 과거와의 연결고리로써 작용했다. 따라서 이탈리아 왕국의 초대 왕 비토리오 에마누엘레Victor Emmanuel 2세와 그의 후계자였던 움베르토Umberto 1세가 판테온에 묻힌 것은 지극히 당연한 일이었다.

팅벨리르
브루게
(테즈 브르즈의 집)
터키 해협
코소보 폴예
사마르칸트
히라동굴
테노치티틀란
팀북투
악숨
(시온의 성모 성당)
쿠스코
그레이트 짐바브웨

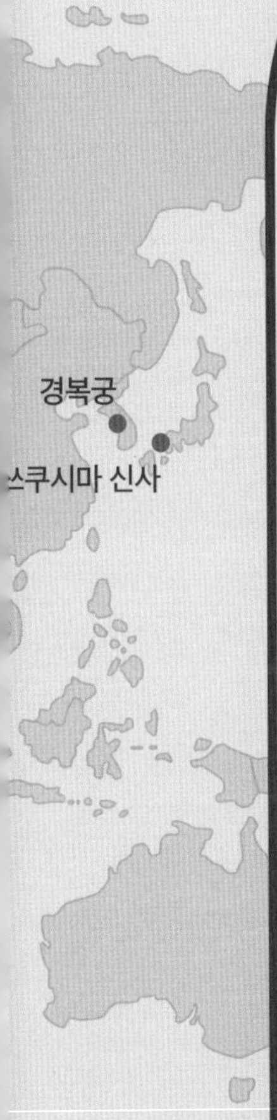

III

문화의 발전

중세시대

◆ 014 ◆

터키 해협

The Turkish Straits

아시아와 유럽을 연결하다

터키 서부에는 보스포루스Bosporus와 다르다넬스Dardanelles라는 좁은 해협이 있다. 보스포루스는 터키 서부와 흑해, 그리고 마르마라Marmara해를 연결하는 해협이고, 다르다넬스는 터키 서부와 마르마라해, 그리고 지중해를 이어주는 해협이다. 이 해협들은 수 세기 동안 지정학적으로 중요한 곳이었으며, 특히 콘스탄티노플(지금의 이스탄불)의 메트로폴리스 보스포루스가 세워진 이후에는 더욱 중요한 지역이 됐다.

기원전 7세기에 그리스의 식민개척자들은 보스포루스 지역에 유럽인을 위한 비잔틴과 아시아인을 위한 칼케돈Chalcedon이라는 도시를 세웠다. 기원전 5세기에 페르시아와 전쟁을 치르는 동안

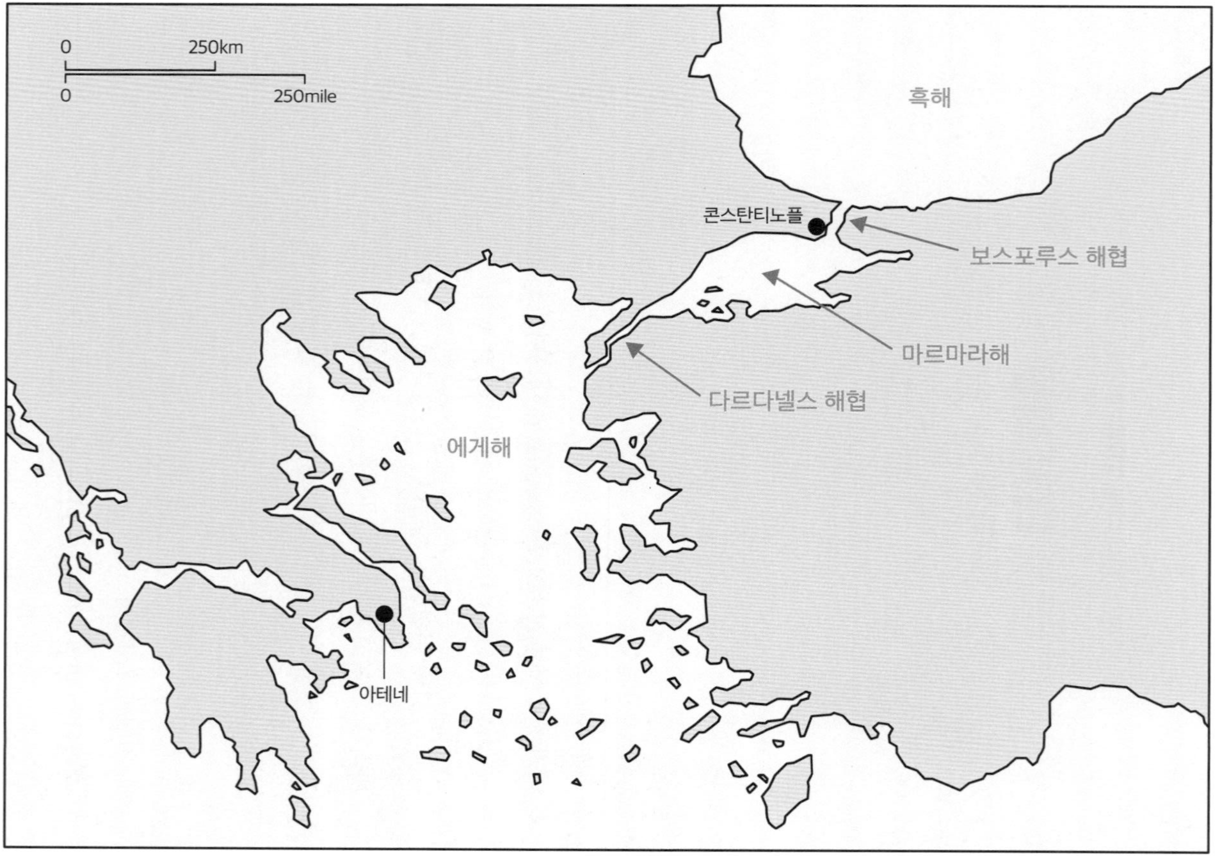

터키 해협, 1400년경

비잔틴은 그리스인들에게 중요한 지역으로 여겨지면서 무역의 중심지로 성장했다. 비잔틴은 로마법을 따랐으며 서기 324년에 콘스탄티누스 황제가 비잔틴을 로마제국의 새로운 수도로 지정했다.

서기 330년, 노바 로마로 선포된 로마제국의 새로운 수도는 콘스탄티노폴리스로 더 많이 알려져 있다. 로마제국의 권력이 점차 동쪽으로 이동하고, 서로마가 외부의 침입을 지속적으로 받자 콘스탄티노폴리스의 규모는 사회·경제적으로 원래의 수도인 로마를 능가할 정도로 성장했다. 결국 콘스탄티노폴리스는 동로마인 비잔틴 제국의 수도로 지정됐고, 비잔틴 제국의 전성기에는 이탈리아 전역을 포함해 북아프리카, 스페인 남부까지 통치했다.

19세기 무렵 오스만 제국은 계속되는 패전으로 영토의 대부분을 잃어가고 있었다. 이에 각 지방에서는 민족주의 운동이 발발했다. 1908년, 청년 투르크당Young Turks이라는 젊은 청년 장교 단체가 술탄에 대항해 무장 봉기를 일으켰고, 이들은 곧바로 오스만 제국을 장악해 술탄에게 헌법의 부활을 요구하며 의회입헌주의를 도입했다. 하지만 이들의 역량은 이탈로-투르크 전쟁Italo-Turkish War(1911-1912)과 제1차 발칸 전쟁(1912-1913)을 승리로 이끌기에 역부족이었다. 1832년, 그리스의 해군력에 맞설뿐만 아니라 터키 해협 안팎에서 존재감을 굳히기 위해 오스만 제국은 영국으로부터 최신예 전함 2척을 주문했다. 그러나 국민의 세금이 들어간 전함 2척은 끝내 받지 못했다. 왜냐하면 제1차 세계대전 중이었던 1914년 8월 1일 오스만이 독일과 동맹을 시도하자 영국 해군성이 전함 2척을 징발해갔기 때문이다. 이로 계기로 오스만 내에서 대중의 거센 항의가 일어났고, 이들은 독일과 더욱 가까워졌다. 다음 날, 독일과 오스만 제국은 동맹에 서명했다. 독일은 오스만 영토를 자유롭게 통과할 수 있다는 이권을 얻는 대가로 오스만 제국에게 군사적 지원을 약속했다. 8월 10일, 독일 군함 두 척이 다르다넬스에 도착해 오스만 해군에 편입됐다. 오스만 제국은 10월 29일, 흑해에 있는 러시아 항구를 공격하면서 제1차 세계대전에 가담했다. 이 사건으로 러시아, 영국, 프랑스는 바로 다음 달 오스만 제국에 전쟁을 선포했다. 독일은 오스만에게 재원과 물자, 군인들을 보내면서 전폭적으로 지원했다. 독일 기술자들은 적함을 포착하기 위한 강력한 탐조등, 잠수함을 저지하기 위한 해저망, 방어망을 조정하기 위한 무선 텔레그래프 시스템과 함께 다르다넬호 위에 새로운 전지를 건설했다.

1915년 2월과 3월, 연합군은 동부 전선의 러시아를 지원한다는 목적으로 다르다넬스 해협을 공격했다. 하지만 본래의 목적은 영국과 프랑스의 연합 함대가 흑해로 가는 항로의 지배권을 확보하기 위해서였다. 하지만 터키군의 해안 포대와 지뢰 작전은 연합군에게 치명적이었다. 해군의 단독 작전이 실패로 돌아갔다고 판단한 연합군은 이후 영국, 뉴펀들랜드, 뉴질랜드, 호주, 인도, 프랑스(아프리카의 프랑스 식민지에서 온 병사들까지 포함)로부터 7만 5천 명의 다국적군을 결성하여 육군과 해군의 합동 작전을 펼쳤다. 첫 상륙은 4월 25일에 이뤄졌고, 연합군은 다르다넬스 해협의 유럽 지역인 갈리폴리반도에 두 개의 상륙 지점을 구축했다. 갈리폴리에서 8,587명에 달하는 전사자를 낸 호주와 뉴질랜드에서는 상륙 작전이 시작된 4월 25일을 양국 장병들의 봉사와 희생을 기념하는 현충일ANZAC Day, Australian and New Zealand Army Corps Day로 지정하여 기념하고 있다. 8월에 후발대가 도착했음에도 연합군은 바위가 많은 험한 지형을 넘어 진격할 수가 없었다. 연말까지 버티던 연합군은 결국 1916년 1월 9일 갈리폴리에서 철수했다. 다행히 철수 과정에서는 단 한 명의 사상자도 발생하지 않았다. 이 전투에서 총 14만 2천 5백 명의 군인들이 사망했으며 이 중 절반 이상이 터키인이었다.

오스만군은 발칸반도와 코카서스, 중동에서 전투를 계속 이어 나갔다. 이와 함께 아르메니아인, 그리스인, 아시리아인에 대한 학살과 추방 운동을 전개했다. 오스만군은 1918년 10월 30일 마침내 연합군이 터키 해협을 오가는 것을 합의하는 휴전협정을 맺었다. 11월 13일, 42척의 연합군함이 다르다넬스 해협을 통과해 이스탄불까지 항해했다. 1920년, 오스만 제국은 세브르 조약Treaty of Sèvres에 서명하면서 비非터키영토를 독립시켰다. 연합군은 이스탄불에

터키공화국에서 로잔조약 25주년 기념으로 만든 우표. 로잔 조약은 1922년과 1923년에 스위스 로잔에서 터키와 제1차 세계대전 연합국이 맺은 조약이다.

남아 있었고, 터키 해협에서의 군대는 국제위원회의 결정에 따라 배치됐다. 이 조건에 대응하여 무스타파 케말Mustafa Kemal 육군 장교는 세르브 조약에 반대하며 무장 민족주의 봉기를 이끌었다. 터키 독립전쟁은 1923년 오스만 제국을 멸망시키고, 터키공화국을 선포하는 결과를 낳았다.

터키 해협은 로잔조약에 따라 연합국에 의해 국경으로써 인정받았다. 로잔조약에 따르면 터키 해협의 통치는 투르크인이 주재하는 위원회가 맡으며, 국제지대가 됐다. 또한 터키 해협은 이스탄불의 소규모 수비대를 위한 비무장지대로 명시됐다. 케말은

1938년 사망할 때까지 대통령으로 재임하면서 일련의 개혁을 진행했다. 그는 사후 '터키의 아버지'라는 뜻의 아타튀르크Atatürk라는 성을 받았다. 케말은 1936년 해협에 관한 몽트뢰협약Montreux Convention을 총괄했으며 이로 인해 터키가 해협을 완전히 통제할 수 있게 됐다. 이로써 터키 해협은 무장이 가능한 지역으로 변했고, 터키와 전쟁 중이 아닌 국가들에 대해서는 상업적 목적의 선박에 한해서 출입을 보장했다.

✦ 015 ✦

시온의 성모 성당

Church of Our Lady Mary of Zion

모세의 흔적을 찾다

악숨Aksum왕국은 지금의 에티오피아로, 중세시대에 아프리카에서 가장 강력한 세력이었다. 이곳에는 유대인과 기독교인에게 신성한 유물인 언약궤가 보관되어 있다는 시온의 성모 성당이 있다.

기원전 10세기에는 시바Sheba라는 반신화적인 여왕이 있었는데, 전설에 따르면 시바여왕은 에티오피아 출신으로 이름은 마케다Makeda였다. 그리고 솔로몬왕 사이에서 메넬리크Menelik라는 아들을 낳았다. 메넬리크는 성인이 된 후 예루살렘에 있는 아버지를 만나러 다녀왔다. 에티오피아로 다시 돌아온 그는 제국을 건설하는데, 그 제국은 3천 년이 넘는 기간 동안 유지됐다. 예루살렘에서 에티오피아로 돌아오면서 메넬리크는 십계명이 새겨진 석판이 보

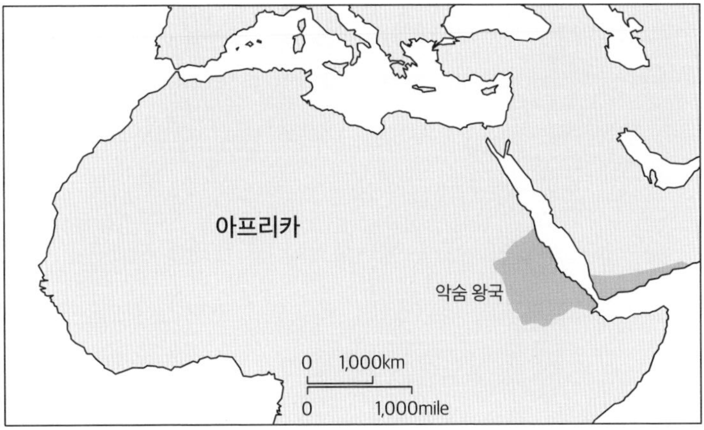

악숨 왕국, 6세기 중엽

관된 언약궤를 가지고 왔다고 한다.

악숨은 에티오피아 북부의 티그라이Tigray주 산악지대에 있었다. 이곳은 서기 2-3세기에 가장 명성이 높았던 왕국으로 상업이 매우 발달한 곳이었다. 악숨의 상인들은 그레코 로마인들뿐만 아니라 인도와도 무역을 하면서 아프리카 내륙부터 홍해 항구까지 무역 루트를 장악했다. 메넬리크의 후손인 에자나Ezana왕의 통치 기간인 4세기 중반에 악숨은 기독교를 받아들였다. 시리아 출신의 성 프루멘티우스Frumentius의 선교 활동을 통해 기독교가 널리 퍼질 수 있었다. 프루멘티우스는 기독교를 선교한 성과를 알렉산드리아 주교에게 보고하기 위해 알렉산드리아로 향했고, 340년에 성

아타나시오스에 의해 주교로 임명됐다. 다시 악숨으로 돌아온 프루멘티우스는 에티오피아 국왕 에자나에게 세례를 주고, 에티오피아는 두 번째로 기독교가 국교인 나라가 됐다. 에티오피아 정교회는 교황의 우위권을 인정하지 않는 가톨릭과는 아주 다른 형태의 전통을 유지하며 지속됐다. 에티오피아 전 지역에 선교사들이 복음을 전파하면서 모든 국민들은 기독교인이 됐다. 프루멘티우스는 악숨에 주교제도를 설립했고 시온의 성모 성당을 세웠다. 시온의 성모 성당은 중앙에 벽으로 쳐진 595제곱미터의 건물로, 언약궤를 처음으로 보관한 곳으로 전해진다.

6세기 중반까지 악숨은 지금의 에티오피아와 에리트리아Eritrea 너머의 국경까지 영토를 확장해 아라비아 남부 일부, 수단, 이집트, 지부티Djibouti, 소말리아까지 지배했다. 하지만 17-18세기 악숨 왕조는 이슬람 칼리프리트 국가의 침략으로 쇠퇴의 길로 들어섰다. 도시로서의 번영은 사라졌지만 대성당 덕에 악숨은 종교의 중심지가 될 수 있었다. 10세기 중엽에는 유대교도로 알려진 유디트Judith여왕에게 공격을 받아 시온의 성모 성당이 파괴되면서 결국 악숨왕국은 몰락하고 만다. 이후 1137년이 되어서야 에티오피아에 자그웨Zagwe라는 새로운 왕조가 세워졌다. 그러나 자그웨는 1270년 악숨 왕조의 후손이라고 주장하는 한 왕자에 의해 함락됐다. 이들은 이스라엘의 솔로몬왕과 마케다 왕비가 자신들의 선조

시온의 성모 성당은 모세의 언약궤가 보관되어 있다고 알려졌다.

라고 주장했는데, 이것이 에티오피아 제국의 시작이었다(예쿠노 암라크Yekuno Amlak 황제가 수립한 솔로몬 왕조로 5백여 년간 지속됐다). 이 당시에 시온의 성모 성당이 재건되면서 성당은 에티오피아 황제들이 대관식을 하는 장소로 거듭났다.

유럽인들에게 있어 에티오피아는 미지의 땅이었다. 중세시대의 일부 사람들은 에티오피아가 막강한 기독교의 왕이었던 프레스터 존Prester John(중세에 아비시니아Abyssinia 또는 동방 나라에 그리스도교 국가를 건설했다는 전설상의 왕 – 옮긴이)의 고향이라고 믿었다. 19세기 말, 에티오피아에 들어온 수많은 포르투갈 탐험가와 무역상조차도 에티오피아왕을 그 전설적인 군주와 연관시켜 생각했다. 1529년, 에티오피아 제국은 지금의 소말리아인 중세 무슬림 다민족 국가였던 아달 술탄국Adal Sultanate의 침략을 받았다. 이들의 군사적 지도자였던 아흐마드 이븐 이브라힘Ahmad iban Ibraham이 에티오피아 제국의 영토를 대부분 빼앗았고, 악숨과 시온의 성모 성당도 공격했다. 이 전쟁의 승기가 아달군에게 완전히 넘어갈 뻔했지만 에티오피아가 포르투갈 왕국군의 지원을 받으면서 전세는 뒤바뀌었다. 1543년, 에티오피아군이 아달의 아흐마드 장군을 죽이면서 전쟁에서 승리했다. 1563년, 살사 뎅겔Sarsa Dengel 국왕은 악숨에서 대관식을 치르고, 시온 성당의 잔해 앞에 작은 교회를 지었다. 그러나 이 교회는 1611년 지금의 에티오피아 남부와 케냐 북부에서 살던 오로모Oromo족의 공격으로 파괴됐다. 오로모족은 예수회인 에티오피아 왕조의 위상을 불안하게 만들었다. 1622년, 수세뇨스Susenyos 1세 황제가 가톨릭을 국교로 선포하고, 국민들에게 개종을 강요하면서 내전이 발생했다. 이러한 혼란을 겪은 후 수세뇨스는 왕권 포기를 강요받았고, 결국 1632년 그의 아들 파실리다스Fasiladas에게 왕위를 물려줬다. 파실리다스는 에티오피아 정교회를 다시 부활시켰고, 지금의 성모 성당 건축 과정에 관여를 했는데 성당은 포르투갈과 인도 건축의 영향을 많이 받았으며 1665년에 완공됐다.

19세기 말에서 20세기 초, 유럽 열강들이 앞다투어 아프리카의 땅을 식민지화할 때도 에티오피아는 독립 국가로 남아 있었다. 15년간의 섭정을 끝내고 1930년 왕위에 오른 하일레 셀라시에Haile Selassie 1세는 에티오피아를 급속도로 발전시켰다. 그는 노예제도를 폐지했으며, 사회기반시설을 구축했고, 국제연맹의 회원으로 가입했다. 그러나 1935년 제2차 세계대전 중 이탈리아가 에티오피아를 침공했다. 에티오피아는 탱크와 비행기, 독가스로 무장한 이탈리아 군대에 2년 만에 점령당했다. 하일레 셀라시에는 스위스 제네바에 있는 국제연맹에 국제적인 지원을 요청했지만 결국 제안이 거부되면서 국제연맹에 속한 위임통치령마저 획득하지 못했다. 에티오피아가 적의 손에 넘어가 있는 동안 하일레 셀라시 황제는 영국으로 망명했다. 이후 에티오피아가 추축국에서 가장 먼저 독립을 하게 되면서 셀라시 황제는 1941년 연합군과 함께 고국으로 돌아왔다. 1965년, 그는 시오의 성모 성당의 터와 가까운 곳에 콘크리트 돔이 있는 현대식 성당을 지었다. 그러나 1974년, 하일레 셀라시는 육군 소령 멩기스투 하일레 마리암이 일으킨 군부 쿠데타로 축출됐다. 임시군사행정위원회PmAC가 설치되면서 사회주의 군사정권이 1987년까지 에티오피아를 지배했다. 에티오피아 정교회는 악숨이 여전히 언약궤가 최초로 보관된 진정한 본거지라고 주장하지만 지금은 그저 작은 도시일 뿐이다.

016

히라동굴

The Cave of Hira

무슬림의 성지

자발 알누르Jabal al-Nour는 사우디아라비아 서쪽에 있는 산이다. 산 중턱에 있는 히라동굴은 이슬람교의 창시자인 예언자 모하메드가 신의 계시를 처음 받은 곳으로 알려졌다. 메카는 입방체 모양의 신전인 카바Kaaba가 있는 곳으로 이 건물의 설계자는 아브라함과 그의 아들 이스마엘Ishmael이라고 한다. 이곳의 내부에는 다양한 우상들을 모셔놓고 외부는 신성한 검은 돌로 장식되어 있다. 메카는 다신교를 믿는 이 지역 사람들이 찾는 순례성지다. 서기 6세기까지 메카는 쿠라이시Quraysh족에 의해 통치되면서 무역의 중심지로 성장했다.

무함마드는 570년경에 메카의 쿠라이시 부족 집안에서 태어났

자발 알누르의 산 중턱에는 무함마드의 승천지 히라동굴이 있다.

다. 6세에 고아가 된 그는 숙부 밑에서 자라 상인이 됐고, 20대 중반에 성공한 여성 무역 상인 그녀는 카디자Khadija와 결혼했는데, 무함마드를 시리아로 가는 짐을 관리하는 일꾼으로 고용했었다. 나이가 들면서 그는 메카에서 벗어나 그 주변에 있는 시라트Sirat 산맥에서 혼자 명상을 했다. 610년경 무함마드가 '빛의 산'이라는 의미의 자발 알누르산에 있는 히라동굴에서 명상을 하고 있을 때 그에게 가브리엘 천사가 방문했다. 이 장면이 코란의 첫 구절에 나오는 이른바 '권능의 밤Night of Power'이다. 무함마드는 그가 겪은 신의 계시와 관련된 내용을 기록해 제자들에게 알려줬다. 무함마드는 자신이 신을 본 것에 대해 두려워했지만 아내 카디자가 그를 안심시켰다. 무함마드는 영적인 명상을 위해 산에 계속 올라가 히라동굴에서 며칠을 보내곤 했다. 그러면서 그는 이슬람 종교를 만들어야겠다는 믿음을 굳혀갔다. 처음에는 가까운 가족에게만 그가 받은 계시에 대해 이야기를 나눴고, 3년이 지난 후에는 메카 사람들에게 직접 전파하기 시작했다. 620년, 든든한 조력자였던 아내 카디자가 죽은 후 남긴 그녀의 재산은 무함마드가 이슬람을 창시하는데 경제적으로 큰 힘이 됐다.

신은 존재하지 않고 오직 알라Allah만이 존재한다는 무함마드의 설파는 메카의 다신교를 믿는 통치자들과 갈등을 불러일으켰다. 결국 622년 무함마드와 그의 지지자들은 메카에서 북쪽으로 480킬로미터 떨어진 메디나Medina로 떠났다. 622년 7월 16일, 약 200여 명의 무슬림들이 메카에서 나와 무사히 야스리브(훗날의 메니다)에 도착했다. 이슬람 역사에서는 이 이주의 해를 이슬람 공동체가 만들어져 이슬람 국가가 태동하는 시점으로 보며, 이슬람력의 원년으로 본다. 이곳에서 무함마드의 이슬람교를 따르는 사람들이 늘어났다. 그러던 중 624년 그들이 탄 카라반이 습격당하면서 무슬림과 메카 사이에 충돌이 발생했다. 그로부터 6년 후 무함마드는 메카에 평화협정을 강요했고, 632년 무함마드는 메카를 성지로 만드는 데 성공했다. 메카에 있던 우상들은 모두 없어졌으며, 카바는 이슬람교에서 무슬림이 예배하는 방향을 의미하는 키블라

Qibla로 정해졌다. 이후에 무슬림들이 메카의 성지를 순례하고 종교적 의례에 참가하는 핫즈Hajj 전통이 세워졌다. 그로부터 몇 주 뒤, 632년에 무함마드는 메디나에서 세상을 떠났다.

무함마드에게는 생존한 아들이 없었기에 그의 뒤를 이을 사람이 정해지지 않았다. 그래서 그와 가장 가까웠던 조언자 중 한 명인 아부바크르Abu Bakr가 초대 칼리프가 됐다. 7세기 후반에 걸쳐 칼리프의 힘은 꾸준히 성장했다. 처음에는 시리아와 이라크로 확장했고, 페르시아, 코카서스, 아나톨리아, 북아프리카의 영토를 두고 비잔틴 제국, 사사니아 제국과의 전투도 이어졌다. 661년에 메카에서 가장 강력한 씨족인 옴미아드Umayyads 왕조가 칼리프의 권한을 거머쥔 후 세습통치를 시작했다. 그들은 시리아 다마스쿠스Damascus를 수도로 정했고, 이슬람은 크게 수니Sunni파와 시아Shia파라는 두 개의 큰 종파로 나뉘었다. 이때부터 무함마드를 계승할 사람이 누구인지에 대한 논쟁이 발생했다. 656년 무함마드의 조카이자 사위인 알리Ali가 칼리프가 됐지만 권한을 행사하는데 어려움을 겪다 결국 이라크 쿠파Kufa에서 정적에 의해 살해당했다. 알리의 뒤를 이은 사람은 그의 정적이었던 옴미아드 왕조의 설립자인 무아위야Muawiyyah였다. 알리에게는 하산과 후세인이라는 두 아들이 있었는데 퇴위를 한 뒤에는 조용히 메디나로 내려갔다. 670년 하산은 메디나에서 숨을 거뒀다. 680년 옴미아드 왕조의 반대파들은 후세인을 반란의 주동자로 끌어 들였다. 후세인은 그의 지지자들과 함께 이라크로 가는 도중에 더 큰 규모의 옴미아드군에 의해 저지당했고, 항복하기를 거부한 후세인과 대부분의 일행들은 모두 처형당했다. 후세인이 죽은 그 장소는 이후에 성소가 됐으며 그곳을 찾는 순례자들로 인해 카발라Karbala는 도시로 성장할 수 있었다. 7세기 후반에서 8세기 무렵, 알리의 후손만이 이슬람교를 이끌어야 한다고 믿는 사람들에 의해 옴미아드 왕조에 대한 반발심은 더욱 커져갔다. 이는 시아파('알리의 정당'을 위한 아랍어에서 유래)가 그들 자신의 실천과 신념을 확립하는데 영향을 끼쳤고, 이슬람의 이념 분열로 굳어졌다. 시아파는 현재 전 세계 이슬람교도의 10퍼센트 이상을 차지하고 있다.

이슬람교 내에 이러한 갈등이 있음에도 칼리프의 지위는 계속 높아져갔다. 8세기 옴미아드 왕조는 북아프리카 대부분을 정복한 후에 지브롤터Gibraltar 해협을 건너 이베리아반도까지 점령했다. 750년대에 무함마드 숙부의 후손인 아바스Abbasid 왕조는 칼리프의 지위를 되찾기 위해 옴미아드를 전복시켰다. 그리고 옴미아드 제국을 지배하기 위해 고대 바빌론의 지역이었던 바그다드를 새로운 수도로 정했다. 이후 바그다드는 전 세계적으로 규모가 크고 부유하면서 문화적으로도 중요한 곳이 됐다. 아바스 왕조의 권력도 외부의 침략과 내부 분열, 그리고 1258년 몽골제국의 침략으로 기울어져 갔다.

메카의 종교적인 위상에도 불구하고 무슬림 세계에서 정치적 권력은 메디나, 다마스쿠스, 바그다드, 카이로, 이스탄불과 같은 다른 도시들에서도 존재했다. 메카는 순례자들이 주로 가는 한 때 번성했던 상업의 거점이었다. 10세기에 이르러서는 무함마드의 직계 후손인 샤리프 가문이 지배했다. 그들은 16세기에 오스만 제국이 아라비아를 점령한 후에도 계속 통치했다. 제1차 세계대전 동안 영국군과 연합한 샤리프 가문은 오스만 제국에 대항하는 아랍 반란을 주도했다. 하지만 중동 지역에서 아랍제국의 통치자로 자리매김하려던 그들의 희망은 좌절됐다. 1925년 중앙 아라비아에서 온 사우드Saud 가문이 샤리프 가문을 몰아내고 메카를 정복했기 때문이다. 사우드 가문은 1932년 사우디아라비아 왕국을 지배했다. 석유 매장으로 얻는 수입으로 메카에 대규모의 건물을 건설하고 개보수 작업을 하는데 엄청난 투자를 했다. 히라동굴은 무함마드의 승천이 일어났던 그때 그 모습대로 보존되어 이슬람이 태동했던 그 순간을 잘 보여주고 있다.

017

팅벨리르

Thingvellir

세계에서 가장 오래된 의회 민주주의의 개최지

게르만과 북유럽 사회의 사람들은 분쟁을 해결하고 결정을 내리기 위해 자주 만났다. 이 모임들은 단체로 발전했는데, 가장 오래된 단체는 아이슬란드 의회로 팅벨리르라는 아이슬란드의 남부 지역 평원에서 열렸다.

바이킹족은 스칸디나비아 출신으로 서기 8세기 후반부터 유럽의 해안 지역을 침략하기 시작했다. 이러한 침략 덕분에 바이킹족이 타고 다녔던 배, 롱십Longship은 유럽대륙에 공포의 대상이었다. 이들은 중동과 북아프리카까지 통상 관계를 구축했으며 영국, 아일랜드, 노르망디와 같은 다른 지역으로 이주했다.

탁월한 항해술을 지닌 바이킹은 북해와 대서양에 있는 섬들을 식민화하기 시작했다. 이 중 가장 큰 지역이 아이슬란드로, 이곳은 8세기 말까지 아무도 정착해서 살지 않았던 곳이었다. 867년경, 노르드인 잉골프 아르나르손Ingólfr Arnarson은 아이슬란드에 도착하여 870년 최초의 바이킹 정착지를 세웠다. 이후에 다른 가족들도 이주하면서 아이슬란드에 최초로 정착한 노르드인으로 기록되어 있다.

930년 아이슬란드 전역에 의결권을 행사하는 최초의 총회 알팅그Althing가 열렸다. 이는 국가 전체의 일체감을 형성하고 지역 간의 분열을 방지하는데 아주 중요했다. 알팅그는 재판관과 같은 결정을 하는 구성원들을 통해 공동이나 국가 전체의 분쟁을 해결하는 방식이었고, 네 개의 지역 법원이 있었다. 알팅그는 매년 6월 2주간 '알팅그의 평원Thing Plain'에서 열렸는데, 이곳은 날씨가 온화해서 회의가 열리기에 적합한 장소였다. 모든 회의는 야외에서 열렸고, 인근에 있는 건물이라고는 교회 두 개와 농장 하나가 다였기 때문에 참석한 대부분의 사람들은 텐트를 치거나 부스를 설치했다. 뿐만 아니라 행상인과 무역상들은 옥사라Öxará라는 팅벨리르 근처 강변 쪽에서 장사를 했다. 모든 사람들이 참석할 수 있었으나 입법 결정권은 고다르드Godard라고 하는 지역의 족장에 있었다. 965년부터 족장들의 수를 39명으로 제한했는데, 그들은 뢰그레타Lögrétta라고 하는 다수의 입법 의회를 구성해 법률과 관련된 문제를 해결했고, 다른 나라들과 조약을 맺었다. 세 개의 동심원을 그

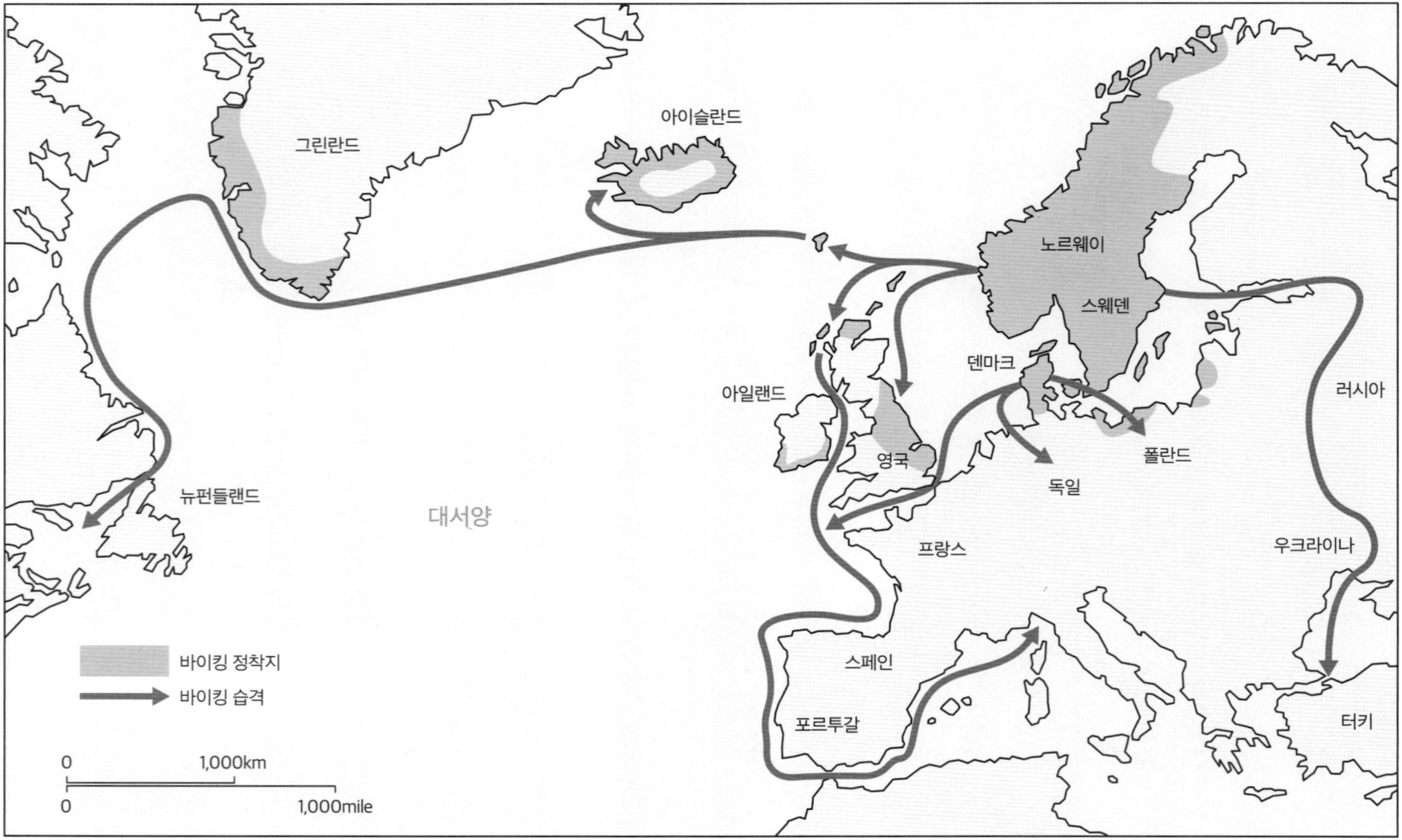

바이킹의 확장, 8-10세기

리며 둘러앉은 참가자들 중에 족장이 그 중간에 자리를 잡으면 나머지 사람들은 그 옆으로 둘러앉았다. 그 누구에게도 집행권이 없었다. 여기서 가장 중요한 인물은 법학전문위원인 뢰그쇠구마드Lögsögumadr로 3년의 임기를 가지고 있었고, 그의 역할은 위원회의 자문 역할을 하며 위원회에서 통과된 법률을 선포하는 일이었다. 또한 해마다 뢰베르그Lögberg라는 바위 노두에서 아이슬란드 법률의 3분의 1을 외워서 공개적으로 읊어야 했다.

10세기 말 무렵 기독교인이었던 노르웨이 왕은 아이슬란드에 선교사를 파견했다. 원주민들이 선교사들에게 적대감을 표출하자 노르웨이 왕은 선교사들이 아이슬란드와의 교역을 도맡도록 지원했다. 알팅그가 열린 1000년, 아이슬란드의 구성원들은 전통적인 민간 신앙을 유지할 것인지 혹은 기독교로 개종할 것인지에 대해 논의했다. 어떤 의견도 제출하지 않은 채 이 문제를 입법관이었던 쏘르게이르 료스베트닌가고디Thorgeir Ljosvetningagodi의 손에 맡겼다. 그는 비非기독교이었지만 아이슬란드의 미래를 위해 기독교로의 개종을 선택했고, 그의 결정대로 아이슬란드인들은 기독교를 국교로 받아들였다.

13세기 무렵 아이슬란드는 족장들 간의 경쟁이 심화되면서 내부 분열이 시작됐다. 1262년, 평화를 찾기 위해 아이슬란드는 노르웨의 속국이 되는 것을 선택했고, 그렇게 아이슬란드 사람들은 노

아이슬란드 최초의 민주 의회가 섰던 아이슬란드의 팅벨리르는 뛰어난 자연의 아름다움뿐만 아니라 아이슬란드의 사회적, 정치적, 종교적 역사의 핵심 그 자체를 나타내는 곳이다.

르웨이 왕국에 예속됐으며 노르웨이에 세금을 바쳤다. 1397년 노르웨이는 스웨덴, 덴마크와 함께 칼마르Kalmar 동맹을 결성했는데, 1523년이 되던 해, 스웨덴은 아이슬란드의 일부를 덴마크와 노르웨이에 넘겨주는 조건으로 독립을 선언했다. 이후 알팅그는 일부 지방의 농부들이 참여하는 법정이 되면서 그 역할이 축소됐지만 그 형태가 완전히 사라진 것은 아니었다. 1690년대부터 법 자문위원회는 작은 텐트에서 열렸다가 목조 건물로 옮겨졌다. 팅벨리어에서 열린 알팅그의 마지막 회의는 1798년이었으며 1800년 역사 속으로 사라졌다.

1814년, 덴마크-노르웨이와의 동군연합이 해체되면서 아이슬란드는 덴마크의 소유가 됐다.* 1844년 알팅그는 덴마크 왕국의 자문 기관으로 레이캬비크Reykjavik에서 다시 열렸다. 아이슬란드가 1874년 제한적이나마 자치국으로 위상을 얻은 후, 알팅그는 국내 문제와 관련된 입법을 통과시키는 권한을 부여받았다. 그리고 1881년에 국회의사당Althingishusid의 역할을 수행했다. 아이슬란드는 1918년에 완전한 독립국가가 됐고, 이는 알팅그가 진정한 정부 의회로서의 역할을 가지게 됐다는 것을 의미했다. 마지막 알팅그는 아이슬란드가 공화국으로 선포됐던 1944년 6월 17일 팅벨리어에서 열렸다.

* 나폴레옹 전쟁 후 덴마크, 스웨덴, 영국 3국이 맺은 킬 평화조약에 의거, 덴마크는 노르웨이와의 동군연합을 해소하고 노르웨이를 스웨덴으로 넘겨주었지만, 그린란드, 아이슬란드, 페로제도는 덴마크령으로 남았다.

✦ 018 ✦

그레이트 짐바브웨

Great Zimbabwe

중앙아프리카 최대의 유적지

1000년 무렵 반투Bantu인들은 사하라 인근에 많은 국가들을 형성했다. 이 중 가장 강력했던 국가는 11세기부터 15세기까지 번성했던 그레이트 짐바브웨를 수도로 하는 짐바브웨 왕국이었다. 반투족은 기원전 2000년경에 서아프리카에서 출현했는데, 3천 년이 넘는 시간 동안 사하라 남부 대륙 너머까지 퍼졌다. 그들의 이동과 함께 농경문화와 철제 기구들이 함께 확산됐다. 반투족은 광범위하게 지역을 이동하면서 다양한 문화와 정치 체제를 발전시켜 나갔다.

반투족 중에서 가장 큰 부족은 쇼나Shona족이었다. 그들은 아프리카 남부에 정착한 후 짐바브웨 왕국을 건설했다. 이후 활발한 정

중앙아프리카 최대의 유적 그레이트 짐바브웨는 중앙아프리카의 짐바브웨에 있는, 국명의 유래가 된 유명한 유적이다.

복활동을 통해 약 2천 5백 제곱킬로미터에 이르는 영토를 다스렸다. 짐바브웨는 쇼나 언어로 '돌의 집Dzimba dza mabwe' 혹은 '숭배받는 집, 존경받는 집Dzimba woye'의 줄임말이다. 짐바브웨 왕국의 수도는 그레이트 짐바브웨로, 지금의 짐바브웨 남동부 지역의 마스빙고Masvingo 근처다. 그레이트 짐바브웨는 1000년경에 조성됐다. 처음에는 규모가 작았지만 지배자의 권력이 최고조로 달했던 1300년에서 1500년에는 약 80만 제곱미터에 이르는 규모였다. 이 무렵 그레이트 짐바브웨의 인구는 1만 명에서 2만 명 사이에 이르렸다.

복합 유적지인 그레이트 짐바브웨는 세 개의 주요 단계로 나뉜다. 첫 번째 단계인 힐 콤플렉스Hill Complex와 두 번째 단계인 그레이트 인클로저Great Enclosure, 그리고 마지막 단계인 벨리Valley 유적이다. 힐 콤플렉스는 그레이트 짐바브웨 유적 중 가장 오래된 지역으로 가파른 언덕에 지어져 있으며 당시 도시의 종교 시설로 추측된다. '짐바브웨 버드'로 유명한 석상이 있는데, 여섯 개의 기둥으로 만들어진 짐바브웨 버드는 의식을 치를 때 활용한 것으로 보인다. 더불어 짐바브웨의 왕들이 묻힌 장소이기도 하다. 그레이트 인클로저 지역은 14세기에 건축됐으며 힐 콤플렉스의 남쪽에 있다. 그레이트 인클로저는 사하라사막 인근에 현존하는 식민지 이전의 가장 큰 건축물 중 하나로 244미터가 넘는 외벽에 둘러싸여 있다. 그리고 거대한 화강암 돌벽으로 만들어졌다. 도시 전체를 감싸고 있지 않았기에 그레이트 인클로저는 방어를 목적으로 건설됐다기보다는 단순히 위용을 과시하기 위해 건설된 것으로 추측된다. 더불어 이 지역에서 유명한 건축물인 코니컬 타워Conical Tower는 당시 왕이 백성들을 위해 아낌없이 준다는 의미를 보여주는 곡물 저장고를 표현하는 상징적인 건축물이었다. 또한 그레이트 인클로저 내부에는 왕과 가까운 친인척이 거주했던 왕궁도 있었다. 이들은 벽돌로 만든 가옥 두 채와 주방이 있는 공간에서 생활했다. 마지막으로 벨리 단지는 도시가 성장하면서 만들어진 것으로 보인다. 대부분은 주거공간으로 구성되어 있었으며, 왕의 가족, 관료나 다른 백성들이 기거했던 곳이었다. 주거지 이외에도 도자기와 금속을 제련했던 증거로 보아 물건을 제조했던 곳으로도 추측할 수 있다.

그레이트 짐바브웨는 내륙 고원 위에 위치하고 있어서 농사와 목축에 적합한 기후를 갖추고 있었다. 따라서 소는 짐바브웨 사람들의 부와 권력을 창출할 수 있는 주요 자원이었다. 그리고 도시 인근 지역에서는 금이 풍부했는데, 이를 활용해 무역을 발전시켰다. 14세기 무렵 짐바브웨는 동아프리카의 해안 도시들을 대상으로 금과 상아와 같은 물품들을 유리 비즈와 소금, 개오지 조개껍데기, 황동선과 같은 물품과 교환해 도시로 가져왔다. 게다가 유적지에서 중국과 페르시아 도자기의 조각들이 발견된 것으로 보아 아시아까지 원거리 교역이 이뤄졌다는 것을 알 수 있다.

이렇게 교역으로 번영을 누렸지만, 1500년경 그레이트 짐바브웨에서 살던 사람들이 남쪽으로 이주하면서 이곳은 버려진 도시가 되고 말았다. 아마도 도시 주변 지역에 더 이상 먹거리가 생산되지 않아 떠날 수밖에 없었던 것으로 추측된다. 그리고 다른 세력이 점차 막강해지면서 짐바브웨의 영향력은 급속도로 약화됐다. 이후 19세기 후반이 되어서야 유럽 탐험가들이 짐바브웨를 찾기 시작했다. 이들 중 일부는 그레이트 짐바브웨가 전설 속에 등장하는 솔로몬왕의 아내 시바의 도시로 생각했고, 어떤 이들은 그리스나 이집트, 페니키아와 같은 외부 문명인들에 의해 지어진 곳이라고 주장하기도 했다. 1890년대까지 짐바브웨 왕국의 옛 영토는 영국의 사업가이자 정치가, 제국주의자였던 세실 로즈Cecil Rhodes의 이름을 따 남로디지아Southern Rhodesia(1923-1965년까지의 짐바브웨의 명칭 - 옮긴이)라는 이름으로 영국의 지배를 받았다. 1965년, 로디지아로 독립을 선언했으나 소수의 백인들이 1980년까지 이곳을 지배했다. 짐바브웨는 다수를 위해 싸웠던 흑인 민족주의자들의 중요한 상징이 된 고대 쇼나 왕국의 이름을 따서 짐바브웨로 명칭을 바꿨다. 그레이트 짐바브웨는 국가 정체성에 큰 역할을 해왔으며 1986년에 유네스코 세계문화유산으로 등재됐다. 유적지에서 발견된 돌로 만든 짐바브웨 새는 짐바브웨의 국기와 문장, 화폐에 들어가 있다.

✦ 019 ✦

팀북투

Timbuktu

서아프리카 교육과 학문의 중심지

팀북투라는 이름만 들으면 굉장히 이국적으로 다가오겠지만 사실 팀북투는 몇 세기 동안 학문과 상업의 중심지로 번영했던 곳이다. 또한 세계에서 가장 거대한 사막인 사하라 근처의 바다에서 중요한 항만의 역할을 수행한 곳이기도 하다.

세계에서 가장 큰 사막인 사하라는 아프리카 전체 면적에서 무려 7천 8백만 제곱미터를 차지하고 있다. 북쪽은 대륙의 지중해 연안에 접하고 남쪽에는 열대 사바나가 지나가는 반건조 사헬Sahel 지역이 있다. 사하라의 혹독한 기후 탓에 인류 역사의 상당한 기간 동안 서아프리카와 유라시아 간의 접촉은 거의 일어나지 않았다. 이렇게 광활한 사막을 건너는 일은 위험할 뿐 아니라 시간과 비용이 많이 드는 일이었기 때문이다. 따라서 서기 4세기 때까지 정기적인 왕래가 없었으나 서아프리카 외부에서 온 사람들이 금광의 존재를 알게 되면서 사람들이 사막을 건너기 시작했다. 이 당시 대부분의 교역은 베르베르Berber족이 장악하고 있었다. 왜냐하면 사막을 건널 수 있는 유일한 동물이었던 낙타를 소유하고 있었기 때문이다. 보통 사하라 사막을 건너려면 꼬박 석 달이 걸렸다. 베르베르 상인들은 금은 물론 노예, 짐승 가죽, 상아, 타조 깃털, 콜라Kola나무 열매, 고무 등을 판매했다. 또한, 서아프리카에서 상대적으로 부족한 소금을 비롯해 말, 개오지 조개껍데기, 금속재, 향신료, 향수, 값비싼 천과 말린 과일 등을 수입했다. 활발한 상거래는 가나왕국에 의해 더욱더 활발해졌으며 서아프리카에 평화와 질서를 가져다주었다. 7-8세기에 아랍의 무슬림은 그들의 언어와 종교를 가져와 북아프리카를 정복했다. 이에 베르베르족도 이슬람교로 개종했고, 다시 서아프리카로 전파했다. 이를 계기로 이슬람교를 지지하는 사람들이 많이 생겨났다.

1100년경에 베르베르족의 한 부류인 투아레그Tuaregs족은 사하라 남부 끝자락에 임시 거처를 마련했다. 이곳을 팀북투라고 이름 지었다. 팀북투는 '큰 배꼽을 지닌 어머니'라는 의미로, 이곳을 지키던 나이든 여자의 모습을 보고 지었다고 한다. 이곳은 서아프리카를 가로지르는 니제르Niger강에서 북쪽으로 약 9.5킬로미터에 떨어진 곳이었는데, 4천 2백 킬로미터 길이의 비옥한 초승달 지역이었다. 니제르강은 팀북투에 식수를 제공할 뿐 아니라 서아프리카 기타 지역에서 물품을 가져오는 데 아주 중요한 역할을 했다. 결정적으로 팀북투는 니제르의 홍수를 피할 수 있을 만큼 거리가 떨어져 있었기에 수해 피해 없이 도시가 발전할 수 있었다. 12세기부터 13세기 초에 걸쳐 팀북투는 중요한 경제도시로 성장했다. 팀북투를 기반으로 한 북아프리카 무역상들은 그 명성이 이슬람 지역까지 퍼져나갔다. 또한 도시의 시민들은 단 한 번도 '이교도의 우상 숭배로 더럽혀진 적이 없었던 역사'를 자랑스러워했다.

말리제국은 11세기 중반까지 이슬람 통치자들이 지배하는 아주 작은 왕국이었다. 그러나 13세기 초에는 가나제국을 대체할 만큼 서아프리카에서 가장 강력한 국가로 떠올랐다. 말리제국에서 가장 성공한 만사Mansa는 1307년에 왕위에 오른 술탄 무사 1세였다. 그는 활발한 정복 활동을 통해 영토를 넓혔고, 다른 나라와 교역을 하면서 막대한 부를 축적했다. 그러던 중 1324년부터 1325년에 6만 명의 사람들을 이끌고 메카로 순례를 다녀온 후 무슬림 세계에서 유명세를 얻었다. 그가 성지순례에 아낌없이 쓴 비용으로 인해 카이로에서는 금 가치가 5분의 1까지 떨어졌다. 무사왕이 순례를 마치고 본국으로 돌아가는 길에 거쳤던 팀북투는 말리제국의 일부가 됐다. 이곳은 높은 수준의 자치권을 유지했고, 팀북투의 판사와 학자, 성직자인 이맘Imam은 제국의 지원을 받았다. 이러한 정국은 1468년 팀북투가 송가이Songhai 제국에 의해 함락된 후에도 계속 됐지만, 점차 송가이 제국의 세력이 커지면서 말리제국의 영향력은 낮아졌다. 아프리카 전역과 중동 지역에서 온 정착민들이 팀북투에 몰려 들면서 이 무렵 팀북투의 인구는 약 10만 명까지 늘어났다. 이는 당시 영국의 인구보다 많은 수였다. 팀북투는 말리와 송가이 제국의 일부로 연이어 편입되면서 위상과 번영을 누렸고, 자유와 안전이 보장되면서 무역 활동을 보호받을 수 있었다.

14세기에서 15세기 무렵, 팀북투에는 세 개의 사원이 세워졌는데, 바로 징가레베르Djinguereber mosque, 상코레Sankoré, 시디 야히아Sidi Yahya 사원이다. 다른 도시에 있던 대부분의 건물처럼 팀북투에 세워진 사원들 역시 흙과 물을 섞어 만든 진흙 벽돌로 만들어졌다. 이 재료는 아주 싸고 쉽게 만들 수 있었지만 물에 젖은 흙을 정기적으로 건물에 입혀 외관을 유지해야 하는 수고로움이 있었다. 사원을 짓고 꾸미기 위해 기능공들과 건축가들이 예멘과 그라나다를 비롯한 다양한 이슬람 국가에서 건너왔다. 이 사원들은 신에 대한 숭배와 기도를 위한 장소였지만 무엇보다 학문의 중심이었던 팀북투 도시의 '대학'의 역할을 수행했다. 이집트와 메카 출신의 학자들이 머나먼 팀북투까지 찾아오면서 다양한 사상들이 팀북투에 모일 수 있었다. 그리고 도서관은 수십만 권의 서적과 희귀 필사본을

말리의 중부에 위치한 도시 팀북투는 13세기부터 16세기까지 서아프리카 지방의 종교적·문화적·경제적 중심지 역할을 했다.

소장했다. 이 세 사원을 기반으로 종교학교인 마드라사스Madrassas와 더불어 150개 이상의 작은 교육 재단이 만들어졌다. 이슬람교를 비롯해 법, 철학, 과학, 수사학과 같은 다양한 분야에서 전문가 교육을 받을 수 있었다. 팀북투는 이슬람교를 사하라 인근 아프리카 지역으로 전파하고 이 지역의 많은 곳에 이슬람교가 정착할 수 있도록 중추적인 역할을 수행했던 곳이다.

포르투갈을 시작으로 유럽의 열강들은 15세기 후반부터 대서양을 거쳐 서아프리카와 직접적인 무역을 시작했다. 그 결과 사하라를 횡단하는 경로의 중요성이 떨어지기 시작했고, 덩달아 팀북투도 그 규모와 경제적인 부가 점점 쇠퇴할 수밖에 없었다. 1591년, 팀북투는 모로코의 술탄 병력에 의해 몰락했다. 많은 학자들이 정권에 불복종한다는 이유로 검거됐고, 도시는 침략을 일삼는 투아레그Tuareg족에게 약탈당했다. 1620년, 모로코의 지배가 끝나면서 팀북투는 다시 자치권을 찾았다. 팀북투의 '대학'은 계속 운영됐지만, 도시는 과거의 영광에 잠식되어 있었다. 1894년, 다시 프랑스의 속국이 되어 1960년까지 프랑스의 식민지로 있었다가 이후 말리 공화국의 일부가 됐다. 팀북투와 이곳의 도서관은 1988년 유네스코 문화유산으로 등재됐으며 황폐해져가는 사원을 보존하기 위해 노력을 기울였다. 설상가상으로 팀북투는 말리 정부와 투아레그, 이슬람 무장세력 간의 내전에 말려들었다. 2012년에서 2013년 무렵, 이슬람 무장세력들은 팀북투가 우상을 숭배한다고 오해해 수많은 역사적 기념물들과 이슬람 성인 333명을 모셔둔 무덤, 그리고 많은 건물들을 파괴했다. 현재에도 팀북투는 옛 영화를 되찾고 가치 있는 필사본의 보관소를 보존하기 위한 노력을 계속하고 있지만 빈곤과 내부 분열을 직면하고 있는 현실이 힘겹기만 하다.

◆ 020 ◆

사마르칸트

Samarkand

실크로드의 도시

기원전 2세기 이후부터 유럽과 아시아는 두 대륙을 연결시켜 주던 무역의 통로인 실크로드를 통해 서로 연결되어 있었다. 이 통로 가운데 가장 중요한 지점은 사마르칸트로, 중앙아시아에서 가장 큰 도시였다. 사마르칸트의 기원은 고대 중앙아시아 문명지였던 소그디아나Sogdiana가 있었던 기원전 7세기로 거슬러 올라간다. 이곳은 기원전 6세기 중반에 아케메네스 왕조에 의해 점령당했다. 파르사의 아파다나에서 페르시안인들에게 조공을 바치는 소그디아나 사람들의 모습을 볼 수 있다. 기원전 400년에 독립을 잠시 했다가 소그디아나는 기원전 329년에 알렉산더 대왕에 의해 정복당했다. 이후 헬레니즘 시대가 펼쳐지면서 사마르칸트는 실크로드의 거점이 됐다.

사마르칸트가 거점이 될 수밖에 없었던 이유는 서쪽으로 가면 중동 지역으로, 남쪽으로 향하면 인도로 갈 수 있는 길목이었기 때문이다. 소그디아나 상인들은 중국과 인도를 연결시켜줬고, 비잔틴 제국과 연결되는 이동 경로를 구축했다. 이들은 금, 은, 샤프론, 후추, 장뇌, 리넨과 같은 아주 다양한 물품을 대상으로 교역을 했으며 그중에서도 비단이 최고였다. 소그디아나인들은 불교를 북부 인도에서 동아시아로 전파하는데 큰 역할을 했다. 이외에도 조로아스터교, 힌두교, 유대교, 마니교, 기독교와 같은 다양한 종교들이 사마르칸트를 거쳐갔다. 사마르칸트의 과수원 또한 유명해지면서 이곳에서 수확한 배는 중국 황실에서 높이 평가했다고 한다.

서기 7세기 중반 무렵부터 사마르칸트는 수많은 정복자들의 손을 거치게 된다. 고대 유목민족인 에프탈Hephthalites, 돌궐, 페르시아의 사산Sassanid를 거쳐 중국의 당나라의 보호국이 되기도 했다. 8세기 초에 우마이야 칼리프 왕조가 사마르칸트를 정복하면서 북아프리카 대서양 해안까지 사마르칸트의 문화와 경제 영역이 확산됐다. 9세기와 10세기에는 이란의 무슬림 왕조인 사만Samanid 제국의 지배를 받기도 했다. 13세기 초, 새로운 세력이었던 몽골족이 사마르칸트에 입성했다. 이들은 동유럽에서 만주까지 8천 킬로미터에 이르는 유라시아 대초원 지역에서 온 유목민이었다.

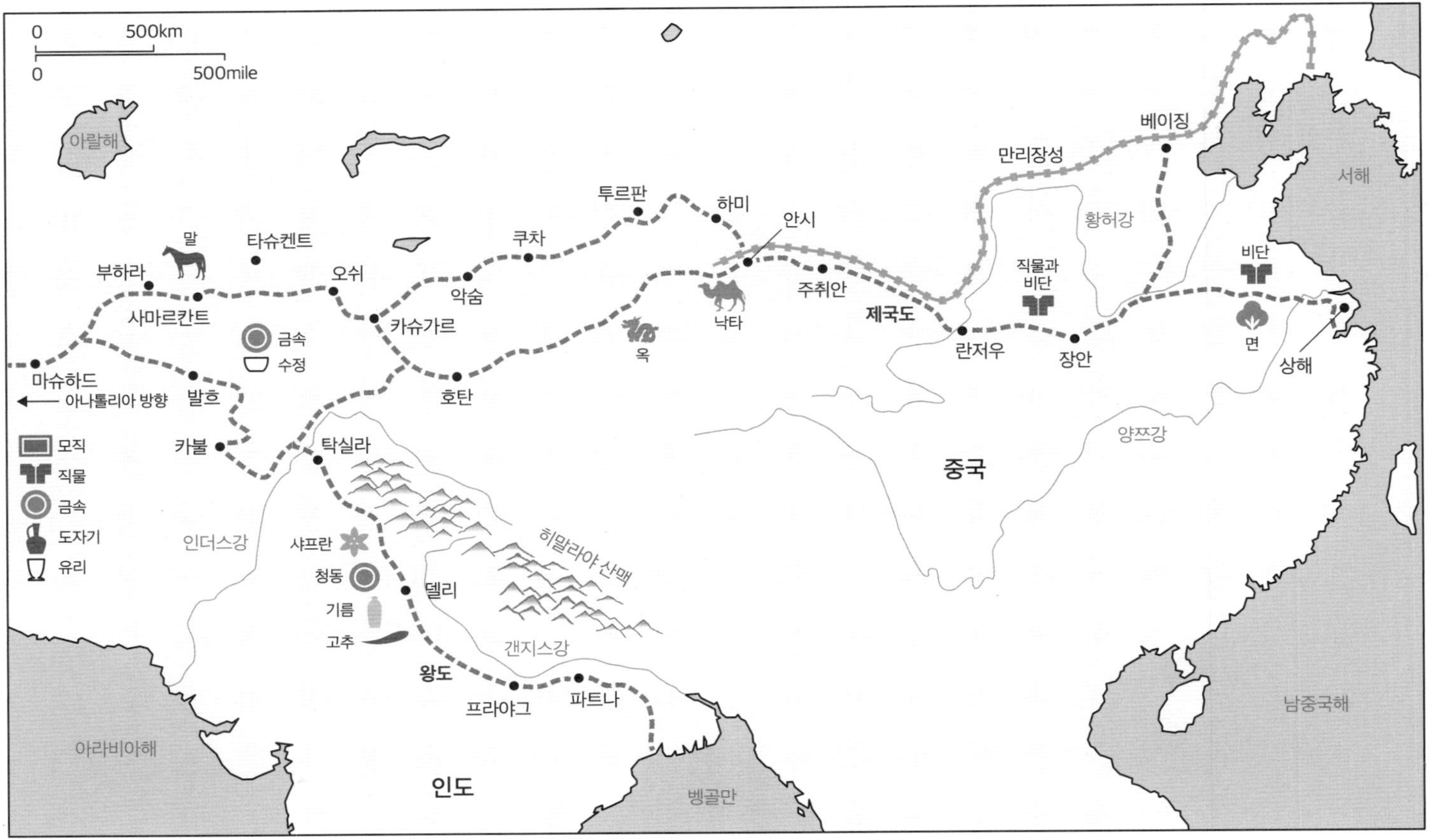

13-14세기 실크로드 주요 경로 및 교역 물품

몽골족은 숙련된 승마 실력과 궁술로 유명했다. 부족별로 흩어져 있던 몽골은 1190년부터 칭기스칸이 부족을 통합하기 시작했고, 1206년에 모든 부족의 족장들이 모인 쿠릴타이 회의에서 그를 '우주의 지도자'라는 의미의 칸으로 추대하면서 몽골제국이 탄생했다.

칭기스칸과 몽골족은 체계적인 '군단'으로 이름을 떨쳤다. 이들은 군대 기술자를 고용했고, 정보 수집을 위해 스파이를 육성했다. 중국을 침략해서 주변 영토를 정복한 후 1219년,칭기스칸은 이슬람 국가인 중앙아시아로 시선을 돌렸다. 다음 해, 사마르칸트에 도착한 그는 이곳에 주둔해 있던 병사들을 몰살했다. 도시 전체가 항복을 했지만 몽골군은 약탈을 계속했다. 이 방식은 몽골군이 자주 사용하던 통치였다. 몽골군에 저항하면 어떻게 되는지 다른 사람들에게 본보기로 보여주면서 순순히 항복할 것을 '독려'하려던 의도였던 것이다.

1227년 칭기스칸이 사망한 후, 그의 아들 오고타이Ögedei칸이 왕위를 이어받았다. 그는 동아시아 쪽으로는 중국과 전쟁을 시작했고, 서쪽으로는 페르시아와 코카서스를 공격했다. 활발한 정복 전쟁을 통해 실크로드는 한 명의 통치자가 관리할 수 있게 됐다. 이는 무역이 수월하게 진행될 수 있다는 것을 의미했다. 1236년 몽골은 유럽을 공격했고, 1241년 폴란드와 헝가리까지 진군했다. 하지만 그해 오고타이칸이 사망하자 유럽정벌은 끝이 났다.

내전이 발생하고 7년이 지나서야 멩케Mongke칸이 등장했지만, 몽골제국은 이미 분열이 시작되고 있었다. 몽골의 서쪽에서는 '황금 군단Golden Horde'이 몽골에서 분리되면서 러시아 공국으로부터 독자적인 조공을 받기 시작했다. 이 지배는 모스크바 대공국의 왕자들이 '몽골의 멍에Mongol yoke'를 벗어나자는 저항을 일으키기 전까지 계속됐다. 중동에서 몽골인들은 이슬람으로 개종하고, 칸에 의해 통치되는 '칸국Khanate'이라는 정치적 독립체를 만들었지만 14세기 중반에 분열됐다. 이후 칭기스칸의 손자인 쿠빌라이Kblai칸이 중국의 대부분을 정복하면서 원나라의 초대 황제로 등극했다. 원나라는 1368년까지 이어졌다.

사마르칸트는 몽고의 네 번째 승계국 중 하나인 차카타이Chagatai 칸국으로 명명됐다. 사마르칸트를 침략한 뒤 몽골인들은 도시의 가치를 최대한으로 끌어올리기 위해 숙련된 기능공들과 도시 주변에 버려진 농장과 땅을 관리할 수 있는 인부들을 데리고 오는 등 많은 투자를 했다. 하지만 몽골제국은 14세기에 붕괴됐고, 다시 뿔뿔이 흩어져 초원에는 유목 부족들로 가득한 권력의 공백이 발생했다. 이 부족들 중에서 가장 두려웠던 존재는 타메를란Tamerlane으로 알려진 티무르Timur였다. 그는 지금의 우즈베키스탄에서 태어난 몽골과 투르크족의 무슬림이으로 1360년에서 1370년

사마르칸트 역사 도시는 세계의 문화 교차로이며 용광로다. 기원전 7세기에 고대 도시 아프라시아브로 건설된 사마르칸트는 14-15세기 티무르 제국 시대에 가장 큰 번영을 누렸다.

대까지 중앙아시아와 페르시아의 대부분을 정복했다. 티무르는 사마르칸트를 정복한 후 이곳을 티무르 제국의 수도로 정했다. 그리고 자신이 머물 공간을 아름답게 꾸미기 위해 다마스쿠스에 있는 장인들과 기능공들을 데려와 그의 정원을 보석과 진주로 만든 과일과 금으로 치장한 잎이 달린 나무들로 꾸몄다. 또한 상점들이 즐비하게 늘어선 도로를 건설했고, 수많은 사원들을 건축했다.

1398년, 티무르는 인도를 침략해 델리를 파괴했고, 1400년 중동과 아나톨리아를 공격하기 위해 서쪽으로 진군했다. 그의 다음 목표는 중국을 공격하는 것이었지만 이 계획을 시도하기도 전에 감기로 사망했다. 사마르칸트는 티무르 제국의 일부로 남았으며 1420년대 대형 천문대가 건설됐지만 안타깝게도 1449년 어느 광신도에 의해 파괴됐다. 결과적으로 티무르 제국은 후계자 문제로 내분을 겪다 16세기 초 역사에서 사라졌다. 이와 함께 사마르칸트도 몰락하기 시작했으며 18세기 초에는 거의 버려진 도시가 되고 말았다. 하지만 19세기 중반, 중앙아시아까지 영토를 확장한 러시아 제국 군대의 주둔지와 행정 중심 도시로 살아나기 시작했다. 그리고 1888년 한 때는 중요한 무역의 중심지였던 카스피해에 횡단 열차를 건설하면서 사마르칸트에 정거장이 생겼다. 1924년 사마르칸트와 우즈베키스탄의 나머지 지역은 소비에트 연방에 흡수됐다가 1991년에 독립했다.

✦ 021 ✦

이쓰쿠시마 신사

The Itsukushima Shrine

일본 3대 절경, 바다 위의 사원

이쓰쿠시마 신사는 일본에서 가장 신성시되는 곳이다. 일본의 전통적인 건축 양식으로 지어진 이쓰쿠시마 신사는 주홍빛의 건물들이 물 위에 떠 있는 것처럼 보인다. 세토 내해는 일본을 구성하는 다섯 개의 주요 섬 중 세 개인 혼슈, 큐슈, 시코쿠를 구분하는 수역이다. 이쓰쿠시마 신사는 히로시마와 가까운 북쪽 해안의 작은 섬에 위치해 있다. 이 섬의 크기는 약 31제곱킬로미터로 이쓰쿠시마라는 본래 이름보다 '성지의 땅'이라는 의미인 미야지마로 많이 알려져 있다. 그 이유는 이곳에 많은 사찰이 있기 때문이다.

'신의 길'이라는 뜻의 신도는 일본의 토속 신앙이다. 신도의 가장 큰 특징은 카미Kami로 알려진 영혼을 숭배하는 것이다. 카미는

이쓰쿠시마 신사는 원래 해신을 섬기는 신사로, 용궁을 재현하려 했기 때문에 물에 뜬 모습으로 지어졌다.

자연을 비롯한 돌아가신 선조들을 가리킨다. 국가 주도적으로 만들어진 신사는 이러한 신들을 모셔놓는 역할을 수행했다. 미센산은 이쓰쿠시마섬을 아우르고 있고, 일부는 원시림으로 덮여 있다. 더불어 신비한 일들이 일어났다는 전설이 전해지면서 미센산은 영험한 지역으로 소문이 났고, 자연스럽게 이곳에 신사가 들어섰다. 이쓰쿠시마 신사는 약 서기 6세기 무렵 복원됐다. 이 복원 사업은 다이묘였던 타이라노 기요모리의 후원으로 진행됐다. 당시 그는 일본의 황제보다 더 막강한 권력을 지녔던 일본의 실질적인 통치자였다.

일본의 천황은 카미의 가장 막강한 후손으로 간주됐다. 그러나 기원전 7세기 이후부터는 실질적인 정치 지배를 하진 않았다. 카미의 막강한 후손이라는 타이틀에도 불구하고 실질적인 정치 권력을 가지지 않은 천황은 최고 권위자로서 위상이 점점 떨어질 수밖에 없었다. 서기 10세기 무렵, 귀족들은 사무라이를 고용해 자신들의 권력을 키워나가기 시작했고, 천황에 도전해 일본을 그들의 손에 넣었다.

기요모리는 이러한 세력 중 하나인 타이라Taira 가문의 일원이었다. 의지가 매우 강했고 무자비했던 그는 노상강도를 물리친 것으로 유명세를 떨쳤고, 그 위세를 바탕으로 이쓰쿠시마가 있던 아키Aki시의 통치권을 손에 넣었다. 1146년 그가 권력을 잡은 후 그의 꿈에 한 사제가 나타나 이쓰쿠시마에 신사를 지으면 부귀와 영화가 따라온다고 했다고 말했다. 이 꿈 때문에 기요모리는 신사를 건축하는데 엄청난 후원을 시작했고, 건축 양식은 당시 귀족들의 집 정원을 꾸몄던 방식을 따라 우아한 풍경을 조성했다. 신사 건물은 4미터 너비로 304미터까지 뻗어 있는 외부 통로와 연결되어 있다. 신사의 가장 큰 특징은 오오토리이 관문이다. 현재의 관문은 1875년에 재건축된 것으로, 물에서 솟아난 것처럼 보이도록 하기 위해 물 밑에 돌판을 두고 그 위에 관문을 건축했다. 이 문은 미센산을 오르기 전에 신에게 봉헌할 수 있는 방을 지나가는 길목에 위치하고 있다. 신사로 들어가면 작은 배로 이 관문을 통과하는 것이 의례적이다.

기요모리는 예술 작품과 종교 성서를 모으는 수집가였는데, 그가 소장한 많은 작품들 중 헤이케 노교가 이쓰쿠시마 신사에 보관되어 있다. 봉납된 헤이케 노쿄는 그와 그의 가족들이 직접 만든 32개의 경전 필사본이다. 각각의 필사본에는 금과 그림들이 아주 화려하게 장식되어 있다. 기요모리는 수많은 순례자들이 이쓰쿠시마 신사를 방문하도록 장려했고, 이쓰쿠시마의 상업을 활발하게 만들기 위해 항구를 새롭게 건설하기도 했다. 기요모리의 통치기간 동안 낡은 제도와 관습들이 개선되면서 일본 서쪽 지역에서의 해안 무역 활동이 크게 활성화될 수 있었다.

이쓰쿠시마 신사는 기요모리의 권력과 함께 탄생했다고 봐도 무방한다. 1153년 기요모리가 타이라 가문의 지도자가 됐고, 1160년에 미나코토라는 경쟁 가문을 무찌른 뒤 타이라를 세워 일본 전역을 다스렸다. 1167년 기요모리는 무사로서는 최초로 태정대신太政大臣의 자리에 올랐다. 또한 1171년 기요모리의 딸 도쿠코가 황제 타카쿠라와 혼인함으로써 타이라 가문이 황실의 외척이 됐다. 1178년에 이 둘 사이에 아들 안토쿠가 태어났고 2년이 지난 후, 기요모리는 황궁에 견제 세력을 형성한 후 타카쿠라 황제에게 왕위를 안토쿠에게 승계하라고 압박했다. 타카쿠라 황제는 결국 왕위에서 물러나게 되고, 감옥에서 여생을 보내게 된다. 무자비한 기요모리의 행동에 대해 일본 내에서는 많은 불만이 쌓이고 있었고, 그다음 해 기요모리가 감기로 세상을 떠나자 많은 이들이 기뻐했다고 전해진다.

기요모리가 권력을 잡고 있을 무렵, 타이라와 미나모토 가문 간의 싸움이 일어났고, 1185년이 되어서야 마침내 미나코토 가문이 승리를 거뒀다. 전쟁에서 패배한 후 안토쿠의 할머니는 미나모토 가문에 왕자를 넘기지 않기 위해 왕자를 물에 빠뜨려 죽였고, 이를 계기로 타카쿠라의 다른 아들이 황제에 등극했다. 황제는 존재했지만 실질적인 집권자는 미나모토의 지도자 오리토모였다. 그는 1192년 '쇼군'이라는 칭호를 부여받았는데, 원래 이 칭호는 성공한 장군에게 하사하는 것이지만, 이후 황제를 다스리는 사람이라는 의미로 변했다. 쇼군은 황제의 권한이 되살아나기 시작한 1868년까지 일본을 통치했다.

사무라이의 권위가 점점 힘을 잃어갔지만, 이쓰쿠시마 신사에는 귀족을 비롯한 어부, 선원, 상인들과 같은 다양한 사람들이 여전히 많이 찾아와 보물과 재물을 봉납했다. 이쓰쿠시마섬은 생명과 죽음이 존재하지 않는 성역 그 자체였다. 그래서 섬에 사는 산모들은 육지로 나가서 출산을 해야 했다. 1571년 모리 모토나리는 이쓰쿠시마의 주요 신사를 개축했는데 이는 일본에서 가장 큰 규모였다. 이것은 1555년 일본을 내전으로 몰아넣고 신성한 이쓰쿠시마의 신성한 영토를 더럽히며 싸웠던 자신의 행위를 참회하기 위함이었다.

1853년 서구에 의해 강제로 개방된 이후부터 일본은 19세기 말부터 20세기 초까지 급속도로 근대화됐다.* 그러면서 일본은 또 다른 제국주의 국가로 성장했고, 한국과 대만, 중국 만주의 일부를 지배하기에 이르렀다. 1930년대까지 일본의 영토를 계속 확장해갔으며 1941년에 일본이 제2차 세계대전에 주축국으로 가담하면서 중국과 동남아시아, 태평양까지 그 영역을 넓혀나갔다. 일본은 결국 1945년 8월에 히로시마와 나가사키에 투하된 원자폭탄으로 무조건 항복을 선언했다. 그리고 히로히토 일본 천황은 황제로서의 신성한 위치를 내려놓았다. 다행스럽게도 이쓰쿠시마는 전쟁 중에서도 온전히 보존됐으며 여전히 세심하게 관리되고 있다. 2004년 태풍으로 인한 피해가 있었지만 그 이후부터 개보수나 복원 사업을 하고 있다.

* 1543년 유럽인으로는 최초로 포르투갈 상인들이 일본과 무역을 하기 시작했다. 이를 시작으로 1639년까지 서양인들과 일본은 활발한 교역을 했다. 당시 일본은 쇄국정책을 실시하고 있었지만 매튜 페리 제독이 이끄는 네 척의 군함이 도쿄 해안의 우라가항에 강제입항하면서 서구 세력에 문을 열어줄 수밖에 없었다.

◆ 022 ◆

테노치티틀란
Tenochtitlan

호수 위에 떠 있는 도시

15세기 무렵 테노치티틀란에 수도를 둔 아즈텍 문명은 멕시코의 대부분을 통치했다. 1521년, 스페인이 이곳에 들어오면서 아즈텍 문명은 멸망에 이르렀다. 멕시코 계곡은 화산으로 둘러싸인 내륙의 큰 분지에 있는 유역으로, 풍부한 토양과 소금기가 있는 호수가 있었다. 1250년경 북쪽에서 내려온 한 무리의 멕시카Mexica들은 늪지가 조성되어 있던 언덕 차풀테펙Chapultepec에 정착했다. 당시 이곳을 지배했던 왕과 전투 끝에 패배한 멕시카들은 다른 지역으로 떠나야만 했다. 그들은 전설로 전해내려오던 '선인장 꼭대기에서 뱀을 먹는 독수리가 있는 지역'을 찾아 헤매고 있었다. 드디어 1325년경 텍스코코Texcoco호 가운데 있는 섬 한 곳에서 전설과 비슷

멕시코 고원 지방에 살았던 치치멕이라 불리는 수렵민족의 일부인 아즈텍족은 12세기 중반 고원 중부로 진출해서 14세기 무렵에는 아마카피츄틀 왕의 주도로 현재의 멕시코시티에 테노치티틀란을 건설했다.

한 지역을 발견했고, 바로 이곳이 테노치티틀란(선인장의 땅)이다.

테노치티틀란은 정착지로서 아주 좋은 조건이었다. 염도가 있는 습지대였기 때문에 야생 동·식물이 서식할 수 있었고, 아즈텍 문명의 치남파Chinampa라는 농업 방식을 적용하기에 아주 이상적인 장소였다. 치남파는 호수 바닥에 말뚝을 박아 그 위에 흙을 채워 매립한 후 땅을 개간해 농사를 짓는 방법이다. 테노치티틀란의 인구는 급속도로 증가했으며 1367년에는 당시 멕시코에서 가장 강력했던 테파넥Tepanecs의 속국이 됐다. 1372년, 테노치티틀란을 지배한 최초의 왕은 틀라토아니Tlatoani라고 불렸는데, 첫 틀라토아니였던 귀족 아카마피치틀리Acamapichtli의 이름을 땄다. 그는 자신의 아들 우이칠리우이틀Huitzilihuitl에게 왕위를 물려줬고 1427년 우이칠리우이틀의 이복형제인 이츠코아틀Itzcoatl이 왕위를 이었다. 이듬해 도시국가였던 텍스코코와 틀라코판Tlacopan과 테노치티틀란은 삼각동맹이라 불리는 새로운 군사 동맹 체제를 형성했다. 이들은 테파네크와의 전쟁에서 승리했고, 점차 멕시코 계곡과 인근 접경 지역의 대부분을 정복해나갔다. 테노치티틀란, 그리고 멕시카는 아즈텍 제국이라 불리는 강력한 지배 세력으로 성장했다.

테오치티틀란이 제국의 수도 역할을 수행하면서 다양한 건축물들이 들어섰고, 도시는 점차 거대해졌다. 마야 문명의 테오티우아칸Teotihuacan처럼 도시를 가로지르는 긴 수로와 함께 도시를 질서 정연하게 일정한 간격으로 나누었다. 이곳은 세 개의 둑길에서 주요 도로로 이어지게 되어 있으며 일정 간격으로 절단되어 있는데 이는 카누가 지나갈 수 있는 공간을 마련한 것이었다. 더불어 적의 공격을 받을 때 적들이 건널 수 없도록 다리 사이에 간격을 두었다. 서쪽의 둑길을 건너면 벽돌로 된 송수관이 있어 도시에 신선한 물을 공급했으며 제방을 쌓아 동쪽 호수에서 나오는 염분이 있는 물을 테노치티틀란에 들어오지 못하게 막았다.

1473년, 테노치티틀란은 틀라텔롤코Tlatelolco라는 인근 도시를 정복했는데, 같은 섬 북쪽에 있던 도시였다. 정복 후 틀라텔롤코는 테노치티틀란에 속한 시장으로 성장했다. 최대 6만 명에 이르는 사람들이 깃털이나 담배, 노예들을 사고 팔기 위해 이곳에 모였다고 전해진다. 카카오 콩이나 면 망토, 사금으로 채워진 깃을 화폐로 사용했다. 물건을 거래하면서 돈을 지불할 때는 지키는 사람이 따로 있었는데 물건은 훔친 사람들은 죽을 때까지 매를 받는 벌을 받았다. 높은 지대에 있던 테노치티틀란의 중심 지역은 뱀벽이라고 하는 구조물로 둘러 쌓인 신성한 구역이었다. 이곳은 아즈텍 제국의 영적인 중심지로, 네 구역으로 구분되어 있었다. 내부에는 적어도 78개의 건물들이 존재했었고, 그중에서 가장 큰 건물은 위대한 사원이라는 의미의 마요르 사원이었다. 아즈텍 언어로 마요르 사원은 우에이 테오칼리Huey Teocalli라고 불렀다. 사원은 아즈텍의 비와 농사의 신이었던 틀라로크Tlaloc와 전쟁과 이 도시를 호위하는 위칠로포치틀리Huitzilopochtli를 모신 대형 피라미드로 만들어졌다. 피라미드 계단은 보통 계단의 두 배 정도 였으며, 제물로 바쳤던 사람의 붉은 핏자국이 남아 있다. 아래는 촘판틀리Tzompantli라고 하는 제단이 있는데 제물이 된 수천 명의 희생자의 목을 얹어 놓은 해골로 만들어진 기단이다.

16세기 초기까지 테노치티틀란에는 약 20만 명의 인구가 살았으며 당시 세계에서 가장 큰 도시였다. 하지만 이러한 위세는 스페인의 정복자 에르난 코르테스Hernán Cortés에 의해 산산조각 났다. 1518년 쿠바의 주지사는 멕시코 탐사를 허락했다. 마지막 순간에 승인을 철회했지만, 코르테스는 화약과 무기, 갑옷으로 무장한 500명의 군사와 함께 1519년 2월에 멕시코를 향해 출정을 떠났다. 멕시코에 도착한 후, 코르테스는 테노치티틀란으로 향하는 길목에서 발생한 여러 번의 전투에서 승리를 이끌었다. 그리고 11월 8일에 드디어 테노치티틀란에 입성했다. 당시 몬테주마Moctezuma 2세는 코르테스를 물리칠 수 있을 것이라는 희망을 가졌지만 코르테스의 인질이 되면서 그 희망은 무참히 짓밟혔다.

이듬해 4월, 코르테스는 테노치티틀란을 떠나 쿠바에서 파견된 원정대에 합류했고, 중위와 80명의 병력을 테노치티틀란에 남겨 두었다. 5월 22일에 스페인 군대가 종교축제를 열고 있는 수백 명의 아즈텍 귀족들을 몰살했고 이 사건으로 인해 봉기가 일어났다. 한 달 동안 포위됐던 스페인군은 6월 30일 한밤중 쏟아진 폭우를 이용해 탈출했고, 이들이 떠난 자리에는 천연두가 퍼져 항체가 없던 아즈텍 사람들은 전멸하고 만다. 재임한 지 80일밖에 되지 않은 새로운 왕 쿠이틀라우악Cuitláhuac 역시 전염병으로 사망했다. 1521년 5월 코르테스는 스페인군과 동맹국 연합군과 함께 아즈텍을 정복하겠다는 각오로 테노치티틀란으로 돌아왔다. 물과 음식 공급을 차단하기 시작하면서 도시 전체의 포위망을 좁혀 갔다. 그리고 8월 13일 아즈텍에서 대살육이 발생했다. 쿠아우테목Cuauhtémoc을 인질로 사로잡은 스페인군은 나흘간 아즈텍 사람들을 처참하게 죽였다. 아즈텍 제국은 그렇게 멸망했고, 테노치티틀란은 황폐화됐다. 코르테스는 뉴스페인New Spain의 첫 총독으로 1821년까지 재임했다. 뉴스페인은 현재의 멕시코 지역을 포함해 브라질을 제외한 남미, 중미, 멕시코, 서인도제도, 미국 플로리다주 및 미시시피강 서쪽의 미국의 거의 모든 지역을 지배했다. 식민화 과정에서 테노치티틀란은 비록 황폐해졌지만 뉴스페인의 수도로 선택됐고, 현재는 멕시코시티로 발전했다.

마야 문명의 테오티우아칸

테오티우아칸은 테노치티틀란에서 북동쪽으로 48킬로미터 떨어진 곳에 위치했다. 테오티우아칸은 기원전 100년에서 600년까지 인구가 10만 명 이상을 유지할만큼 번성했던 도시였다. 누가 처음 이곳에 도시를 형성했는지, 쇠퇴한 원인이 무엇인지, 왜 버려졌는지에 대한 구체적인 원인을 알 수 없다. 지금의 테오티우아칸은 '신이 태어난 곳'이라는 의미로, 이곳을 순례지로 여기는 사람들을 위해 지어진 이름이다. 때문에 당시 사람들이 테오티우아칸을 어떻게 불렀는지조차 알려진 바 없다.

✦ 023 ✦

테르 브르즈의 집

Huis Ter Beurse

유럽 상업과 문화의 중심지, 브루게

서구 자본주의의 뿌리는 중세시대로 거슬러 올라간다. 당시 상업으로 가장 활발했던 곳은 브루게Brugge로 유럽 전역에서 오는 상인들이 모여든 곳이었다. '테르 브르즈의 집Huis Ter Beurse'은 많은 사람들이 모이는 만남의 장소이자 숙소였다.

브루게의 플랑드르는 1128년 인가를 받아 발트해, 대서양, 북해를 이어주는 중세 교역의 중심지였다. 이 지역이 성장할 수 있었던 기반은 의류 제조기술이었는데, 브루게에서는 이퍼르Ypres, 겐트Ghent, 두에Douai와 같은 도시에서 생산되는 옷감을 팔았다. 브루게가 유럽 교역의 중심지가 된 배경은 북해로 바로 진입할 수 있었기 때문인데 이는 영국에서 생산된 양모를 쉽게 운송할 수 있다는 뜻이기도 했다.

브루게로 몰려드는 상인들을 맞이하기 위해 수많은 숙소가 문을 열었다. 음식과 잠자리는 물론 상품 가격과 환전, 최신 정치 동향까지 다양한 소식을 서로 주고받는 공간이었다. 숙소는 환전하는 사람들과도 연결되면서 손님들과 돈거래가 시작됐다. 브루게의 여관들은 은행이라는 체계가 잡히지 않았던 당시에 금융업이 발달할 수 있는 중요한 촉진제 역할을 수행했다. 한자동맹Hanseatic League 역시 브루게에서 태동했다. 또한 러시아의 북서쪽에 있는 노브고로드Novgorod로 통하는 동서무역 루트의 종점이기도 했다. 콘토르Kontor라 불렸던 교역소는 저지대(유럽 북해 연안의 벨기에, 네덜란드, 룩셈부르크로 구성된 지역) 국가의 주요 상품 판매 시장으로 자리 잡았다. 13세기 후반부터 제노바 사람들과 거래했던 이탈리아 상인들이 브루게로 들어왔다. 이들은 대체로 브르즈플렌Beursplein 광장에 자리 잡았다. 브르즈플렌은 13세기 중반부터 중개업과 숙박업으로 명성을 떨쳤던 브르즈 가문Van der Beurse(말 그대로 '돈지갑'이라는 뜻)이 세운 곳이다. 가문의 상징인 세 개의 지갑이 새겨진 이곳이 '테르 브르즈의 집'이다. 테르 브르즈의 집은 이후 이탈리아 상인들이 자주 찾는 중요한 거래 장소로 성장했다.

브르즈 가문은 14세기 말에 브루게를 떠나 앤트워프Antwerp로 이주했다. 이곳은 독일과 상거래를 하기에 훨씬 더 좋은 입지 조

브루게는 해수면에서 7미터 높이에 위치하여 지대가 낮고 전역에 걸쳐 운하가 건설되어 북부의 베니스로 불릴 정도로 아름다운 풍광을 자랑한다. 항구도시인 브루게는 현재에도 벨기에 경제에서 중요한 지역으로 중세와 근대에는 유럽에서 가장 번성한 도시였다. 그러나 18세기 이후 브루게는 바다로 통하는 운하에 퇴적층이 쌓여 항구도시로서의 기능을 잃어 경제적으로 급격히 몰락했다.

건이었고 스켈트Scheldt강을 따라 북해로 접근할 수 있었다. 이들의 집은 베네치아 사람들에게 팔려 1505년까지 이들의 상거래 식민지 본부로 사용됐고, 이후에 여관으로 바뀌었다. 15세기에 브루게는 운하에 토사가 쌓여 북해로 가는 만이 막혔고, 해안으로 배가 접안할 수 있는 길이 사라지면서 많은 상인들이 이곳을 떠났다. 이에 브르즈 가문도 브루게를 떠나게 된 것이다. 이는 브루게의 황금시대가 끝났음을 알리는 징후였다. 한창 시절의 브루게를 지원했던 한자동맹조차 1477년에 북서유럽 교역의 중심지였던 이곳을 떠나고 만다.

브루게의 몰락과 함께 앤드워프가 북서유럽에서 가장 중요한 경제 중심지로 부상했다. 상업 도시 브루게의 유산이 앤드워프로 고스란히 옮겨갔다. 1531년, 앤트워프 광장에 상인들의 휴식 공간으로 방들이 만들어지기 시작했는데 브루게 여관에 이어 '증권거래소Bourse'가 생겨났다. 증권거래소에서는 고지서를 교환하고 상품들을 사고파는 거래가 이뤄졌다. 이후에 유럽 전역에는 상거래나 시장을 종종 '증권거래소'라고 불렀다고 한다. 브루게처럼 앤트워프도 조금은 다른 이유로 위상을 잃어갔다. 16세기는 저지대 국가의 대부분이 스페인 합스부르크 왕가의 지배를 받고 있을 때로, 이 지역에서의 지배세력을 확장하려는 합스부르크 왕가와 지역민들이 충돌했다. 게다가 개신교가 많은 지지를 얻었던 저지대에서는 독실한 가톨릭 가문이었던 합스부르크가 더욱 부담스러운 존재였다. 1568년, 합스부르크 왕가를 상대로 반란이 일어났다. 수천 명의 개신교도들이 도망갔고, 네덜란드 반란군이 스켈트강을 막아 북해로 가는 길을 차단시켰다. 이러한 상황에도 불구하고 앤트워프는 경제의 구심으로 그 명맥을 유지했지만, 이 또한 암스테르담에 의해 퇴색되고 만다. 네덜란드에서는 앤드워프에서 도망쳐 온 많은 개신교도뿐만 아니라 포르투갈에서 쫓겨 난 유대인들도 환영했다. 이로써 네덜란드 공화국은 해양제국의 중심으로 성장했고, 세계에서 가장 활발한 무역 창고의 하나가 됐다.

중세 '황금시대'를 지나서 브루게는 경제 중심지에서 쇠퇴했다. 현재도 중세 그대로의 모습이 남아 있는데 옛 영광을 볼 수 있는 기념물이 서 있다. 1907년, 브루게와 수하로 연결된 제브루게 Zeebrugge항이 개항했는데, 이를 통해 브루게의 명성을 조금이나마 회복할 수 있었고, 관광산업에도 도움이 됐다. 그리고 제1, 2차 세계대전 때 독일군에 의해 함락됐지만, 다행히도 파괴된 흔적이 남아 있어 브뤼제 여관을 포함해 브루게 지구는 역사의 중심이 될 수 있었다. 그리고 2000년, 유네스코 문화유산으로 등재됐다.

◆ 024 ◆

경복궁

Gyeongbokgung

조선 최고의 법궁

1392년, 태조 이성계가 조선을 건국했다. 이때 한양을 새로운 도읍으로 정하고 경복궁을 궁궐로 정했다. 태조 이성계를 시작으로 이씨 왕조가 518년간 다스린 조선은 학문과 상업이 발전한 나라였고, 수준 높은 행정 체계를 갖추고 있었다.

고려는 918년에 세워진 이래 줄곧 한반도를 지배해왔지만 14세기 말 잇따른 전쟁과 몽골과 같은 이민족의 침략으로 몰락의 길을 걸었다. 1392년, 위화도에서 회군한 이성계 장군은 단숨에 고려를 장악했고, 새로운 왕조 조선을 건국한다. 이성계는 고려는 하늘의 명령을 저버린 부도덕한 왕조였다고 주장하며 조선 건국의 명분을 찾았다. 조선은 사회적 조화와 질서를 강조하는 성리학을 조선의

조선 왕조의 건립에 따라 창건된 경복궁은 초기에 정궁으로 사용됐으나 임진왜란 때 전소된 후 오랫동안 폐허로 남아 있다가 조선 말기 고종 때 중건되어 궁궐로 이용됐다.

큰 틀로 삼아 실리와 이성을 추구했다. 또한 억불정책을 통해 사찰의 소유였던 땅을 빼앗아 재분배하기도 했다.

1394년 태조 이성계는 한양을 새로운 도읍지로 삼았다. 한양이라는 이름은 1948년까지 계속 사용됐다. 1395년부터 태조는 경복궁을 건설했다. '하늘의 은혜를 입은 위대한 궁궐'이라는 의미의 경복궁은 4백 칸이 넘은 거대한 궁궐로 태조 이성계가 한양에 지은 다섯 궁궐 중 가장 큰 규모였다. 경복궁은 남북으로 배치되어 동서남북으로 네 개의 문을 내고 돌로 쌓은 벽으로 사방이 둘러싸여 있다. 경복궁을 짓는데만 10만 명이 넘는 사람들이 동원됐다.

조선의 왕 중 가장 위대한 왕은 태조의 손자 세종대왕이다. 세종대왕은 관료 체제를 구분했다. 행정 관료들을 9등급으로 나누었고, 사수와 부사수를 만들어 그들의 품행과 위상을 법도를 통해 관리하고자 했다. 더불어 감찰관을 통해 국가의 기강을 바로잡았고, 관료들의 일상을 가까이서 주시하며 살폈다. 이러한 관료들은 중국의 고전과 유교와 관련된 내용을 시험하는 과거시험을 통해 선발됐다. 국가 질서를 유지하기 위해 '호패'를 만들었는데, 신분증과 같은 개념으로 15세 이상의 성인 남자면 모두가 만들어서 가지고 다녀야 했다.

절대 왕권 체제에도 불구하고 세종대왕은 그의 신하들과 국사에 대해 자주 논의했으며 신하들은 왕에게 현안을 가져와 상의했다. 세종의 주요 목표 중의 하나는 농업을 발전시키는 것이었다. 왕은 신하들을 한데 불러 농부들이 농사를 짓는데 도움이 될 수 있는 정보가 담긴 책자를 집필하도록 했다.

'농사직설'은 1429년에 지역 관료에 의해 배포되기 시작했고,

이를 바탕으로 농사를 지어 일부 지역에서는 수확량이 늘어났다. 1400년부터 1550년까지는 수확량이 두배로 늘어나기도 했다. 세종대왕은 장영실을 등용해 물시계를 만들었고, 이를 바탕으로 시간을 표준화시켰다. 그는 18명의 아들을 남기고 1450년에 승하했다. 이후 왕위 계승 다툼이 일어났고, 이는 조선 왕조의 권세를 떨어뜨리는 계기가 됐다.

경복궁은 16세기 후반에 극심한 시련을 겪었는데, 1553년 화재로 인해 거의 소실되어 대대적인 재건축이 필요했기 때문이다. 심지어 1592년에는 임진왜란이 발생해 일본군이 근대화된 무기로 무장하고 한반도를 침략했다. 왜군의 부대에 압도당한 선조는 한양을 버리고 피난길에 올랐다. 수도 한양에 남은 노비들은 그들의 노비 문서를 없애기 위해 궁궐의 건물들을 불사르는 등의 반란을 일으켰고, 이러한 왜적의 침입과 노비의 반란으로 경복궁은 파괴됐다. 임진왜란은 1598년까지 계속됐으며 이순신 장군과 의병들의 활약으로 일본군을 조선에서 몰아내는데 성공했다. 임진왜란 이후 다시 돌아온 조선 왕족들은 창덕궁을 그들의 거처로 정했다. 계속해서 버려진 공간이었던 경복궁은 고종의 재임기간에 흥선대원군의 주도로 재건됐다. 그러나 경복궁의 위상은 한반도를 집어 삼키려는 일본의 야심에 무너지고 말았다. 1895년, 일본의 적대감을 드러낸 고종의 왕비 명성황후가 궁에 잠입한 일본 자객에 의해 경복궁에서 시해되는 사건이 벌어진 것이다. 그 이후 고종과 그의 아들은 경복궁을 떠나 다시 덕수궁으로 거처를 옮겼다. 고종은 덕수궁에서 조선의 독립을 위해 대한제국을 선포하고 황제로 등극했다. 안타깝게도 이러한 노력은 일본의 침략을 막아내기엔 역부족이었다. 1905년 을사늑약을 통해 외교권이 박탈됐고, 5년 뒤 1910년부터 한반도는 본격적으로 식민지로 전락하면서 이씨 조선의 통치가 공식적으로 막을 내렸다. 일제강점기 시기 경복궁은 일본인들에 의해 훼손됐고, 일본의 산업물자를 보관하기 위한 임시 건축물들이 들어섰다. 일제는 그들의 위력을 보여주기 위해 경복궁 정문 근처에 조선총독부 건물을 세웠다. 1945년에 일본이 패망하면서 온전하게 남아 있는 건물은 얼마되지 않았다.

오늘날 경복궁은 한국의 국립고궁박물관으로 탈바꿈했고, 그 안쪽에는 국립민속박물관과 전국에서 온 불교사찰의 모사품이 있다. 이는 흡사 숭유억불 정책을 펼친 이성계의 조선 왕조에 있어 다소 배치되는 모습이다. 대한민국 정부는 경복궁을 재건하는데 엄청난 국가재정을 투자했고, 여전히 경복궁은 대한민국의 중요한 자긍심으로 남아 있다.

✤ 025 ✤

쿠스코

Cusco

남미 최대의 제국, 잉카 제국의 수도

잉카 문명은 안데스 산맥에서 시작되어 3천 년 동안 전성기를 누렸던 문명이다. 그들의 말로는 타완틴수유Tawantinsuyu로 '네 개의 지역'을 뜻한다(잉카는 쿤티수유, 친차수유, 안티수유, 코야수유 네 개의 수유(땅)로 이뤄져 있다 – 옮긴이). 잉카 문명은 남아메리카의 서쪽 4천 킬로미터를 가로지르는 면적을 지배했고, 인구가 1천만 명에 이르렀으며 쿠스코를 수도로 두었다.

전설에 따르면, 잉카 사람들은 원래 파쿠아리 탐푸Paquari-tampu라는 쿠스코에서 서쪽으로 24킬로미터 떨어진 마을에서 온 사람들이라고 한다. 이곳에는 세 개의 동굴이 있었는데, 이 중 중간 동굴에서 태어난 잉카제국의 건국 시조인 망코 카팍Manco Cápac이 일곱 남매 형제자매들과 함께 잉카를 세웠고, 백성들은 두 개의 다른 동굴에서 왔다고 전해진다. 망코카팍이 형제들을 제치고 왕이 되자 그는 사람들을 이끌고 안데스산맥을 넘어 자신들의 보금자리를 찾았다. 그는 '유일한 잉카'라는 의미의 사파 잉카Sapa Inka였으며 후계자들은 모두 그의 후손들이었다. 잉카는 결국 원주민을 몰아내고 쿠스코에 정착했다. 전설의 사실 여부와는 상관없이 실제로 잉카는 12세기 무렵 쿠스코에 자리 잡았다. 이곳은 안데스산맥 해발 3,353미터에 위치했으며 산에서 흘러나오는 샘물에서 물을 공급받았다. 쿠스코에 대한 이름은 여러 가지로 해석된다. '암석의 도출된 부분', '말라버린 호수 바닥' 혹은 '중앙 코즈코Cozco'라고 하는 돌 영토 표지 등 다양한 기원을 가지고 있다.

쿠스코를 발견한 이후 잉카는 주변의 마을을 공격하여 원주민들에게 조공을 요구하면서 계곡을 지배했다. 14세기 중반 무렵 잉카는 위협을 무릅쓰고 쿠스코 계곡을 빠져나와 몇몇 부족들과의 전투에서 승리를 거뒀다. 그리고 사파 잉카 파차쿠티Pachakuti의 지휘 하에 남쪽으로는 티티카카 호수를, 북쪽으로는 오늘날의 에콰도르까지 영토를 확장해가며 제국으로 성장했다. 그의 통치기간 동안 쿠스코의 전체 인구는 약 15만 명에 이르렀고, 도시의 중심가에 40헥타르 규모의 파차쿠티 동상이 세워졌다.

쿠스코의 중심 지역에 있던 큰 광장 사이로 와이타나이Huatanay

잉카제국, 16세기 초

강이 흘렀다. 강은 광장을 두 지역으로 나눴는데, '통곡의 장소'라는 아카이파타Awkaypata와 '환희의 장소'라는 쿠시파파Kusipata였다. 두 장소는 새로운 지도자를 맞이하는 행사가 열렸던 곳이다. 전자는 태평양 연안에서 온 모래로 덮여 있었는데 이곳에서는 금과 은으로 만든 작은 조각상이 많이 발견된 곳이었다. 계급이나 지위에 따라 안장한 곳으로 추정되고 있다. 쿠스코의 북부 외곽 지역인 삭사와만Saqsawaman은 도시를 내려다보는 지형으로 거대한 테라스 벽이 있었다. 성채와 사원, 여러 행사 장소가 모여 있는 곳이다. 제국의 수도로서 쿠스코는 사파 잉카와 가족들이 머무는 거처였다. 통치자들은 사후에도 편안하게 안치될 수 있는 새로운 궁궐들을 지었고, 이들이 사용하던 가구도 그 자리에 그대로 두고 유해와 조각상도 하인들에 의해 보존됐다. 잉카제국에 정복당한 부족장들은 쿠스코에 거주할 집을 두고 이곳을 지속적으로 관리할 아들 한 명과 일 년에 몇 개월씩 이곳에서 보내곤 했다.

쿠스코는 잉카 지역에서 아주 중요한 역할을 했다. 코리칸차Corincancha는 쿠스코에서 가장 큰 규모의 종교 건물로 그들의 수호신인 태양신 인티Inti를 모셔 두는 곳이었다. 파차쿠티의 후원 속에서 코리칸차는 어마한 규모로 만들어졌으며, 금으로 치장됐다. 잉카제국은 파차쿠티의 손자인 우아이나 카팍Huayna Capac이 통치하던 18세기 무렵 절정에 달했다. 우아이나 카팍은 중앙집권 체제를 유지하며 약 20만 명에 달하는 잘 훈련된 상비군을 두었다. 그러나 유럽인들이 잉카에 들어오면서 잉카제국의 체제는 불안정해졌고, 결국 멸망하게 된다.

프란시스코 피사로Francisco Pizarro는 장군의 사생아로 태어났다. 1509년 스페인을 떠난 피사로는 파나마에 정착했다. 1526년과

1529년 두 차례에 걸쳐 잉카 영토를 정찰한 그는 이곳의 풍요로운 모습을 경험하고 1532년에 168명의 군사들을 이끌고 대대적인 정복에 나섰다. 소수 정예 부대였지만 철제 무기와 총기, 말과 갑옷으로 무장해 유리한 입장이었다. 무엇보다 사파 잉카 아타우알파Atahualpa는 치열했던 내부 분열로 형을 물리치고 왕이 된 상황이었다. 피사로는 11월 16일에 카하마르카에서 아타우알파와 대면했다. 그는 잉카 부대를 습격했고, 7천 명이 넘는 사람들을 죽인 후 아타우알파를 포로로 잡아 몸값을 요구했다. 피사로는 몸값을 받았지만 뒷일이 두려워 1533년 7월 26일에 아타우알파를 처형했다. 이것이 사실상 잉카제국의 최후였다.

그리고 피사로는 11월 15일 쿠스코를 점령했다. 코리칸차는 모든 것을 다 뺏긴 채 도미니카 수도회에 넘겨지면서 수도원의 역할을 하게 됐다. 쿠스코는 공식적으로 스페인의 도시로 새롭게 탄생했다. 피사로는 아타우알파의 사촌 중 한 명인 망코 잉카Manco Inca를 추대해 쿠스코에 두고 꼭두각시 황제로 만들었다. 망코 잉카는 1535년 11월에 첫 번째 탈출을 시도했지만 스페인군에 의해 잡혀 다시 갇히는 신세가 됐다. 알려진 바로는 그에게 오줌을 싸고 눈썹을 태우는 등의 모욕적인 형벌이 가해졌다고 한다. 그는 그다음 해 4월 다른 지역에 행사를 가야 한다고 거짓말을 한 뒤 다시 도망쳤다. 그는 도망치면서 실물 크기의 금으로 된 그의 부친 우아이나

쿠스코는 페루 안데스 산맥 중앙에 위치하고 있으며, 잉카 제국의 수도였다. 쿠스코는 잉카인들이 썼던 케추어 어로 '배꼽'이라는 뜻을 가지고 있다. 사방이 산으로 둘러싸인 해방 3360미터에 건설된 쿠소코는 잉카 제국의 수도로서 정치·행정·종교의 중심지였다.

카팍Wayna Qhapaq의 동상을 가지고 왔다. 망코 잉카는 스페인군에 반란을 주도하며 20만 명의 잉카군을 이끌고 1536년 5월에 쿠스코로 입성했다. 스페인군은 불과 수백 명의 군인과 1천 명의 연합군으로 10개월 동안 버텼다. 망코 잉카는 내륙의 숲속으로 퇴각했고, 그곳에서 새로운 나라를 건국했다. 망코 잉카의 국가는 1572년까지 지속됐다.

더 이상 잉카의 수도가 아니었던 쿠스코는 몰락의 길을 걷기 시작했다. 도시의 일부는 스페인과의 전쟁 중에 불에 타면서 수많은 건축물이 소실됐다. 삭사와만은 대부분이 사라졌는데, 불행 중 다행으로 벽으로 둘러싸인 수많은 돌들이 너무 커 움직일 수 없었기에 오늘날에도 그 흔적을 찾아볼 수 있다. 아우카이파타의 신성성을 없애기 위해 스페인군은 그곳에 덮여 있던 모래들을 제거하고 건물을 세웠다. 이 공간은 산티아고 아르마스 광장Plaza de Armas이 됐고, 여기에는 두 개의 성당이 자리 잡고 있다. 쿠스코는 1650년 지진으로 많이 훼손되어 도시 대부분의 건물이 바로크 양식으로 재건됐다. 이 말은 화려했던 제국의 수도로서의 옛 모습은 거의 찾아볼 수 없게 됐다는 것을 의미한다.

✦ 026 ✦

코소보 폴예

Kosovo Polje

세르비아 민족주의의 씨앗을 뿌리다

코소보 전투(1389)는 오스만 제국의 발칸 지배를 알리는 신호탄이었다. 오스만 제국이 처음으로 유럽 영토를 차지한 것은 1352년으로, 갈리폴리 반도Gallipoli Peninsula의 요새를 함락했을 때다. 비잔틴 제국이 급격하게 몰락하던 1369년에 오스만은 지금의 터키 에디르네Edirne인 아드리아노플Adrianople을 정복했다. 이곳을 정복한 이유는 발칸반도 쪽으로 영토를 확장할 수 있는 첫 진입로였기 때문이다. 이때까지 발칸 사람들은 슬라브인과 6-7세기 동안 터를 잡고 살고 있던 인도-유럽인들이었다. 이들은 기독교를 믿었고, 여러 개의 국가를 세웠지만 중앙 집권적인 기반이 약했기 때문에 오스만 제국에 의해 쉽게 무너졌다.

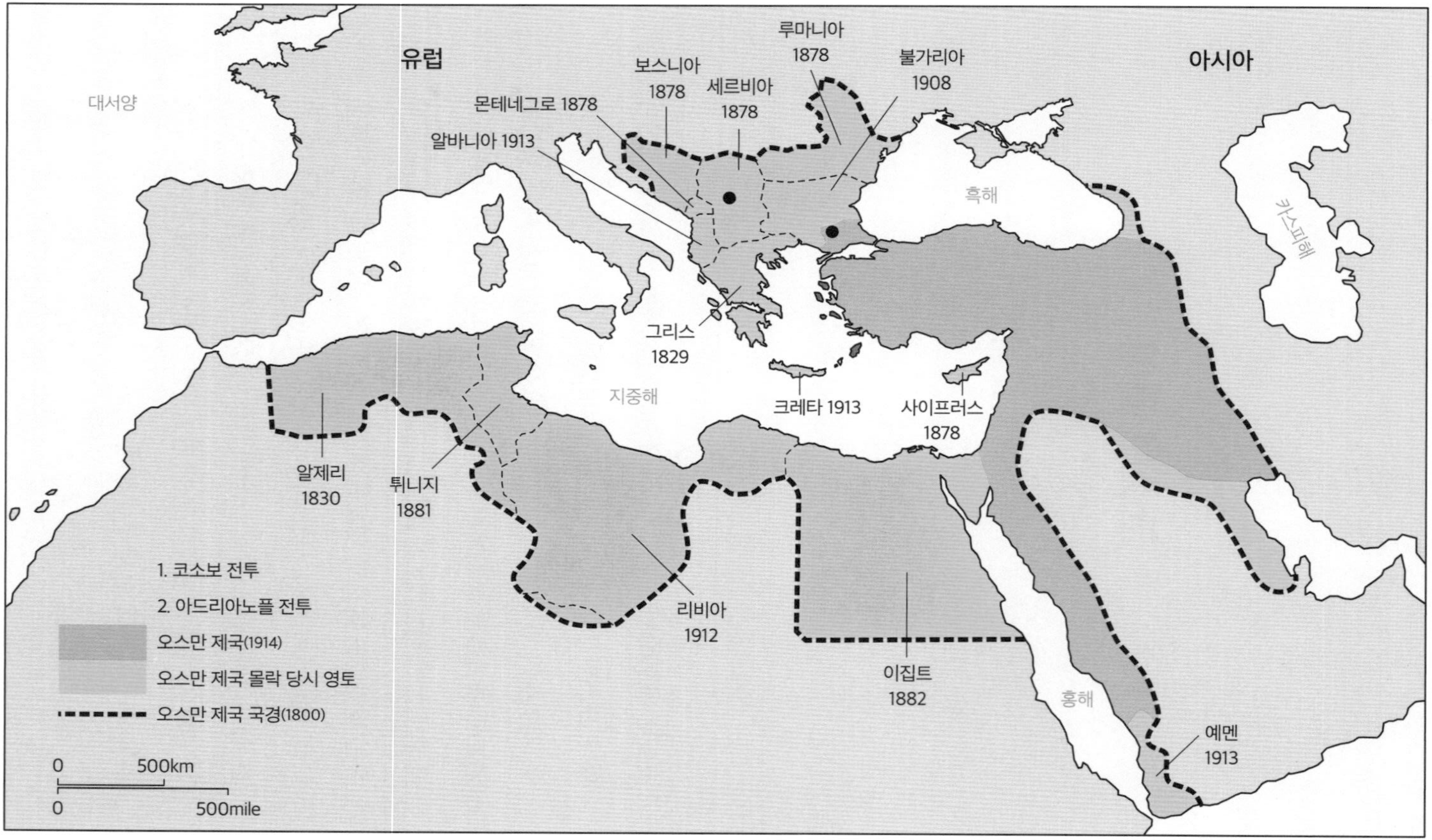

오스만 제국, 1800-1914년

1385년부터 1387년까지 승전을 이어가던 술탄 무라드Sultan Murad 1세는 북쪽의 그리스와 남쪽의 마케도니아로의 진군을 코앞에 두고 있었다. 그러나 1388년 빌레카 전투Battle of Bileća에서 패배하면서 보스니아 정복에 실패했다. 무라드 1세는 더 많은 군인들을 징집해 작전 상 후퇴를 하고 바로 다음 해 서쪽으로 진군했다. 슬라브의 가장 강력했던 지도자는 세르비아의 국가를 통치하던 라자르 흐레벨랴노비치Lazar Hrebeljanovic 왕자였다. 그는 오스만군을 무찌르기 위해 세르비아인, 보스니아인, 불가리아인, 왈라키아인(지금의 루마니아인), 알바니아인으로 구성된 연합군을 만들었다. 심지어 십자군 전쟁 때 구성된 가톨릭 군대인 기사간호단Knights Hospitaller의 파병대까지 동원했다.

오스만과 이 연합군은 6월 15일 프리슈티나Priština 도시의 북서 지역에 있는 '지빠귀들의 땅'이라는 의미의 코소보 폴예에서 마주쳤다. 계속되는 전쟁으로 양쪽 모두가 엄청난 피해를 입은 상태였다. 오스만 제국의 무라드 1세는 탈영병으로 위장해 오스만 진영에 숨어들어온 밀로슈 오빌리치Miloš Obilić라는 세르비아인에 의해 살해당했다. 한편, 셀비아의 라자르는 아군의 배신으로 인해 처형당한 것으로 추정된다. 세르비아는 이미 오스만 제국에 비해 병력이 약한 상태였고, 라자르는 강력한 지휘간을 잃어 흔들리고 있었다. 이런 상황을 안 오스만은 아나톨리아에 더 많은 병력을 요청하지 않았다.

코소보 전투는 승패가 뚜렷하게 나지 않았지만, 많은 세르비아인들은 오스만 제국의 지배가 시작된 배경이었던 코소보 전투에서의 패배를 국가적인 차원으로 기억한다. 수 세기가 지나 코소보는 그들의 독립을 염원하는 세르비아인들의 상징적인 구호와도 같은 존재가 됐다. 이 전투가 벌어진 곳은 가지메스탄Gazimestan으로, 아랍어로 '영웅'이라는 가지Ghazi와 세르비아어로 '장소'라는 메스토Mesto에서 유래했다.

무라드 1세의 아들 바예지드Bayezid 1세가 왕위를 계승하면서 라자르의 딸과 혼인했다. 이를 통해 세르비아를 오스만의 속국으로 만든 것이다. 14세기 말에 오스만은 발칸 남부의 대부분을 지배했다. 오스만에 세금을 공납하고 충성하는 한 속국들은 최대한 자치권을 보장받을 수 있었다. 대부분의 속국이 이슬람으로 개종했지만, 그래도 여전히 다수의 기독교인들이 남아 있었는데, 특히 알바니아와 보스니아가 더욱 그랬다. 그중 가장 큰 규모는 알바니안 무슬림이었다. 15-16세기 동안 오스만 제국은 점점 강력해졌고, 1444년에는 보스니아와 헤르체고비나Herzegovina로 영토를 확장하기 위해 폴란드와 헝가리 연합군을 무찔렀다. 1521년에는 벨그라드Belgrade를 점령했으며, 1526년에는 헝가리가 모하치Mohács 전투에서 크게 패했다. 서방을 향한 오스만의 거침없는 진군은 비엔나

오스만 제국의 제3대 술탄인 무라드 1세의 집무실.

를 점령하는데 실패한 1529년에서야 멈추었다.

오스만은 발칸반도에서 그들의 지배에서 벗어나려는 민족주의자들의 계속되는 봉기에 대응해야 했다. 19세기 말에 그리스, 몬테네그로, 루마니아, 세르비아가 차례대로 독립했다. 반면 불가리아는 자치국이 됐다가 1908년 공식적으로 독립을 선언했다. 코소보 전투는 범슬라브주의자들, 즉 발칸반도의 모든 민족은 하나가 되어야 하며 외부 세력의 영향에서 자유로워야 한다고 주장하는 사람들에게 아주 중대한 사건으로 기억된다. 그들의 또 다른 분노의 대상은 당시 크로아티아와 보스니아-헤르체고비나를 통치하고 있었던 오스트리아-헝가리 제국이었다. 오스트리아-헝가리 제국의 제위 계승자였던 프란츠 페르디난트Archduke Franz Ferdinand가 1914년 코소보 전투 기념식에 참여하기 위해 사라예보를 방문했을 때 세르비아인들의 반감은 더욱 커진 상태였다. 왕세자 부부는 세르비아 정부의 후원을 받았던 '청년 보스니아Young Bosnia'라는 민족주의 조직의 일원에게 암살당하고 만다. 사라예보 사건은 이후 제1차 세계대전의 도화선이 됐다.

제1차 세계대전이 끝난 후 세르비아인, 크로아티아인, 슬로베니아인들이 발칸 지역에 국가를 건설하면서 범슬라브주의의 염원이었던 유고슬라비아 왕국, 일명 베오그라드 왕국이 형성됐다. 코소보도 유고슬라이바 왕국에 편입되면서 1924년에는 가시메스탄에 기념비가 세워졌다. 유고슬라비아 왕국은 1941년 서구의 침략 전까지 지속됐다. 제2차 세계대전 이후, 요시프 브로즈 티토Josip Broz Tito가 연방 사회주의 국가를 세웠지만, 티토의 사망 이후, 1980년대 유고슬라비아의 경제가 몰락하면서 공화국은 위기에 놓였다. 1989년 세르비아의 지도자 슬로보단 밀로셰비치Slobodan Milošević가 가지메스탄의 수많은 군중 앞에서 연설을 시작했다. 그는 여섯 개의 공화국이 형성되기 전에 세르비아는 오스만 제국의 지배 속에서 다른 유럽 국가를 해방하기 위해 투쟁해왔다고 말했다. 더불어 코소보에 거주하는 사람들이 계속 독립을 주장하고 있지만 코소보는 세르비아의 것이라고 덧붙였다. 그의 연설에는 세르비아의 국가발전에 있어서 '무장전투'의 가능성을 언급했다. 이러한 내용은 세르비아 민족주의를 부추기고 1991년 유고슬라비아의 해체와 전쟁을 예견한 것으로 알려졌다. 4년이 지난 후 발칸반도에서는 전쟁이 발발했고, 대량학살과 인종대청소가 자행됐다.

1991년 전쟁 이후, 밀로셰비치는 코소보를 포함한 세르비아 공화국의 대통령 자리에 올랐다. 1998년, 밀로셰비치는 코소보의 독립주의자들을 공격하면서 유혈 분쟁과 민족 이동을 일으켰다. 이 위기를 막기 위해 1999년 나토NATO가 내정 간섭을 실시했고, 밀로셰비치의 퇴임을 강요했다. 이후에 그는 자리에서 물러났고 전범으로 헤이스 재판에 인도됐다. 하지만 유죄 판결을 받기 전인 2006년에 사망했다. 한편 코소보는 유엔 행정부 산하에 있다가 2008년 독립을 선포했다.

그리니치
베르사유 궁전
아브라함 평원
벨렘 교구
알함브라 궁전
케이프 코스트 성

IV

전쟁과
절대왕정의 시대

근대시대

✦ 027 ✦

알함브라 궁전

The Alhambra

기독교와 이슬람의 융합

8세기부터 15세기까지 이베리아반도는 무슬림의 통치자들이 지배하고 있었다. 이들이 가장 오랫동안 있었던 곳은 그라나다Granda로, 에미르Emir가 이곳에 이슬람 건축의 미적 정수인 알함브라 궁전을 지었다.

711년에 우마이야 칼리프가 이베리아를 공격했고, 알 안달우스al-Andalus를 건설했다. 이어진 내부 분열로 우마이야는 아바시드에게 왕위를 빼앗겼다. 756년 우마이야는 코르도바 아랍제후국을 건설했지만, 11세기 초 내전으로 붕괴됐고, 타이파스Taifas라고 하는 작은 도시국가로 쪼개졌다. 이러한 권력 공백 덕분에 모로코의 베르베르부족은 알모라비드Almoravid를 거쳐 알모하드Almohad 왕조를

알함브라 궁전은 그라나다에 있는 성으로 붉은 철이 함유된 흙으로 지어 '붉은 성'을 뜻하는 이름이 붙었다.

세워 1090년부터 1212년까지 이베리아 반도를 지배할 수 있었다.

이베리아 북쪽에서는 기독교 세력이 여전히 남아 있었다. 이들은 이슬람 세력을 물리치기 위해 소위 레콘키스타Recinquista(국토회복운동)를 일으켰고, 기독교도와 이슬람 교도 간의 전쟁이 연이어 발생했다. 그들은 일부 독립 왕조를 건설하고 무력을 이용해 타이파와 조공관계를 맺어 공물을 받았다. 1212년 기독교 연합군은 알모하드 왕조를 상대로 한 라스 나바스 드 톨로사Las Navas de Tolosa에서 큰 승리를 거뒀다. 이를 통해 스페인 남부의 무슬림 기반을 없앨 수 있었다. 스페인 왕국의 절정기는 1217년에서 1252년으로, 페르디난드Ferdinand 3세가 지배했던 카스티야Castile 왕국 시절이었다. 당시 스페인은 세르비야Seville와 코르도바Córdoba까지 손에 넣었다. 그중 알 안달루스 왕조의 한 곳만은 남겨뒀는데, 그곳이 바로 그라나다였다. 이곳은 페르난도 3세의 지원을 받았던 타이파 왕인 아부 압둘라 무함마드 이반Abu Abdullah Muhammad Ibn이 세운 곳으로, 그의 나시리드Nasrid 왕국은 그라나다를 1492년까지 통치했다.

그라나다는 해안과 산지로 이뤄져 있다. 비단과 설탕, 말린 과일과 같은 값비싼 물품을 수출하면서 경제적 수익을 냈지만, 척박한 토지로 인해 북아프리카에서 곡물을 수입해야만 했다. 북쪽에 있던 카스티야는 그라나다에 해마다 금을 조공으로 받칠 것을 요구했다. 조금이라도 지체되는 날에는 국경을 넘어 이곳의 농장과 거주지들을 짓밟아 놓는 가혹한 처벌이 뒤따랐다. 그라나다를 지키기 위해 무함마드 1세는 '붉은 요새Qal'at al-Hamra 궁전'을 지었다. 줄여서 '알함브라Alhambra'라고 부르는데, 이는 주변에 있던 붉은 흙으로 지어서 붙여진 이름이다. 그는 도시를 내려다볼 수 있는 평탄한 지형을 골랐다. 궁전을 짓는 데만 수 세기가 걸렸고, 그의 후계자들이 건물을 계속 증축해나갔다.

알함브라 궁전의 외부는 13세기 말에 완공됐다. 두꺼운 벽은 약 2.25킬로미터 둘레로 제작됐으며 22개의 탑이 있다. 설치된 송수로는 알함브라 궁전 내의 분수와 공중목욕탕에 물을 공급하는 데 중요한 역할을 했다. 알함브라 궁전에는 메수아르Mexuar궁, 코마레스Comares궁, 사자의 궁이라는 중요한 세 개의 궁이 있다. 메수아르궁은 1320년대에 지어진 것으로, 공적인 업무를 위해 나시리드Nasrids 왕조가 사용했다. 코마레스궁은 14세기 중엽에 세워졌으며 손님이나 외교사절단의 위한 리셉션용으로 사용됐다. 마지막으로 사자의궁은 14세기에 추가로 지어진 것으로, 나시리드 왕조의 개인 주거용으로 활용됐다. 모든 건물들에는 이슬람 예술에서 볼 수 있는 독특한 기하학적인 복잡한 문양들로 화려하게 꾸며졌다. 알함브라의 동쪽에는 '건축가의 정원'이라는 의미의 헤네랄리페Generalife가 있는데, 그라나다 왕의 여름 별궁으로 지어진 헤네

랄리페는 1310년부터 11년간의 공사 끝에 완공됐으며, 정원과 분수가 그 가운데에 자리잡고 있다. 궁전의 맨 서쪽 끝에는 알카사바Alcazaba로 다양한 병영과 군대 창고 및 감옥이 있는 성채다.

나스리드 왕조는 내전으로 곤경에 빠졌을 뿐 아니라 10년간 북쪽으로부터 침범해 오는 상대와 전투를 이어가다 결국 1492년 1월 2일에 멸망하고 만다. 이 당시 스페인의 권력을 잡았던 인물들은 카스티야 왕국의 이사벨라 1세와 그녀의 남편 아라곤Aragon 왕국의 페르난도 2세였다. 이 둘의 결혼은 스페인을 통합할 수 있는 토대를 만들어줬다. 알함브라는 이들에 의해 왕궁으로 지정됐다. 이들은 무슬림 장인을 고용해 궁궐을 복원했고, 그곳에 교회 예배당을 지었다. 이들은 크리스토퍼 콜럼버스를 이곳으로 불러 대서양 횡단을 지지했다. 이 항해는 1516년에 왕위를 계승한 손자 찰스 5세 황제가 스페인을 전 세계의 강력한 제국으로 만드는 데 기초를 마련해주었다. 찰스 5세가 알함브라 궁전을 처음 방문했던 것은 1526년이었다. 그의 눈에는 이 궁궐이 예술적으로는 손상이 없는 아름다운 곳이었지만 궁궐로 사용하기엔 여러모로 불편한 점들이 많다고 느꼈다. 그래서 그는 새로운 궁궐을 짓도록 했고, 이 과정에서 알함브라 궁전의 일부가 훼손됐다. 하지만 궁궐은 끝내 완성되지 못했고, 그 작업은 1세기가 지난 후에야 포기됐다.

17세기 중반, 알함브라 궁전의 상황은 너무나도 참담했다. 궁전은 죄수를 수감하거나 다친 군인들을 수용하는 곳이었다. 나폴레옹 시대에는 프랑스 군인들이 짓다 만 궁궐의 목재를 떼어내 불쏘시개로 사용하면서 주변에 있던 탑 여덟 개를 날려버렸다. 웰링턴 공Duke of Wellington은 반도전쟁(1808-1814)이 한창일 때 그라나다에 도착해서 유럽 느릅나무를 알함브라 궁전 주변 정원에 심으며 자신의 흔적을 남겼다. 19세기의 알함브라 궁전은 야생동물들의 서식지가 될만큼 건물들 사이에는 잡초가 무성했고, 지진과 화재로 건물의 상태는 더 나빠졌다. 19세기 중반 이후부터 알함브라 궁전을 보존하기 위한 보수 작업이 계속 이어졌으며 이로 인해 이전의 영광을 다시 찾을 수 있게 됐다.

✤ 028 ✤

벨렘 교구

Belém Parish

대항해의 시작

산타 마리아 데 벨렘Santa Maria de Belém 교구는 리스본의 서쪽 끝 항구에 있다. 이 항구는 15-16세기 포르투갈이 식민지 건설과 무역으로 세력을 확장하면서 함께 성장한 곳이다. 1147년에 포르투갈 초대 왕 알폰소Alfonso 1세는 4개월간의 전쟁 끝에 리스본을 이슬람 통치자들로부터 탈환했다. 리스본은 포르투갈의 수도가 됐고, 행정과 무역의 중심지로서 포르투갈 역사에서 중추적인 역할을 수행했다. 리스본은 테주Tagus강과 대서양을 바로 내려다보는 두 개의 언덕 경사면에 위치해 있다. 그리고 최고의 천연 심해 항구와 유럽의 대서양 연안에는 보호 정박지가 있다.

포르투갈의 왕들은 이 지역이 인구도 적고 천연자원이나 농사에 적합하지 않은 토질이라는 것을 잘 알고 있었기에 해양 무역과 탐사에 주력했다. 15세기 초, 부의 축적과 영토 획득을 통한 세계 강국이라는 영광을 달성하기 위해 포르투갈은 유럽 너머의 세계를 찾아 나섰다. 1415년 포르투갈은 세우타Ceuta라는 모로코 도시를 점령했다. 이것은 포르투갈 해외 원정의 시작에 불과했다.

1420년에는 마데이라Madeira 제도에 정착했으며 뒤이어 1427년에는 아조레스Azores 제도를 발견했다. 아열대 기후인 이 두 곳은 설탕 등을 재배하는 대규모 농장 지역으로 거듭났다. 15세기 중엽에 포르투갈 상인들과 탐험가들은 서아프리카에 교역소를 설치하고 해안선을 따라 지도를 만들었다. 더불어 1462년 카보베르데Cape Verde 군도를 발견했다. 포르투갈에 있어 이러한 탐험은 이익과 밀접히 연결되어 있었다. 이들은 아프리카인들을 노예로 만들어 강제로 노역을 시킨 최초의 유럽인이었다.

포르투갈인들은 원하는 것이 있었다. 바로 아프리카를 둘러싼 해양 루트였다. 이 항로는 인도와 직접적인 무역이 가능했고, 아시아 지역의 향신료와 상품성이 좋은 물건들을 직접 거래할 수 있었다. 뿐만 아니라 모든 지역의 항로를 지배했던 이슬람 상인들을 피해갈 수도 있었다. 1487년부터 1488년까지 바르톨로뮤 디아스Bartolomeu Dias가 지구 최남단의 끝인 희망봉을 찾기 위한 탐험을 주도했다. 이어 1497년에는 항해 경험이라고는 거의 없는 제2 귀

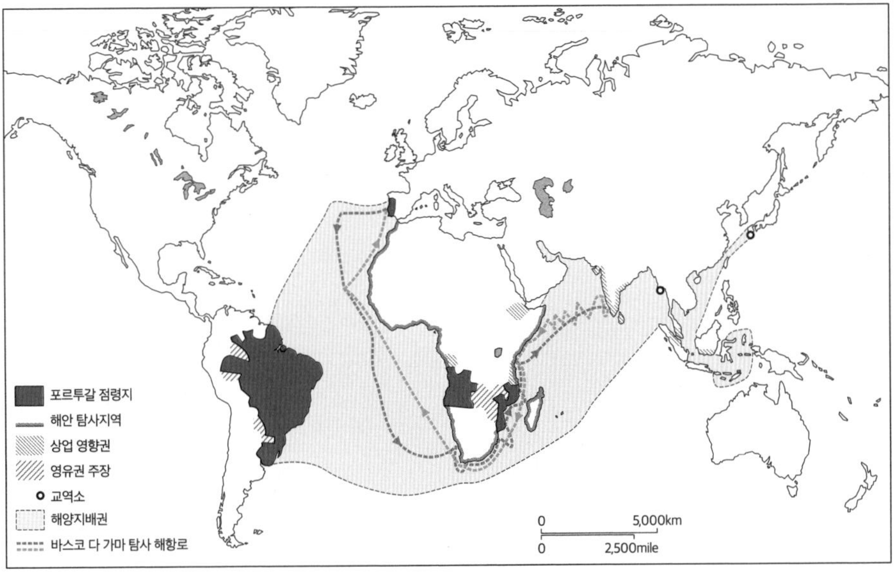

포르투갈 해외 영토 16-19세기

족 출신 바스코 다 가마Vasco da Gama가 마우엘Mauel 1세에 의해 발탁되어 신항로 개척에 힘을 더했다. 다 가마와 그의 대원들은 떠나기 전날 밤 뱃사람들이 특히 좋아하는 은둔처인 포르투갈 벨렘에서 기도를 했다. 이들의 항해에 행운이 따랐다. 다 가마는 1498년 5월 18일에 인도양에 도착했고, 1499년 7월에 고국 포르투갈로 다시 돌아왔다. 항로 개척에 성공한 포르투갈은 인도와 동아프리카 지역에 여러 개의 교역소를 설치할 수 있게 됐다. 동시에 또 다른 탐험가 페드루 알바르스 카브랄Pedro Álvares Cabral이 브라질을 식민지화하면서 남아메리카에도 그 영향력을 떨치기 시작했다.

1502년에 마누엘 왕은 다 가마와 대원들이 기도를 했던 벨렘에 수도원을 짓기 시작했다. 제로니무스Jerónimos 수도원은 아시아에서 들여오는 향신료에 부과하는 세금으로 재정 지원을 받아 이에로니미테스Hieronymites 교단에 입성했다. 마누엘 왕은 사제들이 그의 영혼의 구원과 탐험대원들의 선전을 기원하는 기도를 해주길 원했다. 수도원을 짓는데 꼬박 100년이 걸렸다. 이 수도원은 바다와 관련된 이국적인 소재로 화려한 장식이 눈에 띄는 마누엘양식으로 지어졌다. 다 가마는 인도에서 포르투갈령 총독으로 지내다 1524년에 눈을 감았다. 수도원과 가까이 있는 벨렘탑은 테주강 어귀에 접근하는 배들을 살피기 위한 목적으로 설치됐다. 탑은 강변 가까이에 있는 암석 노두 위에 지어졌으며 1515년에 마누엘 1세의 명령으로 제작됐다. 리스본의 수호신인 성 빈센트를 모시기 위해 석회암으로 제작된 탑은 수비대, 교도소, 감시원, 주변 방파제로 기능했다. 이 탑은 마누엘 양식과 로마, 베네치안, 모로코의 영향을 받았다.

16세기 들어 영국과 네덜란드도 식민지 건설에 뛰어들면서 포르투갈은 인도양에서의 지배권에서 벗어났지만 서아프리카를 두고 이들과 경쟁할 수밖에 없었다. 1580년에 계승 위기로 인해 스페

벨렘탑은 바스코 다 가마의 위대한 발견을 기념하며 테주강변에 세워진 건축물이다.

인의 국왕이 포르투갈의 왕위를 차지했다. 1640년이 되어서야 포르투갈은 제국의 왕조를 회복할 수 있었다. 벨렘탑은 여전히 중요한 역할을 담당했다. 1726년 존 5세가 벨렘에 분홍색의 외관을 지닌 궁궐을 지었다. 19세기에는 정원을 추가로 조성하는 등 확장 공사를 실시했고, 이후 1911년에는 포르투갈 대통령의 공식 공관으로 사용됐다.

1755년에 리스본에 대지진과 해일이 덮쳤다. 당시 5만 명이 넘는 사람들이 사망했으며 국가가 나서서 할 수 있는 일은 단지 무질서와 질병에 대처하는 일뿐이었다. 다행히 벨렘탑은 거의 온전히 남아 있었다. 왕실 사람들과 리스본의 많은 사람들은 교구나 근처 지역에 임시 거처를 만들었고, 다음 지진이 왔을 때는 궁정을 아예 벨렘탑 근처인 아주다Ajuda로 옮겼다. 아주다에 있는 대부분의 건물들은 1794년 화재로 인해 소실됐으며 새로운 석조 궁정이 새롭게 지어졌다. 1807년 포르투갈 왕실은 진군하는 나폴레옹의 군대를 피해 브라질로 도피했고, 이로 인해 석조 궁정은 19세기 말에서야 완공됐다. 그 무렵 포르투갈 왕실의 영광은 사라진 상태였다. 1910년 10월 5일 혁명에서 왕실은 왕권을 포기하고 공화국을 선포했다. 하지만 벨렘은 포르투갈의 과거 황금기의 상징으로 1983년 벨렘탑과 제로니무스 수도원은 유네스코 문화유산으로 등재됐다.

포르투갈의 바닷길 지배

1509년까지 포르투갈은 인도를 식민지화 하는 과정에서 여러 저항에 부딪혔다. 구자라트Gujarat의 술탄과 캘리컷Calicut의 왕, 그리고 맘루크Mamluk가 합류해 포르투갈군을 한 번에 전멸시키기 위한 함대를 배치한 것이다. 인도 지배권을 둔 결정적인 전쟁이 서인도의 항구인 디우에서 벌어졌다. 인도 연합군이 수적으로 훨씬 우세했지만, 강력한 무기로 무장한 포르투갈 배들에 의해 완전히 초토화됐다. 이 전쟁에서 승리한 포르투갈은 100년간의 인도양 무역 항로의 지배권을 획득할 수 있었다.

✤ 029 ✤

케이프 코스트 성

Cape Coast Castle

노예 무역의 중심지

노예무역은 세계 역사의 비극을 보여준다. 16세기부터 19세기까지 1천 2백 만 명이 넘는 아프리카인들이 북아메리카 대륙으로 팔려갔다. 유럽 국가들은 서아프리카 연안을 가로질러 전초지를 마련했는데, 그중 하나가 현재의 가나 지역인 케이프 코스트 성이다.

최초의 노예 거래는 16세기 중반 포르투갈인에 의해 서아프리카에서 진행됐다. 16세기는 스페인, 영국, 프랑스, 네덜란드 등 다양한 유럽 국가들이 식민지 건설에 뛰어들기 시작했던 시기였다. 노예가 된 사람들은 대부분 아메리카 대륙으로 보내졌고, 그 외에는 카리브해, 브라질로 보내졌다.

17세기까지 유럽인들은 소위 '삼각무역' 정책을 펼쳤다. 아프리

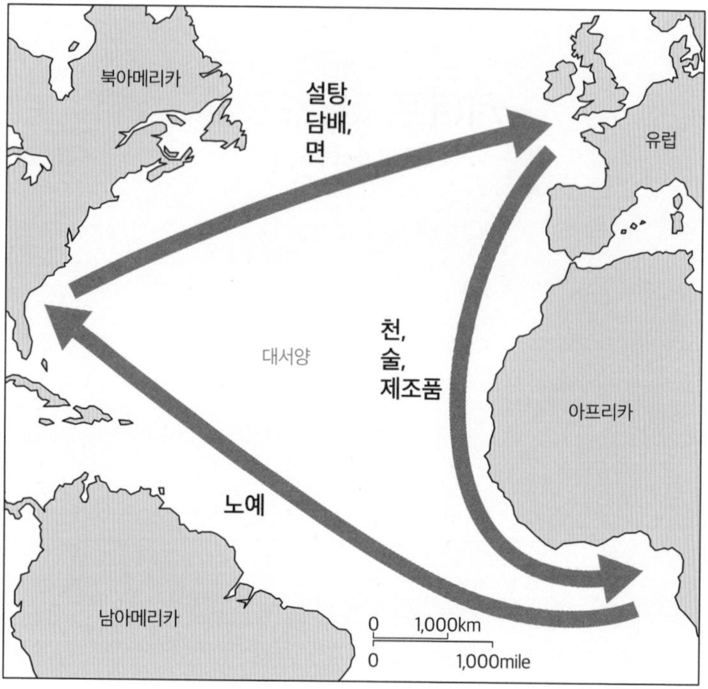

18세기 삼각무역

카에 제조물품을 보내고, 거기서 노예를 산 후 아메리카 대륙으로 실어 날랐다. 그리고 아메리카 대륙에서 담배와 설탕, 면화와 같은 상품작물을 유럽으로 가져가는 방식이었다. 아프리카와 아메리카 대륙 간의 항해를 '중간 항해'라고 불렀다. 아메리카 대륙으로 가는 배에는 노예들이 빽빽하게 있었는데, 쇠사슬에 묶인 채 제대로 눕지도 못하고 수천 킬로미터를 항해했다. 항해 도중에 약 15퍼센트의 노예들이 사망할 정도였다.

서아프리카에서 유럽인들의 무역이 활발했던 곳은 골드 코스트(지금의 가나)였다. 이곳은 상아해안과 노예해안 근처였는데, 당시의 해안의 이름은 그 장소에서 주로 거래되던 물품들의 이름을 갖다 붙였다. 골드 코스트에는 유럽인들이 그토록 원했던 금이 많이 있었다. 하지만 황금보다 신대륙에 노예를 파는 것이 더 돈이 된다는 인식 때문에 유럽인들은 노예무역에 더 많은 관심을 보였다. 482킬로미터도 채 안 되는 해안가에는 유럽의 각국 상인들이 설치한 60개가 넘는 교역소와 여관, 요새가 들어섰다. 특히 노예들을 배에 실기 전에 가둬둘 수 있는 공간도 마련되어 있었다.

케이프 코스트 성에 관한 역사는 17세기 중반으로 거슬러 올라간다. 핀란드 출신이라는 설도 있지만 발트해 무역도시였던 로스톡Rostock에서 온 헨드릭 칼로프Hendrik Carlof는 서아프리카 네덜란드 서인도 회사에서 일을 하며 현지 통치자들과 좋은 관계를 맺고 있었다. 칼로프는 에후투의 보데마 왕과도 친분이 있었는데, 그는 골드 코스트의 해안 지역을 지배했던 인물이었다. 1648년 칼로프는 유럽으로 돌아가 은 제조업으로 크게 성공한 스웨덴 사업자 드기어스De Geers와 계약을 맺었다. 계약은 칼리프를 스웨덴-아프리카 회사의 대표로 한다는 내용이었다. 1650년에 골드 코스트로 다시 돌아온 칼로프는 드 기어스와 맺은 계약을 이행하기 시작했다. 1653년 목재와 진흙 벽돌로 만든 정방형의 건물이 세워졌고, 스웨덴의 찰스 10세 구스타브를 기리기 위해 카를루스버그Carolusburg 라고 명명했다. 드 기어스 가문과 사이가 틀어진 칼로프는 당시 노예무역에 뛰어들고 싶어하던 덴마크인들과 협력했다. 1658년 칼로프는 카를루스버그의 관리 감독을 덴마크에게 넘겨달라고 보데마왕과 신하들을 설득했다. 결국 칼로프는 요새의 지배권을 얻어낼 수 있었다.

카를루스보그에 대한 덴마크의 지배는 그리 오래 가지 않았다. 네덜란드가 한 때 지배를 하다 1659년 스웨덴에게 지배권이 넘어갔다. 하지만 스웨덴은 이곳에서 어떤 이익도 챙기지 못하고 1663년에 네덜란드에 다시 넘겨줬다. 1664년 5월 7일에 영국 함대가 이 요새를 차지하면서 파괴됐다. 케이프 코스트 성으로 다시 이름이 바뀌면서, 카를루스보그는 대서양 노예무역의 본거지가 됐다. 1680년부터 1690년대까지 재건 작업이 진행됐다. 북쪽으로 확장시켰고 기관포를 두기 위해 바다 쪽으로 돌출된 단을 추가로 만들었다.

18세기 중반 이후, 미국 대륙은 노예를 더욱더 원했다. 이는 서아프리카에서 유럽인들의 노예무역이 점점 더 활발해짐을 의미했다. 대서양 노예무역은 1780년대에 정점에 달했는데 약 8만 8천

케이프 코스트 성은 한 번 팔려가면 돌아올 수 없었던, 흑인 노예 수용소이자 노예 무역의 본거지였다.

명의 노예들이 매년 팔려나갔다. 확대한 노예무역을 감당하기 위해 케이프 코스트 성은 새로 지어졌다. 새로운 케이프 코스트 성에는 탑이 들어섰고, 해변으로 죽 늘어선 보루와 경사로가 두 배로 강화되어 공급품이 수월하게 육지에 조달됐다. 이곳에는 노예무역선이 도착할 때까지 수백 명의 노예들이 대기할 수 있는 큰 지하 공간을 만들었다. 이를 통해 빠르게 노예들을 배에 태울 수 있어 해안선에 정박하는 시간을 최소화할 수 있었다.

1807년 노예무역은 영국제국에 의해 폐지됐다. 그러나 케이프 코스트 성을 주변의 플랜테이션을 위한 본거지로 활용하고자 한 열망은 포기할 수 없었던 듯 싶다. 이 무렵 판테족은 아샨티Ashanti 왕국과 대치 중이었다. 아샨티 왕국이 기회를 노리고 있음을 알아챈 영국은 대규모의 군대를 동원해 케이프 코스트 성을 공격했다. 하지만 성을 점령한지 얼마 지나지 않아 천연두가 발병하자 철수할 수밖에 없었다. 1867년에 영국은 공식적으로 골드 코스트에 식민지를 건설하면서 아샨티-판테 연맹과 전투를 벌였다. 케이프 코스트 성은 1957년에 가나가 독립을 한 후 다른 노예무역의 성들과 함께 복원되어 과거 끔찍했던 노예무역의 증거로 활용되고 있다.

030

그리니치

Greenwich

세계 시간의 기준이 되다

바다는 영국과 떼려야 뗄 수 없는 관계다. 그리니치는 해양과 관련해 가장 뛰어난 영국의 유산이다. 그리니치는 13세기 영국 왕실의 사냥 장소였다. 1447년 템스강 기슭에 위치해 있던 영주의 저택 소유권이 왕에게 위임되면서 플라센티아Placentia 궁전이 왕궁으로 사용되기 시작했기 때문이다. 이곳은 런던과 가까워서 튜더Tudor 왕조의 초대 군주인 헨리 12세가 그의 별장으로 지정한 뒤 재건됐다. 왕위 계승자인 헨리 13세가 이곳에서 태어났으며, 그는 플라센티아 궁전에서 연회와 마상, 창던지기 시합을 자주 하곤 했다. 그의 딸 엘리자베스 1세 역시 이곳에서 태어났고, 왕실의 여름 별궁으로 사용됐다.

스튜어트 왕조의 제임스 1세와 찰스 1세도 그리니치를 자주 방문했다. 1613년 제임스 1세는 그의 아내인 덴마크 공주 안나에게 저택과 궁궐을 사용하도록 허락했다. 이 배경에는 그들이 사냥을 나갔을 때 왕비 안나가 실수로 왕의 애견을 쏘는 바람에 크게 분노한 왕이 나중에 사과를 하면서 왕비에게 건넨 선물이었다. 그녀는 플란센티아 근처에 주거공간을 짓기 위해 1616년 건축가 이니고 존스Inigo Jones를 기용했다. 그는 '퀸스 하우스Queen's House'를 설계해 이듬해 바로 공사에 착수했다. 퀸스 하우스의 건축 양식은 영국 최초의 고전 양식이었다. 건물은 안나가 세상을 떠난 1635년에 완공됐다. 찰스 1세는 프랑스 출신의 아내 헨리에타 마리아Henrietta Maria에게 퀸스 하우스를 넘겨줬다.

1639년부터 1651년까지 영국, 웨일즈, 스코틀랜드, 아일랜드는 왕권과 의회 간의 끊임없는 대립으로 점점 상황이 나빠졌다. 이러한 대치 국면에서 찰스 1세는 반역죄로 처형당하는 수많은 백성들을 지켜보면서 죄책감이 들었다. 올리버 크롬웰Oliver Cromwell이 이끄는 의회는 왕실과의 싸움에서 승기를 잡았고, 공화국을 선포했다. 크롬웰은 구제불능이 된 플라센티아 궁전을 매각하려고 했다. 그렇게 궁전은 해군을 위한 비스킷을 만드는 공장으로, 그다음에는 전쟁 포로를 수용하는 곳으로 활용됐다.

1658년 크롬웰이 세상을 떠났고, 1660년 군주제가 부활했다.

그리니치 천문대는 경도의 원점이 되는 곳이다.

왕으로 즉위한 찰스 2세는 플라센티아를 허물고 그 자리에 새로운 궁전을 짓도록 명했다. 그의 가장 위대한 유산은 그리니치 천문대였다. 1666년 영국 대화재 이후에 런던 재건에 기여했던 건축가 크리스토퍼 렌Christopher Wren 경이 설계를 맡았다. 그리니치 공원 언덕 위에 있는 왕립천문대는 1676년 최초의 왕실 천문학자인 존 플램스티드John Flamsteed가 그리니치로 오면서 건립됐다. 그가 그리니치로 온 이유는 런던의 외곽 지역에는 스모그가 없어 하늘을 관측하기 좋았기 때문이다. 관측대에서 나온 연구는 항해를 하는 선원들에게 많은 영향을 줬다. 책력은 전 세계를 다니는 선원들과 뱃

사람들이 사용했는데, 이를 계산하는 시간과 장소의 기준이 바로 그리니치 경도였다. 1884년에 이곳은 본초자오선(경도 0로 정해진 선)의 국제표준이 됐는데, 범세계 시간대의 기준이기도 하다.

1688년 가톨릭교도였던 제임스 2세는 왕위를 그의 딸 메리 2세와 네덜란드 출신 남편 윌리엄 오렌지에게 넘겨주었다. 그들은 권리장전The Bill of Rights(1689)을 승인하면서 의회의 기본권을 보장해줬다. 더불어 왕위계승까지도 의회가 결정할 수 있게 하여 의회정치 발달의 기반을 마련했다. 햄튼코트 궁전과 켄싱턴 궁전이 있었기 때문에 그리니치에는 궁전을 다시 지을 필요가 없었다. 대신 1694년 메리 2세는 이 궁전에 은퇴한 항해사들이 기거할 수 있도록 했으며 렌 경에게 그리니치 병원 설계를 맡겼다. 그렇게 바로크 양식의 건물이 1742년 완공됐다. 건축비용에는 밀항을 하다 걸린 상인들로부터 받은 벌금이 포함되어 있었다. 그리니치 병원은 1869년 폐쇄됐으며, 1873년부터는 해양 관련 전문가를 양성하는 왕실 해양 학교의 본거지가 됐다. 1933년에는 왕립 병원 학교가 서퍽Suffolk으로 이전했고, 4년 뒤에는 퀸즈 하우스가 국립해양박물관으로 대중들에게 재개장했다. 그리니치는 1957년 마지막 왕립 천문학자가 이곳을 떠나면서 공식적인 기능은 끝이 났다. 그리니치에서는 더 이상 제대로된 관측을 할 수 없었고, 그로 인해 천문대는 서섹스Sussex로 옮겨졌다. 이후에는 박물관으로 활용했다.

1998년에 왕립 해양 학교가 그리니치를 떠났고, 웅장한 건물들은 그리니치 대학과 트리니티Trinity 음악 학교가 사용하고 있다.

해양 산업과 과학 혁명은 17세기부터 19세기까지 대영제국이 성장할 수 있는 중요한 기반을 만들어준 것은 사실이다. 하지만 그 성장에는 경제적인 요인들이 더 깊숙이 작용했다. 대표적인 예로 커티 샤Cutty Sark호가 있다. 쾌속 범선인 커티 샥은 1870년 차를 수송하기 위해 희망봉을 거쳐 중국으로 가는 첫 항해를 했다. 하지만 수에즈운하 개통으로 인해 희망봉을 거치는 항로는 더 이상 이용할 필요가 없었다. 따라서 이 범선은 오스트레일리아에서 영국으로 가는 양모 수송에 활용됐다. 증기선이 등장하면서 커티 샥은 1957년까지 훈련용 배로 사용되다가 다시 복원되어 건조한 콘크리트 바닥에 정박해 있다. 이 배는 대영제국의 지속적인 성장 배경에는 상업적인 것이 주요한 요소로 있었다는 살아있는 반증인 셈이다.

✤ 031 ✤

베르사유 궁전

Versailles Palace

절대 왕정의 상징

'태양왕', 루이 14세. 72년간 왕좌를 지킨 그는 전제 군주의 가장 대표적인 인물이었다. 그의 위엄을 상징하는 장소는 바로 유럽에서 가장 큰 궁전인 베르사유 궁전이다. 루이 14세는 그의 아버지 루이 13세를 뒤이어 1643년에 왕이 됐다. 당시 그의 나이는 고작 네 살이었다. 이는 17세기 중엽 프랑스의 정치적 상황을 불안정하게 만들었다. 1648년부터 1653년까지 프랑스는 왕권 옹호파와 반대파들 간에 일어난 프롱드Fronde의 난*에 휘말렸다. 결국 왕

* 섭정 모후 안 도트리슈와 재상 마자랭을 중심으로 한 궁정파에 대한 파리고등법원과 귀족의 반궁정파의 내란으로 점점 강화되는 왕권을 견제하기 위한 '최후의 귀족의 저항'이자 '최초의 시민혁명의 시도'라고도 한다.

권주의자들이 승리를 하면서 부르봉Bourbon 절대왕정의 확립의 길을 닦아놓았다. 이탈리아 출신의 카디날 쥘 마자랭Cardinal Jules Mazarin은 어린 루이 14세를 대신에 재상으로서 섭정했다. 그러다가 1661년에 마자랭이 사망하자, 어린 왕은 마자랭이 행했던 중앙집권 왕권주의를 계속 이어가면서 친정을 시작했다. 마자랭이 닦아놓은 왕권은 루이 14세가 프랑스를 유럽에서 가장 강력한 왕국으로 바꿀 수 있는 초석이 됐다.

루이 14세는 프랑스 곳곳에 있었던 왕실 대저택과 파리에 있던 루브르나 튈르리Tuileries 궁전을 오가며 지냈다. 그의 목표는 1589년까지 부르봉 왕조를 위한 큰 궁전을 짓는 것이었다. 그러나 파리에는 궁전을 지을 만큼 마땅한 곳이 없었을 뿐만 아니라 혼잡하고 물 공급도 수월하지 않았다. 루이 14세는 지방으로 눈길을 돌렸고, 파리에서 16킬로미터 떨어진 베르사유에 있는 작은 오두막을 발견했다. 루이 14세는 이 오두막 자리에 궁전을 짓기로 결정을 내렸다. 그는 베르사유 궁전을 통해 국왕의 위세와 권력을 보여주고자 했다. 베르사유 궁전은 1661년에 공사를 시작해서 1710년 완공됐다. 그리고 루이 14세 사후에도 계속 증축이 이어졌다.

베르사유 궁전을 짓는 데에만 2만 명의 인력이 투입됐다. 이들은 대부분 말라리아에 걸려 많이 사망했는데, 그 이유는 이곳이 습지대였기 때문이다. 궁전뿐 아니라 정교하게 조성된 정원에는 분

루이 13세가 지은 사냥용 별장이었던 베르사유 궁전은 루이 14세의 명령으로 지금의 대정원과 건물이 만들어졌다. 바로크 궁전 건축의 대표적인 사례다.

수와 인공 호수, 손으로 일일이 관리한 나무와 조각상들이 있다. 가장 어려운 일은 안전한 물을 충분히 공급하는 일이었다. 이를 위해 궁전 바닥에는 끝없는 파이프와 지하공간을 마련했다. 궁전 공사가 한창 진행될 무렵에 베르사유에 들어간 비용이 프랑스의 전체 예산의 거의 4퍼센트에 달했다고 한다.

프랑스 왕실은 1674년 이후 베르사유에서 보내는 시간이 점점 더 늘어났고, 1678년에는 아예 국정 운영을 베르사유에서 진행했다. 정원은 공식적으로 1682년에 조성됐다. 베르사유 경내는 항상 열려 있었다. 격식을 갖춘 옷차림을 한다면 누구라도 입장이 가능했고, 정원을 둘러볼 수 있었다. 프랑스 사람들은 궁궐 자체에 접근하거나 왕실 가족을 직접 보기는 어려웠지만 궁전의 내부 사정은 알 수 있었다.

루이 14세가 신하들과 사람들이 그를 중심으로 움직이기를 바라는 것을 보여주기라도 하듯 궁궐 전체에는 태왕의 모티브가 녹아 있었다. 그리스의 신 아폴로는 궁궐 내부 장식에서 반복되는 다른 모티브였다. 이곳에는 축제나 쇼를 위한 충분한 공간이 있었고, 루이 14세는 로마 황제가 하던 대로 정교한 의상을 입고 발레를 하곤 했다. 베르사유 궁전에서 가장 아름다운 장소로 꼽히는 곳은 거울의 방이다. 이곳은 1678년부터 1689년 사이에 만들어졌다. 길이 70미터가 넘는 방에는 17개의 거울이 창문과 마주하고 있어서 창문 밖의 정원이 비쳐 마치 정원 내에 있는 듯한 착각을 하게끔 만든다. 천장에는 샹들리에와 루이 14세의 초기 재임 시절의 이미지가 있고, 대리석 벽에는 조각상과 부조들이 화려하게 자리 잡고 있다. 1715년 루이 14세가 세상을 떠났을 당시 베르사유는 2만 5천여 명의 사람들이 살았던 작은 마을이었다. 하지만 이후에 모든 왕실기관의 집무실이 이곳으로 옮겨지면서 모든 귀족들은 베르사유에서 매년 시간을 보내기를 원했다.

루이 14세는 그의 손자 루이 15세에게 왕위를 물려주었다. 그러나 이미 이때는 전제 왕정이 내리막길로 접어들 때였다. 프랑스는 더 이상 유럽을 지배하는 세력이 아니었으며 영국과 같은 강력한 지배세력으로부터 도전을 받고 있었다. 루이 16세가 1774년에 왕이 됐고, 1778년 프랑스가 미국 독립혁명에 공식적으로 지원하면서 국가의 재정 상태는 말 그대로 궁핍해졌다. 프랑스가 미국 독립전쟁에서 영국군을 무찌르긴 했지만 이로 인해 막대한 재정적 손실을 입었다. 왕실은 급기야 1788년에 채무 지급을 중단했다. 이러한 재정문제를 해결하기 위해 루이 16세는 국가자문기관인 삼부회를 소집했고, 삼부회는 1789년 5월 5일에 베르사유에서 열렸다. 왕은 물론 이때 모인 1천 2백 명의 성직자, 귀족, 평민의 세 신분 대표들도 이 회의가 프랑스 혁명의 발단이 될 것이라 그 누구도 예측하지 못했다.

투표 방식을 둘러싸고 대립을 하자 루이 16세는 제3신분인 평민 대표들이 투표하지 못하도록 문을 잠가버렸다. 화가 난 평민 대표들은 6월 20일에 테니스장에 모여 헌법이 제정될 때까지 해산하지 않겠다고 맹세했다. 루이 16세는 이들의 요구를 받아들여야 했고, 제1신분과 재2신분 대표는 제3신분을 포함시켜 헌법 제정 국민의회를 구성했다. 루이 16세는 왕권을 박탈당했고, 그때부터 왕실의 권위는 몰락했다. 그해 10월에 식량난과 물가가 상승하면서 대부분이 여성이었던 파리의 군중이 베르사유 궁전 쪽으로 가두 시위를 벌였다. 이로 인해 왕실은 튈르리 궁전으로 거처를 옮겼다.

1789년부터 1793년까지 혁명 정부는 점점 더 과격해졌고, 결국 프랑스는 공화정을 선포했다. 그리고 국왕은 외국 세력과 결탁해 혁명 정부를 뒤엎으려 했다는 혐의로 처형당했다.

프랑스는 인접 국가들의 전쟁뿐 아니라 내부 갈등에 직면하고 있었지만 무너지지는 않았다. 이어서 시작된 공포정치(1793-1794)로 수천 명의 '혁명의 적'들이 숙청됐고, 의회가 선출한 다섯 명의 총재가 다스리는 총재 정부가 1795년에 성립됐다. 하지만 혼란은 계속 이어졌다. 1799년 나폴레옹 보나파르트Napoleon Bonaparte라는 젊은 장군이 쿠데타로 정권을 장악해 1804년 황제로 즉위했다. 프랑스 혁명과 나폴레옹 전쟁 대부분의 시기 동안 베르사유 궁전은 거의 방치된 것과 다름없었다. 19세기 중반에 복원된 베르사유 궁전은 박물관과 정부 사무 공간으로 활용됐다. 프로이센-프랑스 전쟁(1870-1871) 기간에 프랑스는 패배했고, 독일군이 파리를 완전히 포위하면서 베르사유 궁전을 점거해 그들의 본거지로 삼았다. 이 전쟁의 승리로 빌헬름 1세는 독일제국의 초대 황제로 등극했고, 이는 1871년 1월 18일 거울의 방에서 공식적으로 선포됐다.

독일제국은 반세기도 유지하지 못한 채 해체됐다. 1918년 11월 9일 제1차 세계대전에서 패배한 뒤 독일은 혼란에 휩싸였고, 빌헬름 1세의 손자 빌헬름 2세가 왕위에서 물러났다. 그로부터 이틀 후에 제1차 세계대전이 종식됐다. 파리 평화 회의가 열렸으며 승리한 연합군의 일방적인 협정 조항으로 끝이 났다. 베르사유 조약 조인식이 1919년 6월 28일 거울의 방에서 이뤄졌다. 조약 내용에서 그들은 해외식민지와 유럽의 영토 삭감, 연합군에 대한 배상금 지불, 군비 축소를 통한 전쟁 도발의 책임을 물었다. 이 조약은 결국 1930년대 독일에 나치 정당의 세력을 키우는 계기를 제공했고, 결국 제2차 세계대전이 발발했다. 베르사유 궁전은 제2차 세계대전 때도 온전히 살아남아 2003년부터는 대대적인 보수 공사를 진행했다.

파리의 콩코르드 광장

1793년 1월 21일, 루이 16세는 대역 죄인으로 사형 선고를 받은 이후 단두대에 섰다. 그의 처형은 파리에서 가장 큰 광장인 혁명 광장에서 이뤄졌는데 이 광장은 루이 15세의 명으로 만들어졌다. 루이 16세의 왕비 마리 앙투아네트와 다른 고위관료들도 루이 16세와 함께 단두대 앞에 섰다. 그리고 그들을 단두대로 세웠던 공포정치의 주역인 프랑스의 혁명가 로베스피에르 Maximilien Robespierre 역시 같은 곳에 세워졌다. 프랑스 혁명으로 인한 살육극과 혼란을 겪은 이후인 1795년, 프랑스는 국가의 힘을 한데 모은다는 상징의 의미로 콩코르드 광장으로 이름을 바꾸었다.

◆ 032 ◆

아브라함 평원

The Plains of Abraham

캐나다를 차지하기 위한 영국과 프랑스의 전쟁

7년전쟁(1756-1763, 북미권에서는 프렌치 인디언 전쟁이라고 한다 - 옮긴이)은 최초의 전 세계적인 전투였다. 7년전쟁은 북아메리카에서 영국군이 프랑스군을 물리친 후 1759년에 퀘벡 지역을 차지하게 되는 중추적인 역할을 했다. 이 전투에서 영국군이 승리할 수 있었던 이유는 도시 외곽에 있는 평야지대인 아브라함 평원에서 벌어진 전투였기 때문이다.

프랑스와 영국은 17세기 후반부터 북아메리카 지역 지배권을 두고 팽팽한 대립을 해왔다. '뉴프랑스New France'는 지형적으로 대서양 연안에 있던 영국의 13개 식민지 규모보다 훨씬 더 컸다. 뉴프랑스는 캐나다와 루이지애나 지역으로 미대륙의 중앙에서부터 북부까지 거대한 가느다란 띠 모양의 땅이 형성되어 있었다. 하지만 영국 식민지의 인구 수는 거의 2천만 명에 달했으며 이는 프랑스의 7만 명보다 훨씬 큰 규모였다.

1756년 미 원주민 연합군과 결성한 영국군이 프랑스군에 선전포고를 했다. 그러나 이미 두 식민지 제국은 2년 동안 전쟁을 치르고 있던 상황이었다. 처음에는 프랑스가 여러 번의 승리를 했다. 그러나 영국의 정규군이 미국에 도착하면서 전쟁의 판도를 뒤집을 수 있는 중요한 기회를 잡았다. 영국의 해군은 한층 강화된 군비와 전쟁 물자를 갖추면서 프랑스 함대를 손쉽게 물리칠 수 있을 만큼 강력해졌다. 1759년 영국은 5만 명의 군사를 소집했지만 프랑스는 1만 5천명에 그쳤다. 같은 해, 영국은 캐나다를 공격했다. 영국의 목표는 프랑스의 요새와 다름 없었던 퀘벡이었다. 퀘벡은 세인트로렌스Saint Lawrence강의 북쪽 강변이 내려다보이는 높은 지대에 자리 잡고 있었다.

퀘벡 점령을 이끈 이는 제임스 울프James Wolfe였다. 32세의 야망이 큰 젊은이로, 이 일을 맡기 위해 그가 런던에서 로비도 불사하며 따낸 첫 임무였다. 울프 장군은 6월 26일에 8천 6백 명의 부대원과 함께 세인트로렌스강에 있는 오를레앙섬Île d'Orléans에 도착했다. 나흘 후, 그는 퀘벡 맞은편 강변에 있는 포인트 레비Point Levi를 치기 위해 포대를 설치했다. 하지만 엄청난 폭격과 여러 차례의

1759년 영국군과 프랑스군의 아브라함 평원 전투가 벌어졌던 곳으로, 국립전장 공원이 정식 명칭이다. 이 전쟁을 통해 영국군은 퀘벡의 지배권을 얻었다.

급습에도 퀘벡은 무너지지 않았다. 프랑스 군대를 이끈 사람은 루이조제프 드 몽칼름Louis-Joseph de Montcalm 장군으로 다소 오만한 성격의 귀족이었다. 그는 지역의 민병대를 업신여기며 이들을 경호나 지원 임무로 좌천시켰고, 정규군과 함께 훈련하는 것도 허락하지 않았다. 이 때문에 보급이 부족해 영국군에 비해 수적으로 훨씬 열세한 상황이 벌어졌다.

9월까지도 대치 상황은 계속됐다. 지지부진한 상황이 지속되자 영국군의 사기는 떨어졌다. 설상가상으로 울프 장군은 신장 결석이 발병했고, 부하들 중 3분의 1은 감기로 인해 고통받고 있었다. 울프 장군은 확실한 전공을 세우기 위해 퀘벡을 직접 공격할 계획을 세웠다. 9월 13일 아침, 울프 장군은 4천 8백여 명의 부하들과 함께 퀘벡의 서쪽 벽에서 3.2킬로미터 떨어진 랑세 오 포울롱Anse au Foulon에 상륙했다. 그리고 아브라함 평원을 가로질러 진군했다. 영국 군사의 대열을 확인한 몽칼름은 증원군을 기다리지 않고, 상대적으로 숙련되지 않은 캐나다 민병대와 정규군을 합쳐 병력을 소집했다. 오전 10시, 전투가 시작됐다. 영국군은 대포를 계속해서 발포하면서 프랑스군이 제대로 사열하지 못하도록 만들었다. 프랑스군은 열이 분열되면서 퇴각을 시작했다. 결국 삼십분도 채 되지 않아 아브라함 평원에서의 전투는 영국군의 승리로 끝났다. 이 전쟁에서 영국과 프랑스의 장군들은 목숨을 잃었다. 승리를 만끽하며 병사들을 독려하던 울프 장군의 가슴에 총탄이 박혔으며, 몽칼름은 말을 타고 퀘벡으로 퇴각하는 도중 총상을 입고 세상을 떠났다.

총사령관이 죽자, 영국군은 퀘벡을 공격하기보다는 기다림을 선택했다. 이미 전쟁에서는 우세한 입지를 선점했기 때문이다. 전열을 가다듬은 영국군은 9월 18일 퀘벡을 포위했다. 그다음 해 4월, 프랑스군은 퀘벡을 다시 탈환하려고 했으나 충분한 병력을 갖추고 있지 않았던 그들은 영국의 증원군이 도착했다는 소식을 듣고 5월 15일 바로 철수했다. 그해 9월, 영국은 프랑스령에서 가장 중요한 도시인 몬트리올을 점령했다.

7년전쟁은 1763년에 끝이 났다. 파리평화협정에 의거해 프랑스는 캐나다를 포기하고 영국에게 넘겨줬으며, 스페인에게는 루이지애나를 양도했다. 프랑스에 남아 있는 영토는 뉴펀들랜드 Newfoundland 해안에서 바로 떨어진 생피에르 미클롱Saint-Pierre-et-Miquelon 제도였다. 프랑스 어선들의 안전지대로 남겨두어 그들이 뉴펀들랜드 연안을 수시로 드나들 수 있게 했다. 오늘날 이 제도는 프랑스의 반半자치령이다. 100년 이상 동안 영국의 지배를 받은 후 1867년 캐나다의 주들은 자치 정부를 구성해 연방을 이뤘으며 1931년 독립을 선포했다. 캐나다에 대한 프랑스의 영향력은 여전히 강하게 남아 있고, 캐나다는 프랑스어와 영어를 공식 언어로 사용하고 있다. 현재 아브라함 평원은 퀘벡의 공립 공원이다.

비록 7년전쟁에서 영국군이 승리했지만 전쟁이 끝난 후 13개 영국 식민지의 국경 수비를 위해 영국 정부가 치러야 할 재정적 부담은 매우 컸다. 그래서 영국 정부는 자국의 군비를 확보하기 위해 미국 식민 지역에 세금을 부과하기로 결정을 내리면서 미국 식민지 사람들을 자극했다. 이와 같은 결정은 1775년에 미국독립전쟁*을 촉발시키는 계기가 됐다.

* 미국독립전쟁 이전부터 북미 대륙에서는 식민지들 간의 연합이 진행되고 있었다. 당시 벤저민 프랭클린은 13개 국가 '식민지 연합 계획'을 제안했으나, 실행되지는 못했다. 그러나 이 안은 영국 통치에 있던 북미대륙 식민지령들의 향후 연대를 도모하기 위한 초석을 다졌다는 점에서 의의가 있다.

뉴 래너크
크렘린궁
킬메인햄 감옥
빌헬름가
블랙힐스
산도밍고
앙고스투라
남극

V

세상에 반기를 들다

혁명의 시대

✦ 033 ✦

산도밍고

Saint-Domingue

노예봉기의 시작을 알리다

대서양을 중심으로 이뤄졌던 노예무역에 대한 저항이 시작됐다. 특히 노예가 된 사람들을 중심으로 봉기가 발생했는데, 산도밍고Saint Dominques(옛 아이티)에서 일어난 노예 봉기는 가장 큰 규모로 성공했던 반란이었다.

히스파니올라Hispaniola는 서인도양에서 쿠바 다음으로 큰 섬이다. 이 섬의 서쪽에는 17세기 중반 무렵 스페인으로부터 빼앗은 프랑스의 식민지 산도밍고가 있었다. 이곳은 설탕, 커피, 면화, 인디고, 코코아 플랜테이션에서 일하는 노예들 덕분에 프랑스에 가장 큰 돈을 벌어다주는 식민지였다. 18세기 후반 이곳에는 약 4만 명의 유럽인들과 50만 명의 노예들이 살고 있었으며 이 중에는 노예

신분에서 벗어나 순찰병이나 민병대에 고용된 흑인들도 있었다. 산도밍고의 농장 환경은 카리브 지역에서 가장 열악했으며 체벌도 심했다. 18세기 후반부터 19세기 초까지 산도밍고는 프랑스 혁명의 여파 아래 놓여 있었다. 프랑스 전역에 울려 퍼졌던 자유와 해방의 혁명으로 1790년 프랑스 의회가 전 국민에게 시민권을 부여하면서 재산이 있거나 부모 모두가 노예 해방이 된 흑인들에게도 자유가 주어진 것이다. 이러한 조치에 대해 산도밍고의 많은 백인들은 반대했으며 이로 인한 계급과 인종 갈등과 충돌이 빚어졌다.

1791년 8월 21일 혹은 22일 밤, 산도밍고 북부에서 대규모 노예 봉기가 일어났다. 이를 계기로 식민지 내에서의 세력 균형에 큰 변화가 생겼다. 이 봉기는 지역의 여러 농장에 있던 노예들이 비밀리에 조직을 만들어 진행했다. 프랑스 대혁명이라는 대변혁으로 이들은 흔들림 없이 자신들의 계획을 이행할 수 있으리라 믿었다. 이들은 거사를 치르기 일주일 전부터 부아 카이만이라는 숲에서 한밤중에 만나 계획을 세웠다. 모일 때마다 그들의 신앙인 부두교 Voodoo의 의식대로 흑돼지를 산 채로 제물로 바치며 성공을 기원했다. 8월 말, 1천 개 이상의 플랜테이션이 불타올랐고, 약 2천 명의 유럽인들이 사살됐다. 이러한 폭동은 주로 산도밍고의 북부 평야에서 일어났다. 그리고 가장 큰 규모의 폭동은 카리브 해안에서 발생했다. 1792년, 프랑스 혁명 지도자인 레제 펠리시테 송토나 Léger-

Félicité Sonthonax가 7천 명의 군사를 이끌고 산도밍고에 도착했다. 그의 지휘 하에 프랑스 정부는 다시 권력을 장악했고 반동 지도자들을 수용소로 보냈다. 이러한 좌절에도 불구하고 부아 카이만에서 모의한 봉기는 산도밍고에 지속적인 반향을 일으키며 훨씬 더 광범위하게 반동이 일어날 수 있는 촉매제로서 작용했다.

투생 브레다Toussaint Bréda는 반동 지도자 중 한 명이었다. 그는 노예로 태어났지만 스물 다섯살이 되던 해 노예에서 해방됐다. 그는 교육을 받으며 농장을 소유할 정도로 성장했고, 노예들도 거느렸다. 편안한 삶을 영위할 수 있었으나 그는 산도밍고의 독립을 위해 투쟁하겠다는 의지를 보이며 혁명에 참여하기로 결심했다. 이에 투생 브레다라는 이름 대신 루베르튀르Louverture(틈새)라는 예명으로 활동을 시작했다.

투생 루베르튀르는 아이티의 독립 운동가이자 흑인해방지도자다.

루베르튀르는 식민지군을 거느리고 프랑스를 상대로 투쟁했다. 그는 당시 프랑스 혁명 정국을 손에 넣으려는 유럽 열강들 중의 하나였던 스페인의 지원을 받았다. 하지만 1794년 5월에 프랑스 정부가 노예제 폐지를 정식으로 선언하면서 루베르튀르는 프랑스에 협조했다. 1795년 스페인은 프랑스와 화해했고, 히스파니올라에 대한 지배권을 프랑스에게 양도했다. 1797년에 영국군이 산도밍고를 침략했을 때 루베르튀르는 병력을 지휘하면서 저항했고, 영국군에게 1789년까지 철수할 것을 요청했다. 그 후에도 그는 산도밍고의 독립을 공고히 하기 위해 내부의 적들을 물리치면서 3년의 시간을 산도밍고에서 보냈다.

1801년 루베르튀르는 산도밍고를 위한 식민지 자체 헌법을 발표했다. 자치권과 국민주권, 법 앞에서의 만민평등, 노예제도의 영구적 폐지, 그리고 자신을 종신형 주지사로 임명할 것을 요구했다. 본국과는 아무런 상의도 없이 식민지 자체 헌법을 반포한 루베르튀르의 이런 행동을 빌미로 나폴레옹 1세는 자신의 매제 샤를 르클레르Charls Leclerc와 1만 명의 대규모 군대를 산도밍고로 보내 노예제를 다시 부활시키고자 했다. 1802년 2월 프랑스 원정대가 도착하자 루베르튀르는 프랑스군의 수가 우세하다는 것을 알고 이들을 이길 수 없다는 판단에 산으로 퇴각했다. 이 전투는 그에게 불리하게 돌아갔으며 3개월 만에 그의 부하들 대다수가 프랑스군에 항복했다. 그해 5월에 루베르튀르도 자신의 지위가 위태로워지자 사면을 약속받고 프랑스에 항복했다. 하지만 프랑스는 약속을 어기고 그를 체포한 뒤 프랑스의 쥐라Juaa산맥의 성에 감금했다. 1803년 4월 7일 루베르튀르는 이곳에서 세상을 떠났다.

장-자크 데살린Jean-Jacques Dessalines은 루베르튀르의 뒤를 이은 혁명 지도자가 되어 프랑스와 맞서 계속 투쟁했다. 이 무렵 프랑스 병사들은 풍토병인 황열병에 걸려 많은 수가 사망했고, 프랑스군의 전력은 급격히 떨어졌다. 그때 나폴레옹의 휘하 장군인 샤를 르클레르크도 황열병으로 1802년 11월에 사망했다. 계속되는 격렬한 싸움으로 사망자 수가 증가하면서 세력이 약화된 프랑스군은 1803년 11월 30일에 데살린에게 항복했다. 1804년 1월 1일, 그는 아이티의 독립을 선언했다. 하지만 수년간의 유혈사태로 지불해야 했던 막대한 배상금은 프랑스의 재정을 파탄으로 몰아넣었고, 이에 대한 보복으로 프랑스는 1825년까지 아이티의 독립을 공식적으로 인정하지 않았다. 아이티는 번영과 안정을 찾기 위해 계속 노력했고, 자연재해와 내부 분열로 자주 피해를 입었지만 노예들이 족쇄를 벗어던지고 그들 스스로 독립 국가를 영구적으로 세울 수 있었던 유일한 장소로서 자유의 연혁에서 선도적인 위치를 차지하고 있다.

노예제 폐지를 위한 노력

줌비데이 축제

16세기부터 19세기까지 아프리카 노예들이 가장 많이 팔려 간 곳은 브라질이었다. 수천 명의 노예들이 농장을 탈출해 퀼롬보스Quilombos라는 공동체 마을을 만들었다. 1605년부터 북동 브라질에 있던 일부 퀼롬보스가 팔마레스라는 하나의 집단촌을 형성했다. 17세기 말에는 팔마레스에 있는 인구가 2만 명이 넘었으며 지도자를 선출하기도 했다. 팔라메스는 당시 브라질을 식민 지배했던 포르투갈을 상대로 불굴의 항전을 이어나갔지만 1694년에 끝내 패전한다. 마지막까지 팔마레스를 지키기 위해 투항한 브라질 흑인 노예 지도자 줌비Zumbi가 죽은 11월 20일은 이후 '흑인 자각의 날Black Awareness Day, Zumbi Day'로 정해져 줌비의 해방 투쟁의 역사를 기리는 날이 됐다. 브라질 노예제도는 1888년에야 폐지됐다.

18세기에서 19세기까지 전 세계에서는 노예제도를 폐지해야 한다는 운동이 확산됐다. 가장 영향력 있는 집단 중 하나는 사회개혁에 광범위하게 관여하고 있던 런던 기독교 집단인 클래펌 종파였다. 여기서 가장 유명한 사람은 윌리엄 윌버포스William Wilberforce로, 1807년 대영제국의 노예거래를 금지하고 1833년 폐지한 법률안(일부는 예외)을 획득하는 데 영향을 끼쳤다.

✤ 034 ✤

빌헬름가

Wilhelmstrasse

독일 제국의 중심지

베를린은 과거의 프로이센, 현재의 독일 중심지로서 유럽 역사에서 중요한 역할을 해왔다. 19세기 후반부터 빌헬름가에는 정부 주요 관공서 건물들이 들어섰다. 베를린은 13세기 초기에 세워졌으며 브란덴부르크Brandenburg의 주가 됐다. 1411년, 브란덴부르크는 베를린을 수도로 삼은 호엔촐레른Hohenzollern 가문의 통치하에 들어갔다. 16세기의 흐름이었던 루터교로의 개종을 따라 호엔촐레른 가문 역시 루터교를 따랐다. 호엔촐레른 가문이 1618년 프로이센의 왕위를 물려받으면서 프로이센이 동쪽으로 영토를 확장하게 됐다.

18세기 초 베를린은 중요한 도시가 됐다. 프리드리히 빌헬름

1세의 치하에서 후자렌슈트라쎄Husarenstrasse를 포함해 새로운 거리가 조성됐고 그의 이름을 붙여 빌헬름가가 됐다. 프로이센에서 46년 동안 꾸준히 영토를 확장하며 강력한 왕으로 군림했던 사람은 프리드리히 대왕이었다. 계몽주의시대에 태어난 그는 오페라하우스, 도서관, 과학 아카데미를 지으며 예술과 교육에 아낌없이 후원했다.

19세기 무렵에는 프로이센의 다른 지역과 마찬가지로 베를린도 산업화가 진행됐다. 그렇게 베를린은 유럽의 가장 큰 제조 중심 도시로 성장했다. 빌헬름가는 단순한 부유층의 거주 지역에서 점점 프로이센 정부의 중심지로 변화했다. 1871년 프로이센의 빌헬름 1세가 다른 독일의 여러 주들을 통합시켜 독일제국의 황제로 등극했다. 독일제국 도시의 설계를 맡은 사람은 프로이센의 의원이자 독일제국의 최초의 수상이었던 오토 폰 비스마르크Otto von Bismarck였다. 그는 로코코 양식의 우아한 집무실을 빌헬름가에 지었다. 이 독일 제국 수상관저(비스마르크 당시의 이름은 독일국 수상궁전)에서는 1878년 베를린 회의를 포함해 수많은 국제 회담이 열렸다. 베를린 회의에서는 당시 유럽 열강들이 발칸반도의 영토 재구성을 통해 오스만 제국이 몰락한 그 자리에 독립 신생 국가들을 건설할 계획을 세웠다. 1884-1885년에는 베를린 회의가 독일제국 수상관저에서 열렸고, 이곳에서 13개 유럽연합 국가와 미국의 아프리카 영토에 대한 분할이 일방적으로 이뤄졌다.

독일제국은 제1차 세계대전의 결과로 1918년에 패망했다. 그해 11월 9일, 마지막 황제 빌헬름 2세가 자리에서 물러나면서 독일은 바이마르 공화국이 됐다. 당시 베를린은 공식적인 수도였지만, 바이마르 공화국의 헌법은 바이마르라는 도시에서 채택됐다. 하지만 바이마르 공화국은 정치적인 혼란과 경제적인 문제를 겪었다. 1933년 나치당 지도자 아돌프 히틀러가 수상이 되면서 나치를 반대하는 모든 사람들을 숙청하기 시작했다. 이 작업을 통해 나치당을 유일무이한 절대권력의 당으로 만들 수 있었고, 인간 역사상 유례없는 유대인에 대한 정치적 탄압과 대학살을 자행했다.

히틀러는 그의 팽창주의 전략에 걸맞게 베를린을 제3제국의 수도로 만들고 싶어했다. 그는 독일제국 수상관저가 너무 평범해 보인다고 생각했고, 그가 매우 총애하는 건축가 알베르트 슈페어 Albert Speer에게 나치 정부의 본부가 될 만한 건물을 설계하라고 지시했다. 그 후 빌헬름가에는 항공부 건물이 새롭게 들어서는 등 나치당의 엄격한 권위주의가 반영되는 제국 수도 베를린 도시계획이 시작됐다. 빌헬름가에는 드러나지 않았지만 가장 중요한 곳이 있었는데 바로 1936년부터 1944년에 완성된 히틀러의 지하벙커 Führerbunker다. 이곳은 독일제국의 고위관료와 정치인들을 위한 대규모 지하 공간이었다. 약 9미터 이상 깊이의 지하에 화강암 슬래

브와 철망으로 덮인 3미터 두께의 콘크리트로 둘러싸여 있어 미사일의 직격탄을 맞아도 살아남을 수 있다. 이곳으로 들어가려면 제1SS기갑사단 총통경호친위대의 안내에 따라 큰 철문으로 닫혀 있는 나선형 계단을 통과해야 했다. 히틀러 벙커는 557제곱미터의 크기에 비좁은 18개의 방이 있었고, 전력과 물이 공급되는 자체 발전기와 펌프실이 있었다. 환기구에서 나는 소리가 상상을 초월할 만큼 컸지만 이것을 끄는 순간 참기 힘들 만큼 내부 온도가 올라갔다고 한다.

1945년 연합군이 양옆에서 독일을 조여 오고 있었다. 4월 20일은 소련군의 진격을 막으려 했던 독일 소년병들을 격려하기 위해 히틀러가 메달을 수여하기 위해 대중에게 모습을 드러낸 마지막 날이었다. 베를린은 연합군의 폭격기와 진격하는 소련군의 포격에 의해 파괴됐다. 4월 30일에 적군에 생포될 의지가 없었던 히틀러는 지하벙커에서 자살했다. 독일군은 5월 8일에 완전히 포위됐고, 이로써 제2차 세계대전이 막을 내렸다. 베를린 전투로 인해 소련군은 30만 4천 명의 사상자를, 독일군은 100만 명 이상의 사상자를 냈다. 이 중에서 최소 10만 명 이상의 시민들이 사망했다. 빌헬름가의 건물도 황폐화됐는데, 전쟁 후에 완전히 파괴되지 않은 이곳의 많은 건물들도 이후 나치 지지자들의 성전화를 막기 위해 모조리 파괴됐다.

전쟁 후 독일의 수도였던 베를린도 둘로 나눠졌다. 베를린은 동독에 위치했으나 미국, 영국, 프랑스가 분할점령하면서 공산주의 진영 속의 자본주의 진영으로 자리잡았다. 이를 가장 잘 나타내는 것이 1961년 동독 정부가 서베를린으로 탈출하는 사람들과 동독 마르크의 유출을 방지하기 위하여 축조한 베를린 장벽이다. 이 장벽은 빌헬름가를 둘로 나누었고, 대부분의 통행로는 동베를린에 있었는데, 동독 정부는 파시즘을 연상케 하는 이 거리에 관공서가 들어서는 것을 꺼려하며 빌헬름가는 이전의 위상을 잃게 됐다. 1989년에 전 세계 공산주의 체제가 붕괴되고 베를린 장벽도 무너지면서 베를린과 빌헬름가만 서독일로 다시 편입됐다가 그 이듬해인 1990년에 동독일과 서독일이 공식적으로 통일됐다.

✦ 035 ✦

뉴 래너크

New Lanark

모범적 산업 공동체의 모델

산업 혁명은 제조업에 큰 변화를 일으켰고, 세계의 사회경제 체제를 근본적으로 바꿔놓은 대사건이었다. 18세기 영국에 공장들이 들어서면서 산업혁명은 시작됐다. 이러한 산업혁명을 알린 초기 공장 중 하나가 바로 스코틀랜드의 뉴 래너크 방적공장이었다.

산업체 규모의 생산을 시작한 최초의 현대식 공장은 1771년에 세워진 더비셔의 크롬포드Cromford 방적공장으로, 혁신적인 기계화를 통해 섬유 제조에 집중할 수 있었던 시기였다. 이곳의 설립자는 가발 기술자 리처드 아크라이트Richard Arkwright였는데, 그는 강한 면실을 만들기 위해 워터 프레임Water frame(수력 방적기)을 발명했다. 수력 방적기는 물레방아로 움직여야 했기 때문에 집에서는 적합하

뉴 래너크는 영국 스코틀랜드 스트래스클라이드주 클라이드강에 있는 마을로, 영국 산업혁명의 중추적인 역할을 한 곳이다.

지 않아 공장에 두고 사용해야 했다. 아크라이트는 큰 성공을 했고, 수백 명의 노동자를 고용했으며 5년 뒤에는 두 번째 공장을 열었다. 18세기와 19세기 무렵 섬유 생산은 완전히 기계화가 됐고, 대부분의 공장에 수력 방적기가 들어섰다. 이것은 생산성에 엄청난 발전을 가져왔으며 농촌의 많은 사람들을 도시로 불러들였다.

1783년, 아크라이트는 스코틀랜드의 기업가 데이비드 데일David Dale의 초청을 받은 자리에서 새로운 공장부지에 관한 질문을 받았다. 공장부지는 클라이드Clyde 강변에 있는 뉴 래너크 마을 근처에 있었고, 그들은 은행가인 조지 뎀스터George Dempster와 동업자 관계를 맺고 그해 바로 뉴 래너크 부지에 공장을 짓기 시작했다. 좁은 협곡으로 흐르는 클라이드강을 통해 수력으로 바퀴를 돌려 실을 제작할 수 있다는 가능성을 본 것이다. 물의 양은 댐, 터널, 수로를 통해 조절했다. 데일은 1785년에 동업자 관계를 청산한 뒤 1786년 개인사업자로 뉴 래너크에 최초의 방적 공장을 운영했으며 1788년에 두 번째 공장을 열었다. 1793년에 뉴 래너크에서는 1천 명이 넘는 노동자들이 일을 시작하면서 마을 공동체가 번성해졌다. 공장 운영 초기에는 노동자의 3분의 1만이 성인이었다. 대부분의 노동자들이 아이들과 십대 청소년들이었는데 이는 18세기의 특징이었다. 이들은 대부분 글래스고나 에딘버러 출신의 고아거나 하이랜드에서 온 이주자들이었다. 공장 노동자의 근무 시간은 보통 새벽 여섯 시부터 저녁 일곱 시까지였는데, 아이들에게는 두 시간씩 공부하는 시간을 마련해주기도 했다.

뉴 래너크를 찾는 방문객들은 점점 많아졌다. 이 중 웰시 출신의 사업가 로버트 오웬Robert Owen은 1798년부터 맨체스터에서 이미 면직 공장을 성공적으로 운영하고 있었다. 그는 스코틀랜드에 머무는 동안 데일의 딸 캐롤라인과 1799년에 결혼하면서 데일로부터 6만 파운드에 뉴 래너크를 매입하고 1800년 1월 1일에 경영권을 인수 받았다. 뉴 래너크의 방적 공장이 성공을 하고 있었지만 오웬의 일부 동업자들은 여전히 노동자의 근무 환경개선보다 이윤

이 먼저라 생각했다. 생산의 효율성에만 치중한 나머지 인권을 무시한 노동환경이 만연했는데, 당시 유럽과 북아메리카에서는 굉장히 비위생적이고 열악한 환경이 대부분이었다고 한다. 노동시간을 하루 14시간으로 늘렸으며, '무언의 모니터'라는 제도를 고안했다. 나무 조각의 각 면에 전날의 실적을 색깔로 표시한 나무를 노동자의 작업대 위에 올려두었다. '나쁨'은 검은색, '보통'은 파란색, '좋음'은 노란색, '우수'는 흰색이었다.

그러나 오웬은 노동자들의 열악한 근무 및 생활환경을 개선하는데 신경을 썼다. 만취상태의 노동자들을 위해 경비원을 고용해 순찰을 돌게 했고 노동자를 위한 질병기금을 마련했으며 양질의 상품을 공장에서 대량 구매한 생필품을 저렴하게 살 수 있는 가게도 열었다.

1813년 오웬은 자신의 경영이념에 동의하는 투자자들과 함께 사업체를 다시 설립했다. 그는 하루 노동시간을 8시간으로 단축하고 1816년에 뉴 래너크 중앙 광장에 '성격형성학교'를 열었다. 이곳은 18개월부터 10세까지 아이들을 위한 교육기관이었다. 초등교육을 포함해 수화와 춤도 가르쳤으며 저녁 시간에는 10세 이상의 아이들과 십대 청소년들도 수업을 들을 수 있었다. 사회개혁자와 교육자들이 하나둘 뉴 래너크에 몰려들기 시작했으며 이후에 러시아의 황제가 된 니콜라우스 1세도 초청 강연을 했다.

1817년부터 오웬은 사회개혁을 위한 야심찬 계획을 세우기 시작했다. 뉴 래너크를 모델로 해 자신을 포함한 1천 2백 명 정도의 사람들이 모여 살며 일과 생활, 육아를 공동으로 책임지는 공동체를 만들겠다는 계획이었다. 이러한 움직임이 확대되면서 공동선을 추구하는 협동에 바탕을 둔 사회주의 사회를 그렸다. 그는 본격적으로 자신의 이상을 실천하기 위해 그다음 해 뉴 래너크를 팔고 1824년 미국으로 향했다. 그는 인디애나에 있는 부지를 매입해 뉴 하모니New Harmony라는 공동체를 설립했다. 하지만 그의 유토피아적인 계획은 내부의 분열로 인해 휘청거렸고, 오웬은 결국 1827년에 재산의 80퍼센트나 되는 4만 파운드를 잃고 영국으로 돌아왔다. 오웬이 창안해낸 공동체는 미국, 캐나다, 아일랜드, 영국 전역에 우후죽순처럼 생겨났지만 끝까지 남은 곳은 어디에도 없었다. 오웬은 다시 고국으로 돌아와 1858년 세상을 떠나기 전까지 사회개혁과 협동조합운동을 계속 알렸다.*

오웬이 떠난 뒤에도 뉴 래너크는 계속 운영되고 있었다. 생산량이 점점 늘어나면서 제임스 와트James Watt와 매튜 불톤Mattew Boulton이 발명한 증기기관을 활용했다. 증기기관 덕분에 공장들은

* '사회주의'라는 용어를 최초로 사용했으며, 영국 최초의 사회주의자로서 생시몽, 푸리에와 함께 3대 공상적 사회주의자, 전 세계 협동조합 설립운동의 아버지로 불린다.

더 이상 강변에 있을 필요가 없어졌다. 무엇보다 증기기관에서 나온 에너지는 물레바퀴에서 나오는 것보다 훨씬 더 많은 에너지를 뿜어냈다. 1880년대 뉴 래너크도 증기기관을 도입했지만 1929년까지 물레바퀴를 사용했다. 이 무렵 영국에서는 공장이 사라지기 시작하면서 방적공장의 영향력은 크게 쇠퇴했다. 1967년 뉴 래너크가 폐쇄된다는 사실이 알려졌고 다음 해 3월에 문을 닫았다. 한 지역의 자선단체가 이 지역이 그냥 버려지는 것을 막은 덕분에 현재 유네스코 세계 문화유산이 됐으며 영국 산업 혁명의 중추적인 역할을 한 기념물로 남겨졌다.

✤ 036 ✤

앙고스투라

Angostura

남아메리카 독립 전쟁의 서막

시몬 볼리바르Simon Bolivar는 남아메리카의 독립을 위한 투쟁에 앞섰던 인물이다. 그는 18세기 초 스페인의 식민지배에서 벗어나기 위해 혁명 투쟁을 했던 남아메리카의 지도자였다. 앙고스투라는 베네수엘라 북동쪽에 위치한 오리노코Orinoco 강변에 있던 곳으로 그의 독립 계획이 펼쳐졌던 곳이었다.

19세기 초, 스페인이 나폴레옹 전쟁에 휘말리게 되면서 아메리카 지역을 비롯해 대부분의 해외 식민지를 상실했고, 그 여파로 제국은 몰락의 길을 걸었다. 1808년, 훈타스Juntas라고 하는 현지 정부들이 독립을 선언하고 자치 정부를 수립했다. 하지만 1810년 스페인 왕실에 충성을 하는 사람들과 독립지지자들 간의 무력 투쟁이 일어났다. 멕시코와 중앙아메리카에서 일어난 독립 투쟁은 1821년까지 지속됐다. 유럽 식민지배 하에서 독립하려는 움직임은 브라질에서도 일어났다. 1822년 포르투갈 왕의 아들인 페드로Pedro 1세는 브라질의 독립을 공포하고 짧은 전쟁을 치른 후 황제가 됐고, 후계자인 페드로 2세가 1889년 군사 쿠데타로 왕권을 넘겨줄 때까지 강력하고 안정된 왕권을 유지했다.

스페인의 식민지였던 남아메리카에서의 독립 투쟁이 가장 긴 투쟁이었다. 카라카스Caracas 지역의 귀족 가문에서 태어난 볼리바르는 상당한 시간을 유럽에서 보냈다. 유럽에 있으면서 볼리바르는 스페인의 지배에서 반드시 벗어나야겠다는 다짐을 했다. 그는 1811년 베네수엘라 독립 선언의 중심에 서 있었지만 다음 해 스페인이 다시 지배권을 차지하는 것을 막아내지 못했다. 그리고 뉴 그라나다New Gradana(옛 콜롬비아)로 도피한 후, 1813년 베네수엘라로의 원정을 주도해 스페인을 물리치고 스스로 대통령의 자리에 올랐다. 하지만 그의 승리는 그리 오래가지 않았다. 스스로를 스페인 사람들이라고 생각하는 원주민들의 충성심을 끌어내는 데 한계가 있었기 때문이다. 결국 1815년, 스페인 왕실군에게 패한 뒤 자메이카로 피신했다.

1816년 볼리바르는 베네수엘라로 다시 돌아와 1817년 앙고스투라를 점령했다. 이곳은 5백 년 전에 건설된 도시로 연안과 내륙

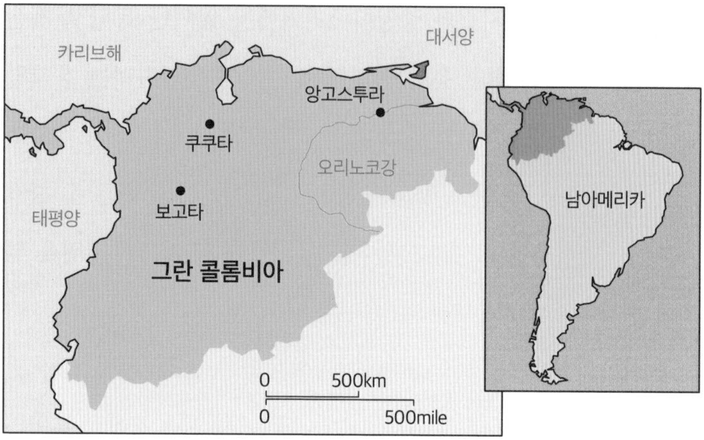

그란 콜롬비아, 1819-1831

간의 무역거래소였다. 볼리바르는 이곳을 본거지로 삼고 베네수엘라의 완전한 독립과 새로운 공화국 건립 계획을 세웠다. 그러나 앙고스투라를 점령한 장군은 마누엘 피아르Manuel Piar였다. 그는 볼리바르와 충돌하면서 결국 그의 지휘권까지 빼앗았다. 이로 인해 볼리바르는 피아르가 잠재적으로 위험이 될 만한 인물로 여기기 시작했다. 1817년 10월 피아르는 결국 앙고스투라로 불려가 명령 불복종, 음모, 탈영 등의 혐의로 재판을 받고 모든 혐의에 대해 유죄를 받았다. 볼리바르는 영장에 서명했고, 피아르는 광장에서 총살됐다.

1819년 2월 15일에 볼리바르는 앙고스투라에서 베네수엘라와 뉴 그라나다의 독립 투쟁에 참여했던 26명의 대표들과 함께 회의를 진행했다. 그는 남아메리카의 통일과 중앙집권의 중요성을 강조하며 앞으로의 비전이 담긴 내용을 발표했다. 같은 해 봄, 볼리바르는 뉴 그라나다를 공격하기 위해 평원과 호수, 산을 건너 8월 7일 보야카 전투Battle of Boyacá에서 결국 스페인군을 물리쳤다. 이 전투를 발판으로 남아메리카의 독립을 확보한 것이다. 앙고스투라로 돌아온 볼리바르는 12월 7일 베네수엘라와 뉴 그라나다를 통합해 콜롬비아 공화국을 선포했다.

현재의 콜롬비아와 비슷한 이름을 구분하기 위해 이곳은 그란 콜롬비아로 이름이 바뀌었다. 베네수엘라의 완전한 독립을 일궈낸 볼리바르는 브라질 일부와 가이아나, 페루, 그란 콜롬비아(옛 에콰도르)를 확장하기 위해 스페인에 대한 독립 투쟁을 이어나갔다.

그란 콜롬비아 헌법 제정과 관련된 논의는 쿠쿠타Cucuta시에서 1821년 5월 6일부터 10월 14일까지 진행됐다. 수도를 보고타로 정하고 대통령에게 강한 권한이 주어지는 중앙집권적 정부 형태를 구성했다. 볼리바르는 이러한 적법한 절차에 따라 대통령의 자리에 앉았다. 노예제도 또한 폐지했다. 그동안 남아메리카의 남부 지역에서는 호세 데 산 마틴José de San Martín에 의해 무장투쟁이 계속됐는데, 그는 1811년 지금의 아르헨티나, 볼리비아, 우루과이의 대부분이 포함된 남미연합주국United Provinces of the Rio de la Plata의 독립을 이끈 인물이다. 같은 해 산 마틴의 도움으로 칠레도 독립했다. 그란 콜롬비아의 거대한 영토를 다스리는 지도자였지만 볼리바르가 원했던 것은 남아메리카 전체의 독립이었다. 산 마틴과 한 연주장에서 만난 볼리바르는 1824년부터 1825년까지 그의 페루와 볼리비아의 독립을 위한 투쟁을 계속 지원하며 독려했다.

볼리비아는 볼리바르의 이름을 따서 만들었다. 볼리바르가 출정에 나가면서 그란 콜롬비아는 점점 더 불안해졌다. 그가 돌아왔음에도 국가를 위태롭게 하는 내부 갈등은 쉽사리 가시질 않았다. 1830년 4월에는 그가 구성하려고 했던 공화국이 거의 분열되기 일보 직전이었고, 볼리바르는 대통령직에서 물러났다. 그리고 7개월 뒤 폐결핵으로 세상을 떠났다. 그해 그란 콜롬비아는 사실상 해체됐다. 그를 기리기 위해 앙고스투라는 1846년 시우다드 볼리바르Ciudad Bolivar라는 이름으로 개명됐다. 의심할 여지없는 대단한 찬사일지 모르나 무엇보다 그는 남아메리카가 하나로 독립된 모습을 더 기뻐했을 것이다.

✤ 037 ✤

블랙힐스

The Black Hills

인디언들의 이주 역사가 담기다

와이오밍Wyoming 북동쪽과 사우스다코타South Dakota 서쪽 사이에는 블랙힐스라는 우거진 숲과 계곡이 있다. 인디언 부족들 사이에서는 블랙힐스에 관한 신성한 이야기들이 전해 내려왔는데 이 이야기는 그들이 자주 당했던 폭력과 배신에 대한 이야기로 점철되어 있다.

기원전 2만 8천 년경, 지구의 기온이 떨어지면서 아시아와 아메리카 대륙 사이에 대륙 하나가 생겨났고, 이 대륙은 기원전 1만 4천 년경까지 존재했다. 이 대륙 덕분에 아시아의 수렵·채집인들이 아메리카 대륙으로 건너가 정착할 수 있었고, 새롭게 형성된 북아메리카의 원주민들은 매우 다양한 문화를 형성하게 됐다. 일부는 농

블랙힐스에는 기원전 7000년경부터 인디언들이 흩어져서 살고 있었다.

경문화로 정착한 반면 다른 이들은 유목 생활을 계속하면서 이 지역은 50개가 넘는 어족의 본거지가 됐다.

16세기 무렵 유럽인들이 대규모로 북아메리카를 식민화하면서 원주민들에게 재앙이 닥쳤다. 유럽인들이 들여온 온갖 질병에 항체가 없던 원주민들은 속수무책으로 당할 수밖에 없었으며 유럽인들은 원주민들에게 탄압과 폭력을 일삼았다. 유럽인들이 정착할수록 아메리카 원주민들은 조상 대대로 내려오던 땅에서 자신들이 밀려난다는 것을 알았다. 하지만 많은 원주민들은 유럽 세력과 연합하여 부족끼리 서로 땅을 차지하기 위한 경쟁을 벌였다. 영국이 18세기 중반에 북아메리카 식민지배권을 차지한 후에는 이러한 상황들은 모두 정리됐다. 영미전쟁 후, 1783년에 독립한 미국은 서부로의 진출을 감행했다. 1830년 잭슨 대통령은 '인디언 이주법'을 발표하면서 원주민들을 강제 이주시켰고, 이로 인해 미국 남동부에 살던 약 10만 명의 인디언들이 잔인하게 토벌되면서 서쪽으로 쫓겨났다. '눈물의 여정'으로 불리는 이 강제 이주 속에서 약 15퍼센트가 사망했다.

1848년, 미국은 멕시코에 리오그란데 북쪽 영토의 양도를 요구했다. 같은 해, 캘리포니아에서 금광이 발견되면서 수천 명의 사람들이 서부로 몰려드는 이른바 '골드러시'가 시작되면서 원주민들의 사냥터가 무참히 짓밟혔다. 미국 정부는 원주민들과 평화를 유지하기 위해 그들과 조약을 체결했다. 1868년에 체결된 제2차 라라미 요새 조약Treaty of Fort Laramie에서는 수Sioux족과 아라파호Arapaho족에 블랙힐스 일대의 권리를 부여하며 백인의 출입을 금지했지만 얼마 지나지 않아 이 협정에 문제가 발생했다.

조지 암스트롱 커스터George Armstrong Custer는 남북전쟁 당시 기병 장교로 활동하면서 긴 금발 머리와 유니폼으로 외모를 뽐내던 인물이었다. 게다가 그 실력까지 인정받아 스물 셋의 나이에 준장으로 승진한 인물이기도 했다. 하지만 전쟁이 끝난 후에 군대 규모가 축소되자 강등됐다. 그는 캔자스의 평원 인디언들을 상대로 한 토벌 원정에 몇 차례 참여했으며 1868년 와시타Washita강 전투에서 샤이엔Cheyenne 부족의 노인, 여성, 어린이를 포함한 대량학살을 벌였다. 1874년, 커스터는 블랙힐스에 금광이 있다는 보고를 확인하기 위해 원정을 떠났고, 금광의 존재가 확실시 되자 먼 곳에서부터 사람들이 엄청나게 몰려들기 시작했다. 라라미 요새 조약을 통해 이곳의 출입을 금지하겠다던 조약 내용이 완전히 무시된 채 수백 명의 금 채굴자들이 몰려든 것이다.

미국 정부는 이전의 조약을 완전히 백지화하고 급기야 1875년 후반에는 블랙힐스에 있던 모든 원주민들에게 1876년 1월 31일까지 인디언 지역을 떠나 다른 곳으로 이주할 것을 명령했다. 이 명령에 따르지 않으면 적의를 품은 것으로 간주하겠다 발표까지 한 것이다. 하지만 그 시기는 겨울이었기 때문에 원주민들은 이 요구를 받아들일 수 없었다. 블랙힐스의 침입에 저항했던 대표적인 인물은 훙크파파Hunkpapa의 일원이었던 라코타 수우족 전사 시팅 불Sitting Bull(앉은 황소)이었다. 시팅 불의 전략으로 하나가 된 수백 명의 수우족, 샤이엔, 아라파호의 전사들은 몬타나주 남부의 리틀빅혼Little Bighorn강에 있는 시팅 불의 야영지에 합류하기 위해 인디언 보호 지역을 떠났다.

그해 5월, 미국에서 온 세 명의 군인들은 시팅 불을 상대하기 위해 서쪽으로 진군했다. 커스터는 약 7백 개의 분대를 이끌고 6월 25일 시팅 불이 있는 곳에 도착했다. 부하들이 상대의 눈에 띄자 커스터는 지휘권을 세 갈래로 나누어 공격을 명령했지만 인디언들의 저항을 예상보다 거셌다. 이곳에 인디언 전사가 8백 명 정도만 있다고 착각한 커스터는 실제로 1천 8백 명이 넘는 인디언 전사들과 마주한 것이다. 이어진 전투에서 커스터와 210명의 부대원은 인디언들에 의해 모두 살해당했다. 리틀빅호 전투는 1876년 6월 25일부터 6월 26일까지 원주민 연합과 미국 육군 사이에 벌어진 전투로, 부족 단위로 분열되어 있던 아메리카 원주민이 미국에 대항하여 연합하면서 승리를 거둔 기념비적인 전투로 기록된다.

수적인 열세를 체감한 미국은 증원군을 보냈고, 1877년 수우족과 그 연합군들은 블랙힐스에 대한 권리를 포기하고 인디언 보류지역에 정착할 수밖에 없었다. 시팅 불은 추종자들을 이끌고 캐나다 북쪽으로 갔다. 그러나 그들의 식량이자 옷, 신발, 활시위 등을 제공해주었던 버팔로의 수가 점점 줄어들자 식량 부족으로 심각한 기근에 직면했다. 결국 1881년 시팅 불은 미국에 항복하고 말았다. 시팅 불은 스탠딩록Standing Rock 보호구역으로 이동했지만, 이들의 땅을 계속 팔아넘기는 미국에 대한 투쟁을 계속 이어나갔다.

1889년 이후 고스트 댄스Ghost Dance 종교 운동이 수우족들 사이에서 일어났다. 고스트 댄스 종교 운동은 어느 날 예언자가 나타나, 죽은 자가 이 세상에 돌아와 백인을 인디언의 땅에서 쫓아내고 다시 이전 세상으로 돌아가게 해 준다는 것이었다.* 시팅 불이 질서를 해치는 사람일 수 있다는 두려움을 느낀 미국 정부는 그를 체포했다. 그리고 인디언 연합군이 시팅 불을 석방하기 위해 노력했지만 살해당하고 만다. 이 무렵, 대부분의 인디언 원주민들은 보호구역으로 이동할 수밖에 없었고 오늘날까지도 가난에 시달리고 있다. 더불어 서구 문화로 이들을 강제로 통합시키려는 비참한 상황에 놓이게 됐다.

* 아메리칸 인디언들이 죽은 사람의 혼과 통하기 위해 추는 종교적인 춤으로, 죽은 자로부터 배운 춤(고스트 춤)에 몰두할 때 죽은 자가 올 수 있다고 알려 각지에서 열광적으로 춤이 행해졌다.

푸에블로 데 타오스

미국 남서부에서 원주민들은 돌과 흙, 물, 짚과 같은 유기 물질로 만들어진 건축 재료로 어도비의 구조를 만들었다. 구조는 다층 주거지로 배치됐고, 사다리를 통해 아래에서 방 출입이 가능해 사는 사람들을 외부로부터 보호할 수 있었다. 스페인 식민지 개척자들은 스페인어로 도시나 마을을 뜻하는 말로 이 정착지를 푸에블로 데 타오스Pueblo de Taos라고 불렀는데, 수많은 푸에블로에는 수백 명의 사람들이 살았다. 이 중 가장 밀집된 장소는 본거지인 뉴멕시코의 차코캐넌이었는데, 850년부터 원주민들의 중요한 의식을 치르던 곳이자 경제의 중심지였다.

◆ 038 ◆

킬메인햄 감옥

Kilmainham Gaol

공포와 증오의 공간

19세기와 20세기에서 가장 위대한 역사적 사건들을 말하자면 민족자결주의를 위한 투쟁의 연속이라고 말할 수 있다. 이러한 투쟁의 대표적인 곳이 아일랜드 더블린에 있는 킬메인햄 교도소였다.

잉글랜드의 아일랜드에 대한 간섭은 앵글로 노르만 기사들이 12세기 아일랜드에 정착하면서 시작됐다. 1171년 헨리 2세가 이곳을 정복한 후 1177년 그의 아들 존이 아일랜드의 군주가 됐다. 당시 잉글랜드 국왕의 지배력은 일부 지방 거점들로 한정되어 있어 완전한 지배권을 행사하지 못하던 시기였다. 하지만 1542년 헨리 8세가 아일랜드를 완전히 정복하고 아일랜드 왕국을 세워 국왕으로 즉위하면서 그 판도가 바뀌기 시작했다. 16세기부터 17세기까지 아이들랜드에는 스코틀랜드와 영국에서 온 청교도인들이 이주했고, 그들은 대농장을 조성해 공동체를 형성하기 시작했다. 당시 이곳에는 아일랜드 가톨릭인들의 반란이 종종 일어나고 있었다. 18세기 잉글랜드가 아일랜드를 점령했지만 아일랜드 자치의회는 그대로 유지됐다. 1798년 프랑스의 지원을 받은 아일랜드 혁명공화당원은 가톨릭교도의 해방을 목적으로 아일랜드인 연합United Irishmen을 구성해 반란을 일으켰고, 4개월간의 전투가 일어났다. 결과적으로 1801년에 연합법이 발효되면서 잉글랜드 왕국과 스코틀랜드 왕국이 합병되면서 그레이트브리튼 왕국과 아일랜드 왕국은 그레이트브리튼 아일랜드 연합 왕국의 이름으로 공식적인 하나의 국가가 됐다.

바이킹족이 들어와 세운 더블린은 아일랜드에서 영국의 영향을 가장 오랜 기간 받은 곳이다. 18세기 무렵 더블린은 상당히 많은 인구를 유지하고 있었으며, 큰 건물들이 들어섰다. 큰 건물들 중 하나가 바로 킬메인햄이라는 근교에 생긴 감옥이었다. 이 감옥은 인근에 있던 낡고 비위생적이었던 교도소를 대신해 세워진 곳이었다. 1796년에 세워진 이 감옥은 석회암과 화강암으로 만들었으며 두 동의 감옥소가 있었다. 하지만 이곳의 방들은 어둡고 차가웠으며 점점 많은 수감자가 들어오면서 문제가 발생했다. 이로 인해 1857년부터 1861년까지 동쪽에 새로운 감옥소를 증축했다. 한

킬메인햄 감옥은 더블린에서 가장 크고 악명 높은 감옥이다. 1924년 문을 닫았으나, 그대로 보존되어 기념관으로 남아 있다.

명의 교도관이라도 죄수를 효과적으로 감시할 수 있는 판옵티콘Panopticon에서 영감을 받아 만든 이곳에는 빛이 잘 드는 96개의 방이 있었다.

한편, 1845년 일어난 아일랜드의 감자 대기근으로 역사적인 대전환이 일어났다. 아일랜드의 주식 작물이었던 감자 품종에 전염병이 생겨 4년간의 기근과 질병이 발생하면서 1백만 명의 사망자와 1백만 명의 이민자가 생겨났다. 이 대기근으로 인해 아일랜드 사람들은 위기상황을 제대로 대처하지 않은 영국 정부에 대한 적대감이 더 커졌다. 대기근 이후 아일랜드 독립을 위해 폭력도 불사하는 운동들이 여기저기에서 발생했다. 다수의 아일랜드 독립군과 정치사범들이 킬메인햄 교도소에 수용됐다. 한편으로는 이렇게 과격한 단체와 달리 아일랜드 자치법 보장을 외치며 평화적으로 시위를 벌이는 사람들도 있었다. 이들의 목표는 법을 통해 아일랜드의 자치권을 획득하는 것이었다. 1886년과 1893년 두 번의 아일랜드 자치법 제안이 실패로 끝난 후, 1914년 세 번째 제안에서 드디어 아일랜드 자치법이 통과됐다. 그러나 개신교도들의 비중이 높았던 얼스터Ulster의 여섯 개 주가 이 자치법에서 당시에 잠시 제외되기도 했다. 제1차 세계대전이 일어나자 영국 의회는 자치법안을 통과시켜 아일랜드의 자치권은 전쟁이 끝날 때까지로 미뤄졌다.

이 당시에 킬메인햄은 교도소로 더 이상 운영되지 않았다. 경제적인 이유로 1910년에 문을 닫고 이곳에 있던 죄수들은 다른 곳으로 이감됐다. 건물이 영국군에게 넘어가면서 군인들의 임시 숙소와 군대 교도소로 사용됐다. 1916년 부활절 아침에 더블린에서 아일랜드 독립군이 중앙우체국 등 도시 주변의 장소들을 점거하는 봉기가 일어났다. 아일랜드 독립군의 지도자 중 한 명이자 작가, 교사, 변호사였던 패트릭 피어스Patrick Pearse가 킬메인햄의 감옥으로 올라가 아일랜드 공화국을 선포했다. 그러나 영국 정부군과 대치한 지 6일이 지난 후, 아일랜드 독립군은 항복했으며 수많은 지도자들이 붙잡혔고, 사형을 선고받았다.

피어스를 포함한 14명은 킬메인햄에서 총살당했다. 이들 중 전투에서 부상을 당해 설 수 없었던 제임스 코놀리James Connolly는 의자에 묶인 채 총살을 당하기도 했다. 처형된 죄수들에게는 관은 커녕 장례 절차도 없이 시신을 묻는 곳에 그대로 방치하는 등 최소한의 인권도 보장되지 않았다. 영국 정부의 아일랜드 독립군에 대한 거센 탄압은 오히려 이들에 대한 지지로 이어졌고 1905년에 설립된 민족주의 신페인당Sinn Fein party('우리 자신'이라는 뜻)의 인기는 점점 더 올라갔다. 1918년 영국에서 총선이 치러졌고 여기서 신페인당은 105개 의회 의석 수 중 73개를 획득했다. 하지만 이들 의원은 영국 의회에서 의석 수를 갖는 대신 더블린에 다일에이렌Dàil Éireann(아일랜드 국민의회)이라는 자체 의회를 설립했다. 아일랜드 의회를 차린 후 아일랜드 공화국의 독립을 선언하고 영국 의회 등원을 거부함으로써 결국 영국 정부와 아일랜드 독립 전쟁이 일어났다.

아일랜드의 독립 전쟁이 절정에 치달았을 때 킬메인햄은 교도소로 다시 개방됐고, 전쟁은 '영국-아일랜드 조약'으로 종결됐다. 영국은 이 조약에서 아일랜드를 자치령으로 인정했다. 하지만 불완전한 상태의 내용으로, 아일랜드는 남과 북으로 나뉘어졌다. 신교도가 다수인 북동쪽에 있던 얼스터 지역 여섯 개 주는 영국의 직접 통치 지역으로 남기로 하면서 조약을 찬성하는 쪽(아일랜드 자유국)과 반대하는 쪽이 분열됐고, 1922년 아일랜드 내전이 발생했다. 킬메인햄은 조약 찬성파의 군대가 관리했고, 이들은 다수의 아일랜드 독립군을 억류하는 장소로 킬메인햄을 활용했다. 결국 아일랜드 내전은 조약을 찬성했던 집단의 승리로 1923년에 끝났고, 킬메인햄 교도소에 있던 죄수들은 그다음 해에 풀려났다. 이로써 킬메인햄 교도소는 1929년에 공식적으로 문을 닫았다.

1949년 4월 18일 부활절 봉기 33주년을 기념해 아일랜드는 영연방에서 탈퇴하여 완전한 독립을 이루며 공식적인 공화국이 됐다. 독립 투쟁 영웅들의 순교 현장이었던 킬메인햄은 점점 황폐해졌고, 잡초만 무성해졌다. 하지만 1958년 킬메인햄의 복원 사업을 위한 협회가 설립됐고, 기부와 자원봉사자의 도움으로 복원되어 현재는 박물관으로 운영되고 있다.

✦ 039 ✦

크렘린궁과 붉은 광장

The Kremlin and Red Square

러시아의 역사적, 정치적 중심지

러시아의 역사와 모스크바는 불가분의 관계다. 이 도시의 중심부에는 요새처럼 서있는 크렘린궁이 있고 그 주변에 붉은 광장이 있다. 모스크바가 러시아 역사에 처음 기록된 때는 1147년이다. 당시의 기록에 따르면 모스크바는 지금의 우크라이나, 벨라루스, 러시아 서쪽을 지배했던 키예프의 대공 유리 돌고루키Yuri Dolgorukiy가 만찬을 했던 곳이었다. 9년이 지난 후, 모스크바에 요새 하나가 지어졌다. 토성 성벽 위에 나무로 둘러싸인 이 성곽은 크렘린의 기반이 됐고, 결국 도시와 공국으로 성장한 작은 마을의 중심지가 됐다. 1237년, 몽골족이 러시아를 침략한 후 그다음 해 모스크바까지 들어온 그들은 크렘린까지 집어삼켰다. 다른 곳과 마찬가지로 모

크렘린궁은 대공이 거주한 왕실이자 러시아 정교회의 중요한 장소로, 크렘린 중앙 광장에는 세 개의 교회가 세워졌다.

스크바도 함락된 후 약탈과 방화로 도시 전체가 파괴됐다. 몽골족은 황금군단Golden Horde으로 모스크바를 포함해 러시아의 많은 영토를 장악했다. 몽골에 충성하라는 강요에도 불구하고 모스크바의 왕자들은 도시를 재건하며 크렘린궁을 강화하고 다른 영토를 흡수하면서 세력을 점점 더 키워나갔다. 결국 14세기에서 15세기에 모스크바 왕자들의 힘은 몽골족에 대항할 만큼 강해졌다.

1480년에 '위대한 이반', 이반 3세가 몽고의 황금 군단을 물리치면서 몽골의 지배에서 벗어났다. 그는 크렘린궁을 대대적으로 확장시키기 위해 이탈리아에서 기술자와 건축가를 고용했다. 완공된 건축물에는 벽돌로 만든 1.6킬로미터의 담에 20개의 탑이 세워졌다. 크렘린궁은 대공이 거주한 왕실이자 러시아 정교회의 주요한 장소이기도 했다. 크렘린 중앙 광장에는 세 개의 교회가 세워졌는데, 가장 오래된 것은 1475년에서 1479년에 세워진 승모승천 대성당이다. 그다음은 1489년에 완공된 수태고지 성당으로, 한때는 러시아 지배자들이 개인 미사를 보던 곳이었다. 하지만 화재로 인해 소실됐고, 1564년에 재건됐다. 마지막은 1508년 완공된 성 미카엘 대천사 성당으로 14세기 기독교의 성지이자 러시아 차르의 시신을 안장했던 자리에 세워졌다. 성당 광장은 국가의 주요 행사에 많이 이용됐으며 지금도 러시아 대통령의 취임식을 이곳에서 치른다. 이반 3세가 크렘린궁을 보수할 당시 궁전 동쪽에 새로운 광장이 들어섰다. 처음에는 중간에 연못을 만들어 분리했다가 나중에 길을 깔았다. 그리고 그 길을 따라 약 7만 4천여 제곱미터 규모의 모스크바에서 가장 큰 시장이 들어섰다.

1547년, 이반 3세의 손자 일명 '이반 뇌제雷帝(그로즈니)'로 불리던 이반 4세는 '러시아의 차르'라는 새로운 칭호를 사용했으며 모스크바의 세력 확장을 위해 다른 주변 국가들과 전쟁을 치렀다. 그의 전쟁 승리를 기념하기 위해 이반 4세는 상트 바실리 블라제누이 성당을 붉은 광장 남쪽 끝에 세웠다. 1560년에 완공된 이 성당은 건축물의 독특한 디자인과 아홉 개의 다양한 색상의 탑으로 모스크바와 러시아의 상징이 됐다. 내전과 외세 침략을 겪는 시기에도 차르는 러시아 영토 확장을 계속 이어갔는데, 피터 대제가 특히 영토 확장에 열을 올렸다. 1712년, 그는 수도를 상트페테르부르크로 이전했다. 19세기 초의 러시아는 유럽에서 강력한 세력이었지만 나폴레옹 전쟁으로 내리막길을 걷고 있었다. 1812년 나폴레옹이 러시아를 침략하고 같은 해 9월에는 모스크바까지 진군했다. 나폴레옹 군대가 모스크바로 들어왔을 때 큰 화재가 발생해 모스크바의 건물 3분의 2가 파괴됐다. 나폴레옹은 황폐화된 지역의 지배권을 갖고 한 달 후에 떠났다. 남은 19세기에 모스크바는 재건됐다. 크렘린은 복원되어 아주 큰 새로운 궁전으로 거듭났고, 1872년 러시아국립역사박물관이 붉은 광장 북쪽 끝에 지어졌다. 1893년, 수백 개의 가게가 모여 있는 상점 건물인 어퍼 트레이딩 로스Upper Trading Rows가 광장 오른쪽 부근에 열렸다. 이곳은 공산주의 체제 하에 러시아국영백화점 '굼Gum'이라는 이름으로 바뀌었다. 1930년에 폐쇄된 굼은 1953년에 건물을 보수했고 쇼핑몰로 재개방을 하기 전까지 정부 사무실로 사용했다. 현재 민영화가 된 굼은 사람들 사이에서 인기 있는 쇼핑몰로 남아 있다.

러시아 제국은 1917년에 몰락했다. 제1차 세계대전의 오랜 전쟁에 지친 러시아 국민들의 불만이 팽배한 가운데 니콜라스 2세를 퇴위시킨 2월 혁명이 일어났다. 니콜라스 2세는 이미 국민들의 지지를 잃은 상태였고, 이때 블라디미르 레닌Vladimir Lenin이 이끄는 혁명당인 볼셰비키당이 10월 혁명을 통해 집권에 성공했다. 레닌은 자신의 권한을 견고하게 다지기 위해 반공산주의 부대와 오랜 내전 끝에 1922년에 승리하게 되면서 소비에트 공화국을 건설했다. 레닌은 수도를 다시 모스크바로 옮겼고, 붉은 광장에는 소련의 힘과 단결을 보여주는 수많은 볼거리가 펼쳐졌다. 특히 노동절인 5월 1일과 10월 혁명 기념일에 선보이는 군대 퍼레이드는 화려하게 진행됐다. 레닌의 사망 후, 방부 처리된 그의 시신은 붉은 광장 서쪽에 있는 묘소에 전시되어 오늘날까지 대중에게 공개되고 있다.

모스크바에 위협이 됐던 마지막 존재는 바로 독일의 나치 정권이었다. 1941년 6월 독일군은 바르바로사Barbarossa 작전을 펼치며 러시아를 급습했다. 10월에 독일군이 모스크바로 들어왔고, 많은 사람들이 모스크바를 떠날 수밖에 없었다. 그러나 소련군의 치열한 수비 탓에 독일군은 모스크바에서 더 나아갈 수 없었고, 결국 독일군은 물러났다. 모스크바 전체가 전쟁으로 심각한 타격을 입었지만 크렘린궁과 붉은 광장은 다행히 큰 피해를 입지 않았다.

겨울궁전

1703년에 피터 대공이 세운 상트페테르부르크St. Petersburg는 9년 뒤에 러시아의 수도가 됐다. 이곳에는 피터 대공이 머물렀던 바로크 양식의 겨울궁전이 있었다. 몇 번의 재설계를 거쳐 1762년에 완공된 겨울궁전에는 1천여 개의 홀과 방이 있었고, 이는 러시아 왕실의 힘을 상징했다. 1917년 2월 러시아 혁명을 겪은 후 겨울궁전은 러시아 임시 정부의 행정부의 역할을 수행했지만 공산주의 하에 에르미타주Hermitage 박물관의 일부로 그 역할이 축소됐다.

✦ 040 ✦

남극

The South Pole

아문센과 스콧의 자취를 따라서

지구의 최남단 지점인 남극점은 남극대륙에 위치해 있으며 1820년대까지 인류의 발길이 한 번도 닿지 않았던 곳이다. 그 이후 수십 년 동안 남극점에 대한 수많은 탐사가 이뤄졌지만 안타깝게도 큰 참사가 이어져 성공하지 못했다. 남극대륙은 대략 1억 4천 2백만 제곱미터 크기로, 대부분의 땅이 평균 두께가 2.4킬로미터인 빙하로 덮여 있다. 대륙을 둘러싸고 있는 바다는 차고 위험해 인류의 역사에서 동떨어져 있었다.

남극대륙은 러시아, 영국, 미국 탐험으로 1820년에 최초로 발견됐는데 모두 주장하는 시점이 조금씩 달랐다. 남극대륙에 처음으로 발을 디딘 사람은 존 데이비스John Davis라는 미국인으로 1821년 바다표범을 사냥하기 위해 잠시 남극대륙에 온 것으로 알려졌다. 존을 시작으로 일부 탐사대가 해안 지역까지 탐험한 적은 있지만 1890년대까지 남극대륙에 직접적으로 접근한 사람은 존재하지 않았다. 마침내 1898년 노르웨이 출신의 탐험가 카르스텐 보르츠그레빙크Carsten Borchgrevink가 이끄는 탐험대가 남극점 탐사의 선봉에 서게 됐다. 이들은 바다표범 사냥용 증기선을 제작해 1899년 2월 남극대륙에 도착했다. 다른 사람들이 가지 않은 남쪽을 더 조사하기 전에 이곳에 기지를 건설하고 겨울을 보냈지만 끝내 남극점에는 도달하지 못했다. 1900년에 보르츠그레빙크와 그의 대원들은 무사히 귀환했고, 다른 사람들의 남극점 탐험에 대한 가능성을 심어주었다. 이들은 1901년부터 1904년까지 영국 디스커버리 탐험대를 시작으로 다양한 탐구를 진행했으며 관측기구를 설치해 실험을 실시했다. 이 탐사대에는 또 다른 두 명이 포함됐는데 남극점을 최초로 탐험한 로버트 팔콘 스콧Robert Falcon Scott과 어니스트 섀클턴Ernest Shackleton이었다. 1907년부터 1909년까지 진행된 님로드Nimrod 탐험을 통해 남극점으로부터 160킬로미터 가까이 도착했지만 결국 돌아와야만 했다.

1911년, 두 탐사대는 남극점 탐험을 시도했다. 스콧이 이끄는 팀과 북서항로 항해로 이미 이름이 알려진 아문센Roland Amundsen이 이끄는 노르웨이팀이었다. 아문센은 썰매 개를 이용해 4명의

남극은 표면의 98퍼센트가 빙원으로 덮여 있으며, 지구 민물 매장량의 90퍼센트를 보유하고 있다.

부대원과 함께 12월 14일에 남극점에 도착했다. 아문센은 물품들을 둘 텐트를 근처에 치고 폴하임Polheim이라고 이름 붙였다. 이들은 호주 태즈메이니아Tasmania로 항해하기 전인 1월 25일에 다시 배로 돌아왔고, 그곳에서 전보를 통해 그들이 이룬 성과를 전 세계에 알렸다. 스콧과 4명의 대원들도 남극점에 도착했지만, 아문센이 다녀간 34일 이후인 1912년 1월 17일이었다. 안타깝게도 스콧과 그의 대원들은 식량을 보급할 베이스캠프팀과 만나지 못해 돌아오는 길에 모두 사망했다. 그들의 시신은 8개월 만에 동사 상태로 발견됐다.

그다음 진행된 남극 탐험은 남극대륙 횡단이었다. 1914년 섀클턴은 대륙으로 돌아왔지만 그가 시도하기 전에 그의 배 인듀런스호Endurance가 빙하 사이에 갇히고 만다. 수개월의 표류 끝에 1915년 10월에 배는 찌그러져 침몰되어 섀클턴과 그의 대원들은 뿔뿔이 흩어졌다. 그들은 구명보트를 타고 남극대륙에서 240킬로미터 떨어진 엘레판티네섬까지 오게 된다. 섀클턴은 다섯 명의 대원들을 데리고 길이 6.8미터의 개조한 구명보트를 이용해 1천 3백킬로미터 떨어진 남대서양에 있는 영국령인 사우스조지아South Georgia에 갔다. 이 놀라운 선박 기술로 그곳에 도착한 그는 대원들을 구조할 탐사대를 구성했고, 기적적으로 전 대원들이 모두 살아남았다. 육지를 통해 남극에 간 것은 1955년부터 3년간 진행된 영연방 남극 횡단 원정에 의해 이뤄졌다. 이 원정은 영국, 뉴질랜드, 미국, 오스트레일리아, 남아프리카공화국(이하, 남아공) 정부와 기업 및 개인의 민간 기부로 진행됐고, 영국의 탐험가 비비안 푹스Vivian Fuchs와 그 무렵 에베레스트를 정복한 뉴질랜드 출신의 에드먼드 힐러리Edmund Hillary가 이끌었다. 트랙터와 비행기를 사용해 1957년 11월 25일부터 1958년 3월 2일까지 그들은 남극점을 경유해 남극 대륙을 성공적으로 횡단했다.

1959년 12월 1일, 남극대륙에 대한 관심이 다시 시작됐고, 국

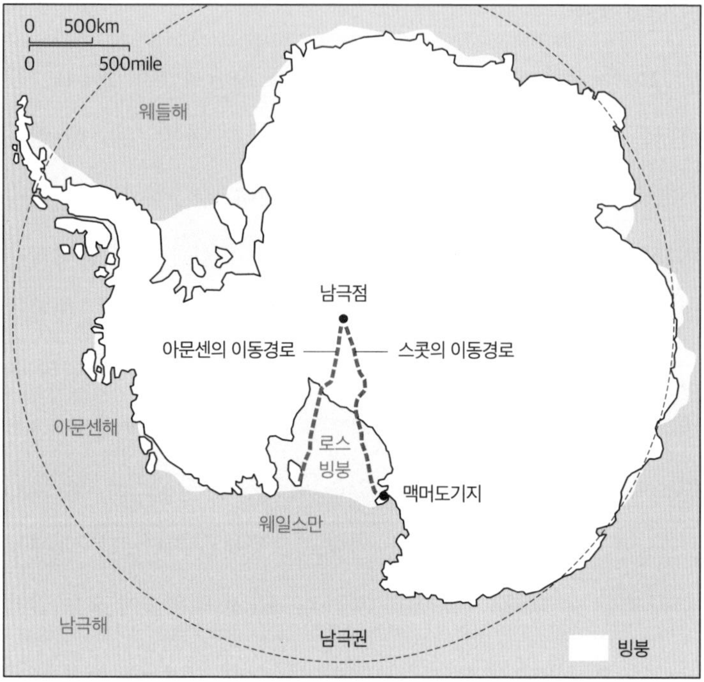

남극점 탐험, 1911-1912

제법이 명확히 정리되지 않은 상황에서 12개의 나라(아르헨티나, 오스트레일리아, 벨기에, 칠레, 프랑스, 일본, 뉴질랜드, 노르웨이, 남아공, 소련, 영국, 미국)는 워싱턴 D.C.에서 남극대륙에 관한 조약에 서명했다. 냉전 체제 하의 긴장 속에서 남극대륙의 무장 및 무기실험 금지, 공동 과학 연구조사 등에 관한 조항에 합의했다. 수많은 연구소가 남극대륙에 설치됐고, 1991년에 미네랄이나 오일을 추출하려는 상업용 행위를 2048년까지 금지하는 등 남극의 환경을 보호하기 위한 절차가 포함된 새로운 보충협약이 마련됐다. 하지만 무엇보다 남극대륙을 위협하는 원인은 기후변화로 인한 해수면의 온도 상승으로 인해 빙하가 빠른 속도로 녹고 있다는 사실이다.

에베레스트

1852년 인도의 수학자 라다나스 시코다루Radhanath Sikdar는 히말라야의 최고봉인 주무랑마봉(초모랑마Chomolungma, 티베트어 '나라를 지키는 여인')이 8,839미터로 세계에서 가장 높다고 주장했다. 이는 실제 높이보다 10.6미터가 낮은 수치였다. 이 산맥은 영국의 측량사 출신의 포병 장교였던 조지 에베레스트George Everest의 이름을 땄다. 사람들이 에베레스트산을 여러 번 정복하다 실패로 끝났지만, 1953년 에드먼드 힐러리와 네팔 인도인 텐징 노르가이Tenzing Norgay가 이끄는 영국 탐험대가 에베레스트를 최초로 등정했다.

안네 프랑크의 집
글리비체
세른
바이코누르 우주기지
마운트 워싱턴 호텔
할리우드
암리차르
마라카낭
샤프빌

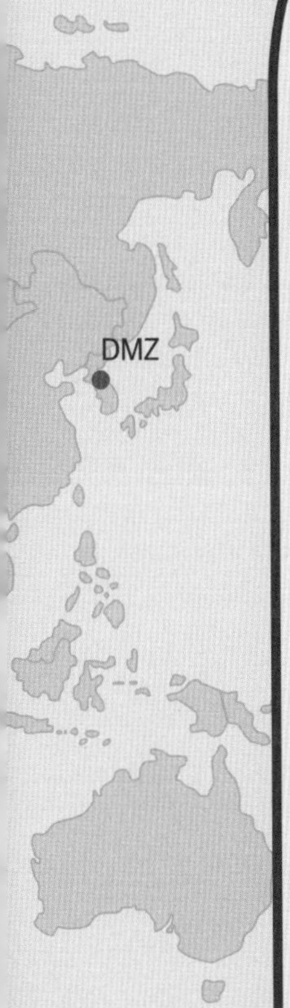

VI

박해와 변혁의 시대

현대시대

◆ 041 ◆

할리우드

Hollywood

영화의 중심지

20세기에 등장한 영화는 전 세계적으로 대중적인 예술 장르로 자리매김했다. 그리고 미국은 영화 산업 시장의 중심으로 성장하면서 로스엔젤레스의 할리우드가 그 영광을 가져갔다. 19세기 후반, 투자자들은 시험 삼아 영화 기술에 투자했고, 이것이 영화 산업으로 발전하면서 카메라 한 대로 찍을 수 있는 숏필름Short Film들이 등장했다. 최초로 대중에게 영화가 상영된 곳은 1895년 프랑스 파리였다. 시네마토그라프Cinematograph라 불리는 영사기 겸 영화촬영기를 발명했던 뤼미에르 형제가 만든 영화였다. 10년간 유럽 전역으로 극장이 생겨났고, 수많은 관중들은 세련된 영화를 보기 위해 극장으로 몰려들었다. 이 당시에는 음성이 지원되지 않았기 때문에 극장에서 연주되는 라이브 음악이 같이 나왔다.

미국은 새로운 기술과 예술을 재빨리 도입하면서 미국 동부 지역을 중심으로 영화 산업이 발달했다. 1893년, 투자자인 토마스 에디슨이 뉴저지의 웨스트 오렌지에 있는 본인의 실험실에 영화 스튜디오를 열었다. 미국 영화계에서 최초의 중심지는 뉴욕 바로 외곽에 있는 뉴저지의 포트 리Fort Lee였다. 1907년부터 싼 가격에 넓은 대지를 확보할 수 있는 이곳에 영화 제작회사들이 스튜디오를 짓기 시작했다. 하지만 이들은 날씨가 좀 더 좋고, 다른 촬영 장소와도 접근이 수월한 로스엔젤레스의 할리우드로 옮겨갔다.

1542년, 최초의 스페인 탐험가가 미국 대륙에 도착하기 전에 캘리포니아는 인디언 원주민의 땅이었다. 유럽인의 식민지 건설은 18세기 후반부터 시작됐지만, 상대적으로 그 규모는 크지 않았다. 1781년, 스페인 사막 근처에 정착지를 만들며 붙인 이름이 '천사들의 여왕의 마을El Pueblo de La Reina de Los Angeles'이며, 로스엔젤레스로 더 많이 알려졌다. 캘리포니아는 1821년 스페인으로부터 독립하면서 멕시코의 일부가 됐으며, 1848년 미국은 멕시코 아메리칸 전쟁에서 자치권을 얻었다. 같은 해 금광이 발견되면서 많은 사람들이 캘리포니아에 정착했다. 이러한 인구 유입으로 인해 1850년에 캘리포니아는 주로 승격됐다. 로스엔젤레스 역시 시로 승격되면서 국립 철도망이 연결됐으며 항구가 개선되는 등 급격히 성장했다.

할리우드는 목장과 농사를 하는 작은 마을 단위를 형성하다가 19세기 말, 작은 도시에서 1910년에는 공식적으로 로스엔젤레스에 흡수됐다. 같은 해 할리우드에서 모두 촬영한 〈인 올드 캘리포니아In Old California〉라는 영화가 개봉했고, 1911년 선셋Sunset대로에 영화 스튜디오가 문을 열었다. 이후 10년간 많은 스튜디오가 할리우드에 자리 잡았고, 동부 해안에 있던 제작사들이 할리우드로 몰려들어 대형 영화 촬영 세트장과 음향 무대를 제작했다. 이로써 1960년대까지 이어진 미국 영화의 황금기가 펼쳐졌다. 할리우드의 영화 스타일이나 방식, 제작기술 등은 여전히 오늘날까지도 큰 영향을 주고 있고, 이 시기에 동시녹음과 컬러 영화가 제작됐다. 1923년에는 그 유명한 '할리우드 간판'이 언덕 위에 세워졌다. 원래는 '할리우드 랜드'였지만 맨 마지막 네 글자는 1949년에 보수하면서 없어졌고, 1978년에 처음처럼 모든 글자가 들어간 간판이 다시 세워졌다. 그해 오랫동안 인기를 끈 영화가 할리우드에 입성했는데, 월트 디즈니Walt Disney가 만든 애니메이션 영화였다. 그의 이름을 딴 스튜디오에서 시리즈 영화를 제작해 애니메이션을 하나의 장르로 완성시켰다. 1955년에 그의 만화 주인공을 모티브로 한 디즈니랜드 테마파크가 할리우드에서 남동쪽으로 48킬로미터 떨어진 애너하임Anaheim에서 개장했다. 이러한 테마파크는 영화 산

할리우드는 1920년 영화촬영소가 설립되면서 발전했다. 미국의 주요 영화회사에 대한 중앙배역사무소中央配役事務所와 영화박물관 등이 있어 미국 영화계의 총본산 구실을 한다.

업에 있어 가히 혁명적인 성과였다.

1910년부터 1960년대까지 계속된 할리우드의 황금시기에는 소위 '빅5 스튜디오(20세기 폭스, 메트로-골드윈-메이어, 파라마운트, RKO, 워너브라더스)'가 미국 영화 시장을 장악했다. 이들은 영화 제작은 물론, 배급, 상영을 전반적으로 맡았으며 영화감독, 배우와도 장기 계약을 맺었다. 이들이 제작한 영화의 인기는 미국을 넘어 전 세계까지 퍼졌다. 제2차 세계대전이 끝난 후 할리우드에도 변화가 찾아왔다. 1948년에 대법원이 영화 배급과 상영권의 독과점 체제는 불법이라는 판결이 나면서 빅5 스튜디오의 입지는 점점 줄어들었다. 또한 '헤이스 규약Hays Code*'이 1960년대에 폐지되면서 영화는 점점 더 실험적이며 다소 외설적으로 변했다. 1947년 이후, 할리우드는 미국 전역을 휩쓸었던 반공주의의 물결에 영향을 받았다. 공산주의에 대한 정부의 대대적인 조사의 일환으로 할리우드의 주요 대표들이 워싱턴의 심리에 소환됐다. 소환된 10명은 끝내 답변을 거부했고, 의회는 이를 의회모독죄로 기소하면서 벌금과 실형을 선고했다. 이들을 포함해 수백 명의 배우와 감독, 작가, 기타 영화 종사자들은 공산주의에 동조한다는 의심을 받는 스튜디오에서 일을 하는 것이 금지됐다. 이러한 '할리우드 블랙리스트'는 10년 동안이나 계속됐다.

아마도 할리우드를 지배했던 영화 산업에 가장 큰 타격을 준 것은 텔레비전의 등장일 것이다. 시간이 흘러 할리우드가 다시 텔레비전 산업의 중심으로 거듭났지만, 초반에는 많은 관객들이 빠져나가면서 영화계의 수입이 줄어들었다. 시간이 지나면서 많은 스튜디오들이 할리우드를 떠나 로스엔젤레스나 다른 외곽으로 빠져

* 1930년 미국 영화제작배급협회의 초대 회장이었던 윌 H. 헤이스Will H. Hays에 의해 만들어진 규약으로, 1922년 미국 영화협회에서 할리우드 영화에 대한 주정부나 사회의 비판과 압력을 피하기 위해 만든 자체 검열 코드를 말한다.

나갔다. 대형 영화제작사 중에 유일하게 남아 있는 곳은 파라마운트다. 하지만 여전히 미국 영화의 절반이 할리우드 근처에서 제작되고 있고, 논란의 여지가 있지만 전 세계 영화의 대표적인 상징이 된 오스카로 더 알려진 아카데미 시상식이 여전히 이곳에서 열리고 있다.

발리우드

인도에서 제작된 최초의 장편영화는 〈라자 하리쉬찬드라Raja Harishchandra〉로 다다사헤브 팔케Dadasaheb Phalke가 촬영 제작한 영화였다. 이 영화의 첫 상영이 1913년 4월 21일 봄베이(옛 뭄바이)의 올림피아 극장에서 열렸다. 영화는 크게 성공을 하며 세계에서 가장 많은 사람들이 보는 뭄바이 주변을 기반으로 한 인도 영화 산업인 '발리우드'의 토대가 됐다. 발리우드는 뭄바이의 옛 지명인 봄베이와 할리우드의 합성어로 양적으론 세계 최대를 자랑하는 인도의 영화 산업을 일컫는 단어다. 발리우드 영화의 특징은 영화, 뮤지컬, 콘서트, 무용이 합쳐져 나타나고 반복되는 스토리와 영화의 흐름을 끊을 만큼 자주 등장하는 뮤지컬적인 요소 등이다.

✤ 042 ✤

암리차르

Amritsar

황금사원과 대학살

암리차르는 16세기 시크교Sikhism의 신앙의 중심지일 뿐만 아니라 영국 식민지 역사에서 가장 잔혹했던 사건이었던 잘리안왈라바그Jallianwala Bagh 대학살이 일어났던 곳이다. 이는 인도 독립 운동에 대한 열망을 더욱 강하게 만들었다. 펀자브 지역은 구루 나나크Nanak가 태어난 곳이자 시크교의 발상지다. 새로운 종교에 눈을 뜬 나나크는 신도들을 모았다. 그가 세상을 뜨자 그의 제자들은 시크교를 만들었는데 공헌했던 아홉 명의 구루들에게 계승됐다. 1708년에 10번째 구루가 세상을 떠나자 그들의 경전 구루 그란스 사힙Guru Granth Sahib이 가장 마지막이자 영원한 구루가 됐다.

암리차르는 1577년에 제4대 교주인 라마 다스Ram Das에 의해 공식적으로 세워졌다. 그는 신성한 연못인 암리타 사라스Amrita Saras(향기로운 넥타의 연못)를 건설했으며 암리차르의 지명은 이곳에서 유래됐다. 1589년 라마 다스의 후계자인 제5대 구두 아르잔Arjan이 연못 중심에 시크신을 모시는 구르드와라Gurdwara 사원을 지었다. 이것이 시크교의 총본산이다. 하르만디르 사히브Harmandir Sahib(신의 모독)로 알려진 황금사원은 대리석 바닥이 깔린 회랑으로 연결되어 있으며 다른 마을보다 낮은 곳에 있어 신도들에게 겸손을 일깨워 주었다. 하르만디르 사히브는 시크교 순례자들에게 가장 큰 성지가 됐고, 암리차르의 번영에 토대가 됐다.

시크교가 성장하면서 시크교인들은 종교적 탄압을 자주 받게 됐는데 특히 16세기부터 18세기까지 펀자브를 비롯해 인도 아대륙을 지배했던 이슬람 무굴Mughal제국 치하에 있을 때가 가장 심했다. 18세기에 무굴제국의 세력이 약화되면서 시크교인들은 자체적으로 군대를 결성하여 도시국가를 만들었고, 펀자브 지역의 일부를 지배하기에 이르렀다. 1801년에는 런지트 싱Ranjit Singh 아래에 속하게 되면서 시크 왕국을 건설했다. 그다음 해, 여러 번 파손된 하르만디드 사히브를 대리석과 구리 금박으로 보수 공사를 했고, 이것이 황금사원으로 알려졌다. 1839년에 런지트 싱이 세상을 떠나자, 시크 왕실은 몰락하기 시작했다. 당시 인도 아대륙의 많은 부분을 지배했던 동인도 회사에는 절호의 기회였다. 두 번의 전쟁

1577년 시크교의 제4대 교주 람다스가 시크교 신앙의 중심지로서 성천 암리타사라스(불멸의 연못) 주변에 건설했다. 연못의 중심에는 황금빛을 발산하는 황금사원을 건립했으며, 이것은 시크교의 총본산이다.

을 치른 후 시크제국은 1849년에 해체되어 결국 동인도회사의 지배 하에 들어갔다. 1857년 대부분의 인도인들이 영국의 통치에 반기를 들고 일어났지만, 펀자브 지역은 대체로 조용했다. 1858년에 인도의 반란은 실패로 돌아가면서 영국은 동인도 회사를 해산시키고 인도를 직접 통치하기 시작했다.

20세기 초, 인도에서 독립에 대한 목소리가 커지고 있었다. 제1차 세계대전이 끝난 후에 이 움직임은 더 거세졌다. 영국령이었던 인도는 군인 1백만 명을 넘게 파병시키며 연합군의 편에 서서 전쟁에 적극적인 협력했다. 특히 펀자브 지역은 다른 곳보다 훨씬 더 기여도가 컸다. 상당수의 인도인들은 이 같은 협력으로 영국이 인도에 더 많은 자치권을 부여하리라 기대했다. 1919년에 영국 의회가 영국에 반대하는 인도인을 처벌하는 법, 이른바 '롤레트 법'을 통과시켰다. 이 엄격한 조치는 의심 가는 정치세력에 대한 비상전시조치였다. 이 법을 근거로 영국은 인도의 시위자들을 정당한 절차 없이 강제로 투옥시키거나 감금시켰다. 영장 없이 체포하고 재판도 비밀리에 진행됐으며 이에 대한 언론 보도도 통제했다. 전직 변호사이자 인도의 독립에 위대한 영향을 끼친 지도자 마하트마 간디Mahatma Gandhi가 이 법에 반대하는 평화 시위를 벌였지만 시위 주도자들이 일방적으로 끌려가면서 상황은 점점 폭력적으로 변해갔다. 4월 10일, 경찰들이 암리차르에 있던 군중을 향해 발포했고, 이 일로 여섯 명이 사망했고 30명 이상이 부상 당했다. 1912년부터 펀자브의 주지사였던 마이클 오드와이어Michael O'Dwyer가 내린 집회 및 시위 금지령으로 시위는 매우 엄중히 다스려졌다. 레지널드 다이어Reginald Dyer는 1,185명의 군인들(이들의 대부분은 네팔과 인도의 군인이었다)을 데리고 암리차르에 들어와서 시위를 진압했다. 4월 13일에 다이어는 황금사원 근처 질리안왈라 바그 공원에 수많은 군중이 모였다는 얘기를 들었다. 그곳에 도착한 다이어의 병사들은 출입구 하나를 봉쇄한 후 경고 한마디 없이 군중을 향해 총을 발포했다. 6주 된 신생아를 포함해 379명의 사람들이 그 자리에서 죽고 2천 명이 부상을 당했다. 다이어는 병사들과 공원에 쓰러져 있는 사상자들을 그냥 내버려둔 채 부대로 돌아왔다. 계엄령은 펀자브 지역까지 확대됐다.

무자비한 대응으로 다이어는 질타를 받았지만 군에서 사임하라는 명령을 받았을 뿐 더 이상의 처벌은 없었다. 1920년에 영국으로 돌아온 그는 지지자들이 모금한 거금을 한 번에 현금으로 받고 은퇴한 뒤 7년 후에 세상을 떠났다. 오드와이어 역시 펀자브 주지사의 책임에서 벗어나 영국으로 귀환했다. 1940년에 웨스턴민스터에서 펀자브 지역의 시크교인이자 인도의 독립 운동가였던 우담 싱 Udham Singh이 암리차르 대학살에 대한 보복으로 오드와이어를 저격했다. 싱은 그 자리에서 바로 체포되어 살인죄로 교수형에 처해졌다.

암리차르 대학살에 관한 소식이 인도 아대륙 전역에 퍼졌다. 인도 국민들은 이 같은 영국법에 참을 수가 없어 반대 시위에 나섰고, 암리차르의 폭력적인 사태에 반대했던 간디는 사티야그라하 Satyagraha, 즉 무저항 비폭력주의를 주장했다. 시간이 지나면서 인도 독립에 대한 지지자들이 점점 늘어갔다. 일부 이슬람교도가 그들의 권리를 보장하기 위해 주를 분리해야 한다는 요구를 하면서 종교 간의 갈등도 일어났다. 제2차 세계대전이 끝난 후, 인도 독립에 대한 협상이 시작됐다. 1947년 8월 15일, 인도는 독립이 됐다(1971년에 결국 무슬림이 다수 살고 있는 동부 지역 파키스탄과 방글라데시가 분리 독립했다 – 옮긴이). 이러한 국가의 분리로 인해 폭동과 소요 사태가 계속되면서 수백만 명의 사람들이 대이동을 했다. 간디는 동요하는 군중을 향해 진정하라고 호소하며 단식 투쟁에 들어갔지만 1948년 어느 한 힌두교 민족주의자에 의해 비참하게 암살당하고 말았다. 분리 독립을 위한 과정에서 펀자브는 두 지역으로 나눠졌다. 대부분 힌두와 시크교인들이 많은 동쪽이 인도가 됐고 무슬림이 압도적으로 많은 서쪽은 파키스탄이 됐다.

일부 시크교도들은 이런 정세에 불만을 품었고 펀자브에서 그들만의 분리된 조국을 요구하기 시작했다. 1984년에 시크교 분리주의자들은 황금사원과 주변 건물들을 차지했다. 협상이 결렬되면서 국무총리 인디라 간디Indira Gandhi는 황금사원에 있는 사람들을 제거하라고 명령했다. 시위대들은 인도 군대에 의해 공격을 당했고 450여 명의 사람들이 죽었다. 여기에는 비무장한 순례자들도 포함되어 있었다. 5개월이 지난 후 간디는 황금사원을 공격한 앙갚음으로 두 명의 시크교인 경호원에 의해 암살당했다. 인디라 간디의 죽음은 인도 전역에 걸쳐 시크교인에 대한 폭력 사태로 번져갔지만, 다행히도 1990년대 이후에 이러한 폭력 사태는 점점 줄어들면서 펀자브 지역에 평화가 다시 찾아왔다.

✦ 043 ✦

글리비체 라디오 타워

Gliwice Radio Tower

제2차 세계대전의 시작

제2차 세계대전의 주요 원인 중의 하나는 1939년 나치 독일군의 폴란드 침공이다. 이를 정당화하기 위해 독일군은 글리비체에 위장 잠입했다. 약 5천만 명의 사망자가 나왔던 인류 역사상 가장 잔혹하고 파괴적이었던 전쟁의 서막이 열리는 순간이었다.

글리비체는 폴란드의 남동부 지역에 있는 어퍼 실레지아에 있는 도시로 독일과 체코에 걸쳐져 있다. 이곳은 석탄과 철광석과 같은 천연자원이 아주 풍부했다. 1276년에 도시 인가를 받은 글리비체는 1335년에 보헤미아의 소유로 넘어가기 전까지 폴란드 피아스트Piast 왕조의 실레지아 분파의 지배를 받았다. 이후 1526년 오스트리아 합스부르크 왕조가 보헤미안 왕위를 계승하면서 글리비체를 차지했다. 이때 독일 이름인 '글라리츠Gleiwitz'로 알려지기 시작했다. 1742년 프로이센이 실레지아를 점령하면서 1871년부터 독일제국의 일부가 됐다. 다른 도시와 마찬가지로 글리비체도 19세기에 산업화가 되면서 철강 제조의 중심지로 성장했다.

제1차 세계대전으로 유럽 전체가 변화했다. 오스트리아, 프로이센, 러시아 사이에서 영토 분할이 계속되면서 지도에서 거의 전멸되어가던 폴란드는 독립 공화국으로 다시 태어났다. 베르사유 조약에 근거해 독일은 영토의 대부분을 상실했는데 그중에는 체코슬로바키아와 폴란드에 양도됐던 실레지아의 일부도 포함됐다.

많은 폴란드인들이 독일령인 어퍼 실레지아에 잔류했는데 글리비체도 이곳에 포함됐다. 이로 인해 1919년부터 1921년까지 분리주의자들의 반란이 계속 이어졌다. 이러한 소요 사태를 중단하기 위해 국제연맹은 어퍼 실레지아에 주민투표를 실시해 독일령이나 폴란드령 둘 중 어디에 남고 싶은지 물었다. 약 40퍼센트 이상이 폴란드 영토 잔류에 찬성했으며 나머지는 독일을 선택했다. 이에 따라 어퍼 실레지아 영토는 폴란드에 넘어갔지만 글리비체를 포함한 대부분의 영토가 독일령으로 남았다.

1933년 독일에서는 나치당이 정권을 잡았다. 나치당의 목표는 독일어를 모국어로 사용하는 게르만인들을 한데 모아 그들이 지배하에 두는 것이었다. 더불어 베르사유 조약의 결정을 뒤집고, 동쪽으로 레벤스라움Lebensraum* 생활권을 확보하는 것이었다.

재건 후 정치적·경제적으로 안정을 확보해나가는 상태였던 폴란드의 발목을 잡는 상황이 벌어졌다. 1938년 3월, 베르사유 조약을 폐기한 후 독일은 독일계 오스트리아인이 인구의 절대 다수를 차지하고 있는 오스트리아를 가장 먼저 병합한 것이다. 히틀러의 다음 목표는 독일 민족이 많이 살고 있는 체코슬로바키아의 주데텐란트Sudetenland였다. 히틀러가 이곳에 대한 전쟁을 선포한 후, 9월에 뮌헨 회의가 열렸다. 영국과 프랑스는 전쟁을 피하는 조건으로 히틀러에게 주데텐란트를 양도했다. 이 정도에서 만족할 리 없는 히틀러는 1939년 3월에 체코슬로바키아의 나머지 지역을 공격해 일부를 독일에 공식적으로 합병시켰다. 다른 나머지는 보호국으로 전락하면서 슬로바키아 공화국이 됐다. 이와 더불어 헝가리와 폴란드도 체코슬로바키아 영토에 일부 편입됐다. 히틀러의 이러한 움직임은 영국과 프랑스에 대한 그의 불신이 드러난 것이었다. 히틀러의 야심은 자연스럽게 폴란드로 향했다. 이에 영국과 프랑스 정부는 폴란드에 이들의 독립에 위협이 가해진다면 독일에

* 라첼이 사용한 '레벤스라움'이라는 용어는 카를 에른스트 하우스호퍼Karl Ernst Haushofer와 프리드리히 폰 베른하르디Friedrich von Bernhardi 등을 거치면서 인종주의에 바탕을 둔 독일의 동유럽으로의 영토 확장을 뒷받침하는 개념으로 사용되기 시작했다.

글리비체 라디오 타워는 유럽에서 가장 높은 목조건축물로, 독일이 전쟁을 일으키기 위해 자작극을 일으킨 장소다.

대한 선전 포고를 할 것이라고 보장했다.

1939년 8월 23일에 독일과 소련은 소련 외무장관 뱌체슬라프 몰로토프와 독일 외무장관 요아힘 폰리벤트로프의 이름을 딴 몰로토프-리벤트로프 조약Molotov-Ribbentrop Pact(독소불가침조약)을 맺었다. 이 조약이 발표된 당시에는 독일의 나치와 소련의 공산주의는 서로 용인되지 않는 이념적 관계였기에 양국의 협약에 세계가 놀랐다. 조약 내용에는 폴란드, 루마니아, 발칸 반도 발트 3국(에스토니아, 라트비아, 리투아니아), 핀란드 등의 분배가 약속된 비밀 의정서도 포함되어 있었다. 이 협정을 통해 독일은 소련이 중간에 끼어들지 않는 것을 보장받았을 뿐만 아니라 영국과 프랑스도 전쟁에 대한 의향이 전혀 없다고 확신을 가졌던 히틀러는 폴란드 침공 준비를 한 단계 더 나아갔다.

독일군은 폴란드에 군사 작전을 개시했다. 이 작전이 일어난 곳은 글리비체 라디오 타워였다. 1934년에 지어진 이곳은 높이 118미터의 유럽에서 목재로 만들어진 가장 높은 건물이었다. 8월 31일 SS무장친위대가 폴란드 육군으로 위장한 채 방송국을 점거했다. 그리고 폴란드가 독일에 선전포고를 했다는 내용의 선언문을 짧게 낭독하고 독일군이 공격하는 '척'하며 가짜 폴란드군을 몰아냈다. 그리고 국경 부근에 폴란드군의 시체를 남겨놓았다.* 이 사건은 독일과 폴란드 국경에서 하루에도 몇 번이나 일어나는 수많은 사건 중의 하나였다. 9월 1일에 독일과 슬로바키아 군대가 폴란드를 침공했고, 폴란드는 이에 맞서 치열하게 싸웠지만 어마한 규모의 탱크와 항공기로 무장한 독일군을 감당해낼 수 없었다.

그로부터 이틀 후인 9월 3일, 영국과 프랑스는 폴란드에게 보증했던 대로 독일을 상대로 전쟁을 선포했지만, 이미 포위되어 버린

* 이는 폴란드의 공격을 증명하는 물적 자료를 확보하고자 했던 독일군의 자작극으로, 뉘른베르크 전범 재판에서 밝혀진 내용이었다. 시체들은 농부 출신의 한 명을 제외하고 대부분은 다하우Dachau 강제 수용소에 있던 죄수들로 밝혀졌다.

폴란드군을 위한 즉각적인 군사 행동은 취하지 않았다. 설상가상으로 9월 17일, 독소불가침조약에 따라 소련군이 동쪽으로부터 폴란드를 침공했다. 폴란드는 소련, 독일, 슬로바키아의 영토로 분할되어 지도상에서 다시 한 번 사라졌다. 이 전쟁 기간에 폴란드에서 특히 유대인들이 엄청난 고통을 겪었으며 6백만 명이 사망했다. 폴란드 육군은 독일군을 상대로 싸웠고, 폴란드에서 탈출한 군인들도 탁월한 기량의 연합군과 연합해 독일군을 상대로 싸웠다.

1941년 6월에 독일은 소련을 침공하는 바르바로사 작전을 개시했다. 이를 계기로 소련이 연합군에 협력하면서 나치 독일은 패배했다. 1945년에 승리를 확신한 연합군은 전후 유럽의 지형에 대한 논의를 시작했다. 폴란드의 민주주의 선거가 보장됐음에도 불구하고 폴란드는 소련의 영향권 내에 있었고, 이들은 공산주의 체제를 선택했다. 글리비체는 재구성된 폴란드의 영토로 편입됐고, 라디오 타워는 1955년까지 폴란드 전역에 라디오를 전파하는 역할을 하다가 서유럽 방송국의 신호를 방해하는 일을 맡았다. 1989년에 전국적으로 집회와 시위, 자유선거가 열리면서 사회주의 국가가 종식되어서야 폴란드는 완전한 민주주의 국가로 회복될 수 있었다.

✤ 044 ✤

안네 프랑크의 집

Anne Frank's House

유대인 박해의 현장

안타깝게도 세계의 역사에서 반유대주의 감정은 계속 되풀이되어 왔다. 이 중에서도 유대인 6백만 명이 조직적으로 대량학살 당했던 홀로코스트는 이러한 정서의 가장 결정판이었다. 홀로코스트에 대해 가장 오래도록 상징되어 온 인물이 바로 안네 프랑크Anne Frank다.

중세시대까지 유대인들은 유럽 전역에서 터전을 잡고 살았지만 그들은 종교적인 탄압과 차별을 겪어야 했고 때로는 게토Ghetto라 하는 강제한 지역으로 내몰려 살기도 했다. 게토라는 이름은 베네치아에서 처음 등장한 말로 원래 유대인 학살을 피하고자 만든 곳이었다. 위기가 있을 때마다 유대인들은 역사의 희생양이자 때로는 폭동의 피해 대상이 됐다. 1290년 영국과 1492년 스페인과 같은 일부 국가에서는 이들을 추방시켰다. 18세기 후반이 되어서야 많은 나라들이 유대인의 시민권을 보장하기 시작했다. 하지만 19세기에 유대인 인종은 열등하다는 유사 과학 이념이 각광을 받으면서 많은 정당들이 유대인에 대한 증오 감정을 이용해 국민들의 환심을 사려했다. 이 중에는 러시아 제국의 유대인을 대상으로 한 폭력이 가장 심했다. 1881년에 알렉산더 2세가 암살을 당하자 유대인이 암살자라는 소문이 러시아 전역에 퍼졌다. 곧 유대인 박해가 러시아 전역에 퍼지면서 연이은 폭력 사태로 이어졌다. 1882년 무렵 유대인은 도시 지역에만 거주할 수 있었으며 시골에 땅을 살 수 없다는 거주 제한 법률까지 제정됐다. 그 이후로 1백 만 명의 유대인들이 러시아를 빠져나갔다. 20세기에 접어들면서 반유대주의 운동은 더욱더 심해졌다. '시온Zion 장로 의정서'라는 위조된 문서를 통해 유대인들이 세계 지배를 위한 거대한 음모에 연루됐으며 이는 러시아 혁명의 산물인 볼셰비키주의와도 연관되어 있다는 내용이 대중들에게 인식됐다. 이러한 반유대주의 정서는 유대인들이 가장 많았던 나라인 독일에 가장 많은 영향력을 줬다.

히틀러의 민족주의적 경향은 독일 대통일이라는 명분에 힘을 실어줬고, 그는 이러한 혐오를 오랜 기간 활용했다. 히틀러와 나치당은 제1차 세계대전의 독일 패배를 유대인의 잘못으로 돌리며 그들이 독일에 계속 존재하는 것은 국가의 흠이라며 유대인 사회를 제거해야 한다고 주장했다. 1933년에 나치당은 독일 군부를 장악한 후 유대인들의 권리를 박탈하는 법안들을 계속 통과시켰다. 1935년에 뉘른베르크Nuremberg법이 통과되면서 유대인들은 독일 시민의 자격이 박탈됐으며 3년 후 나치당은 크리스탈나흐트Kristallnacht(수정의 밤)라는 유대인 사회 제거를 위한 조직적인 활동을 벌였다(1938년 17세 소년 헤어쉘 그린츠판이 거주의 자유 박탈에 항의하다 파리주재 독일대사관 3등 서기관 에른스트 폼 라트를 살해한 사건을 구실에서 비롯된 사건이다 – 옮긴이). 독일군은 유대인의 집과 가게, 시나고그를 대상으로 약탈과 방화를 일삼았다. 수정의 밤 사건 후에 수천 명의 독일 내 유대인이 해외로 빠져나갔지만 대다수의 나라가 많은 수의 유대인을 받아들이기를 거부하기도 했다. 오토 프랑크Otto Frank도 이 중 하나였다. 프랑크푸르트에서 식료품 납품 회사에서 일을 하다 이후에는 자기 회사를 운영하던 사업가였던 그는 아내 에디트와 두 딸과 함께 네덜란드 암스테르담으로 망명했다.

프랑크의 가족은 독일 나치군이 네덜란드를 함락했던 1940년까지 전까지 암스테르담에서 평화롭게 지냈다. 1941년에 반유대주의 법에 의해 안네는 다니던 학교를 더 이상 다니지 못하고 유대인 학교로 가야 했다. 1942년 열 세살 생일 선물로 받은 일기장에 그녀는 얼마 남지 않은 자신의 짧은 인생을 담기 시작했다. 같은 해, 나치 지도부는 반제 회의에서 유대인 말살 계획에 대한 최종결정*을 했다. 유대인을 유럽의 다른 지역으로 보내 정착시키겠다는 계획도 있었지만 결국 유대인을 완전히 말살시키자는 결정을 한 것이다. 이로 인해 수많은 유대인이 유럽의 강제수용소로 보내졌고 이 중에서 폴란드의 아우슈비츠에는 가장 많은 사람들이 수용됐다. 사람들은 각종 질병과 영양실조에 시달렸고, 강제노역 중에 수백만 명이 가스실에 끌려가 소각됐다. 뿐만 아니라, SS친위부대의 무장부대였던 아인자츠그루펜Einsatzgruppen은 유럽 전역을 다니며 수백만 명의 사람들을 무자비하게 즉결 처형했다. 유대인뿐 아니라 소련 포로, 비유대인 폴란드인, 슬라브인, 장애인, 롬인(집시), 정치사범, 동성애자, 여호와의 증인과 같은 소위 '바람직하지 않은 사람'이라고 본인들이 분류한 5백만 명이 넘는 사람들을 죽였다.

1942년 7월 5일, 안네의 언니 마고Margot의 추방 지시 통지를 받은 후 프랑크 가족은 다음날 바로 은둔 생활에 들어갔다. 다른 유대인 가족 4명과 함께 암스테르담 중심에 있는 17세기에 지어진 프린선흐라흐트Prinsengracht 263번지 공장 건물 꼭대기 층에 피신

* 하펠Haval강은 두 개의 호수가 있는데 그중 하나가 반제 호수로 베를린에서 가장 아름다운 휴가지로 인기가 많던 곳이었다. 이곳에는 부자들이 많이 거주했는데, 1914년에 지어진 제약회사 사업가인 에른스트 말리어Ernst Marlier의 고급 저택이 SS독일친위대에 팔렸다. 1942년 1월 20일에 나치 고위직 15명은 이곳에 모여 유대인 말살을 계획한 '최종결정Final Solution'을 했다.

안네 프랑크의 집은 박물관으로 개조되어 프랑크 가족이 겪었던 분위기와 당시 상황을 재창조했다.

했다. 비유대인 친구들의 도움을 받으며 음식이나 필요한 물자를 공급받았지만 이들은 '비밀의 별채Secret Annex'에서만 움직일 수 있었다. 이곳의 모든 공간들은 책장 뒤쪽에 숨겨진 계단을 통해 접근할 수 있었다. 안네는 1944년 8월 1일까지 하루도 빠짐없이 일기를 썼다. 사흘 후인 8월 4일에 독일 경찰 게슈타포에 의해 은신처가 발각됐는데 한 네덜란드인 밀고자에 의한 것으로 알려져 있다. 안네와 그의 가족들은 임시 수용소를 거쳐 9월 3일 폴란드 아우슈비츠 강제수용소에 도착했다. 그곳에서 다시 안네와 언니 마고는 베르겐-벨센Bergen-Belsen 수용소로 옮겨져 1945년 초 장티푸스로 사망했다. 그들의 부모는 아우슈비츠에 남았는데, 어머니 에디트는 굶주림으로 사망했고, 아버지 오토는 소련군에 의해 아우슈비츠 수용소가 해방되면서 유일하게 생존했다. 전쟁이 끝난 후, 그는 친구들이 있는 암스테르담으로 다시 돌아와 그들의 은신처였던 비밀의 별채에서 찾은 안네의 일기를 받았다. 오랜 고민 끝에 아버지 오토는 1947년 네덜란드어로 안네의 일기를 출판하기로 결정했다. 이 책은 70개 언어로 번역되어 출간됐으며 홀로코스트와 관련된 책 중 가장 많은 사람들이 읽은 책이 됐다. 1957년에 오토는 안네 프랑크 재단을 설립해 허물 계획이었던 프린선흐라흐트 건물을 매입해 옛날 모습으로 복원한 뒤 1960년에 박물관을 열었다. 이곳은 인종주의와 차별이 얼마나 끔찍하고 악랄했는가를 보여주는 생생한 역사의 현장이 됐다.

뉘른베르크 최고 재판소

나치당의 조직적인 유대인과 전쟁 범죄자들의 대량 학살에 대한 여론 재판은 매우 중요했다. 뉘른베르크에 국제군사재판이 소집됐다. 이곳은 가장 큰 규모의 나치 전당대회가 열렸던 야만적인 도시였다. 재판은 법원과 사무실, 교도소로 이루어진 복합 건물이었던 뉘른베르크의 최고 재판소에서 열렸다. 1차 공판이 1945년 11월 20일부터 1946년 10월 1일까지 열렸다. 24명의 최고의 나치 지도자들이 재판에 세워졌고 이 중 절반에게 사형이 구형됐다. 1946년부터 1949년까지 이곳 뉘른베르크에서는 나치 전범에 대한 열두 차례가 넘는 재판이 진행됐다.

◆ 045 ◆

마운트 워싱턴 호텔

Mount Washington Hotel

세계 경제질서를 재편하다

1944년 연합군은 뉴햄프셔주 브레튼우즈에 있는 마운트 워싱턴 호텔에서 당시 세계경제와 국제 무역과 관련된 의제들에 관한 회의를 열었다. 1920년, 제1차 세계대전이 끝난 후에 국제연맹이 연합군 전체의 안전과 비무장을 선언하기 위해 설립됐다. 하지만 국제연맹이 전체주의의 확장을 적극적으로 막아 내지 못했고, 미국의 개입이 없던 상황에서 1939년에 결국 제2차 세계대전이 일어났다. 제2차 세계대전 당시 연합군은 국제연맹을 대신할 기구를 창립할 계획을 세웠다. 1942년 1월 연합군은 전 세계 인권보장을 위한 일환으로 추축국(독일, 일본, 이탈리아)에게 항전할 것을 맹세한 '연합군공동선언'에 조인했다. 이 선언 이후 '유럽연합United

Nations'이라는 말이 국제적으로 처음 사용되면서 이 기구의 토대가 됐다. 1944년 연합국은 전후 세계에 대한 계획을 세웠다. 전쟁 후 심각해진 경제 문제와 국제 무역에 관한 방법을 모색하기 위해 44개 연합국 730명의 대표단이 그해 7월에 회의를 열었다.

국제연합통화금융회의가 마운트 워싱턴 호텔에서 열렸다. 이 회의를 통해 7월 브레튼우즈 협정이 탄생했다. 협정에 따라 세계 주요 기구 두 개가 설립됐는데, 첫째는 국제부흥개발은행IBRD으로 전쟁으로 피해를 본 국가들의 재건을 위해 자금을 빌려주는 곳이었다. 우선적으로는 전쟁으로 폐허가 된 유럽에 집중적인 지원이 이뤄졌다. 국제부흥개발은행은 오늘날 세계은행과 합쳐져 경제 개발과 정책 자문의 역할을 수행하고 있다. 최근 들어서는 성평등, 교육, 환경 등과 같은 지속가능한 사회 개혁에 더욱 집중하는 추세다. 두 번째는 국제통화기금IMF으로 국가 간 무역 활동과 경제 협력을 도모하는 것을 목표로 하는 국제기구다. 회원국은 매년 기금을 지불하고 재정적 어려움이 있을 때 대출을 할 수 있다. 이와 같은 두 가지 시스템을 통해 국가 간 조직화된 국제적 재정 시스템이 안정화되고 나아가 평화와 번영을 장려할 수 있다고 기대했다. 무엇보다 국제통화기구의 목표 중 하나는 환율을 고정화 하는 것이었다. 처음에는 금과 미국 달러의 가치로 정해져 회원국은 이 기준을 벗어나면 안 됐다. 이 회의가 끝난 후, 마운트 워싱턴 호텔은 다시 개방하여 계속 운영됐다.

브레튼우즈 협정 이후, 그다음 해인 1945년 연합국 50개국 대표가 참가한 샌프란시스코 회의에서 국제연합헌장에 관해 최종적인 논의를 이어갔다. 이 내용을 보면 안전보장이사회를 설립해 세계평화를 보장하고 변화가 있을 때는 이 헌장의 승인이 있어야 한다는 것이었다. 안전보장이사회의 상임이사국은 중국, 프랑스, 소련, 영국, 미국 등 5개국으로 이들은 신규 회원국 가입에 대한 거부권 행사를 할 수가 있다. 모든 회원국이 참여하는 총회는 매년 열려 정책이나 예산에 대한 논의를 한다. 국제연합헌장은 1945년 6월 26일에 채택됐고, 샌프란시스코에 참가한 연합국들의 서명을 통해 10월 24일 국제연맹을 대신할 새로운 국제조직인 '국제연합'이 정식으로 발족했다. 이에 따라 국제연맹은 자동으로 폐지됐다. 회원국은 총 51개국으로 제2차 세계대전 이후 추후에 서명에 참여한 폴란드를 제외한 모든 회원국 대표가 샌프란시스코에 모였다. 비록 냉전으로 동서간의 관계를 악화시켰지만 국제연합이 평화 증진과 세계 협력, 인권보장을 위한 설립 목표를 달성하는데 있어 매우 강력하고 성공적이었다는 것을 알 수 있었다. 2011년에 남수단이 가입하면서 현재 유엔은 193개 회원국과 비상임국인 바티칸 시티와 팔레스타인으로 구성되어 전 세계의 대부분의 나라들이 포함되어 있다.

브레튼우즈 체제는 25년 동안 계속된 전후 경제 붐의 중심이었다. 하지만 1971년 미국이 지속적인 국제수지적자로부터 달러화를 방어하기 위해 더 이상 달러를 금으로 바꿀 수 없다며 금태환 정지를 선언했다. 사실상 브레튼우즈 체제가 붕괴되면서 금을 기준으로 미국 달러를 고정 환율로 바꿀 수 없게 된 것이다. 더 이상 금은 국제적인 기준으로서 활용될 수 없었다. 이에 다른 나라와 미국 달러의 환율은 유동화 되는 변동 환율 제도로 변화했다. 이로 인해 처음에는 인플레이션이 일어났지만 장기적으로는 경제에 크게 도움을 주었다. 브레튼우즈 체제 이후에 발생한 가장 심각한 경제 붕괴는 2007-2008년에 일어난 세계 금융 위기로 미국의 증시가 급락하면서 전 세계의 불황을 초래했던 일이었다. 비록 전 세계 무역이 완전히 붕괴되는 대재앙은 막았지만 향후에도 이와 같은 세계 경제위기를 막을 수 있는 개선안을 수립할 수 있는 제2차 브레튼우즈 체제에 대한 요구가 있었다.

◆ 046 ◆

마라카낭

The Maracanã

브라질의 세계 최대 축구경기장

20세기의 사회 문화적 경향 중 하나는 스포츠 대중 소비가 등장했다는 것이다. 올림픽과 월드컵만큼 수많은 관중들의 끊임없는 관심을 받는 경기도 없을 것이다. 이와 모두 연관된 곳이 브라질 리우데자네이루에 있는 마라카낭 경기장이다.

고대 그리스 시대에도 열렸던 유명한 경기가 있다. 기원전 9세기 당시의 경기는 올림피아 경기로, 종교적인 행사를 지내기 위해 제우스 신상이 모셔져 있는 그리스 외곽의 펠로폰네스 북서쪽의 올림피아에서 정기적으로 열렸다. 초기 올림픽 경기로 기록된 것은 기원전 776년에 열린 192미터 도보 경주였다. 경기는 4년 마다 열리면서 달리기, 레슬링, 멀리뛰기, 창살, 원반, 권투, 전차 경기와 같은 다른 종목들로 확장했다. 올림픽에 참가할 수 있는 자격은 그리스 출신의 자유인 남자만 가능했고, 모두 알몸으로 경기를 해야 했다. 오로지 승리의 화환을 얻기 위해 사람들이 그리스 전역에서 모여들었다. 로마인들이 기원전 2세기 중엽 그리스를 지배한 이후에도 올림픽은 계속됐지만 그 중요도가 많이 감소했다. 그리고 기독교가 국교로 지정되자 황제 테오도시우스 1세에 의해 '이교도의 제전'이라는 이유로 400년에 폐지됐다.

19세기 후반 산업 혁명으로 인해 도시화와 상업화가 되면서 사람들, 특히 노동자들의 건강 문제에 대해 신경을 쓰게 됐다.* 또한 제국주의 국가 간의 경쟁과 질병으로 인해 많은 도시에서 건강 증진과 운동에 박차를 가했다. '적자생존'이라는 개념이 사람들에게 퍼지면서 학교와 아카데미에서는 운동에 더 많은 시간을 투자했다. 이러한 사회 분위기는 프랑스의 교육가인 쿠베르탱이 1890년대 고대 올림픽의 부활 운동에 박차를 가하게 되는 중요한 계기가 됐다. 쿠베르탱의 엄청난 기여 덕분에 국제 올림픽 위원회IOC가 1894년에 창립됐고, 최초의 근대 올림픽이 2년 후에 아테네에서

* 외과 의사이자 치안 판사였던 윌리엄 페니 브룩스William Penny Brookes는 당시 영국 외곽 슈롭셔Shropshire 지역에 위치한 웬록 지방 노동자들의 건강 증진을 위해 노력했다. 각종 행사와 경기로 구성된 '웬록 올림픽'이 1850년 10월 22일과 23일에 머치 웬록이라는 도시에서 개최되면서 이후에 4년에 한 번씩 정기적으로 열리게 됐다. 피에르 드 쿠베르탱Pierre de Coubertin의 올림픽 부흥 운동에 영감을 준 중요한 계기가 된 경기였다.

열렸다.

1900년 제2회 파리 하계 올림픽에서 축구 종목이 추가됐는데 남자 축구만 가능했고, 여자 축구는 1996년 애틀랜타 올림픽 때 처음으로 공식 종목으로 채택됐다. 축구는 중세시대부터 영국에서 유행했는데, 단체로 수단과 방법을 가리지 않고 일제히 공을 넣기 위해 하는 경기였다. 19세기에는 이렇게 종종 과격하고 정신없이 진행되던 경기가 스포츠클럽이나 학교를 통해 좀 더 체계화되기 시작했다. 1863년에는 '축구협회FA'가 런던에서 창립되면서 보편적인 경기 규칙이 만들어졌고, 영국의 축구 클럽들은 경기를 위해 협회에 가입했다. 축구가 다른 지역으로까지 퍼지면서 영국과 스코틀랜드의 세계 최초 국제 축구 대회가 열렸고, 그다음 해인 1873년에 스코틀랜드 축구협회가 설립됐다. 19세기 말까지 조직화된 축구는 영국의 노동자나 교육자들에 의해 전 세계로 퍼져나갔다. 1904년 국가 간 경기를 관리하는 국제축구연맹FIFA이 파리에서 창립됐다. 현재 FIFA의 회원국은 211개국으로 이는 193개의 유엔 가입국보다 더 많은 숫자다.

브라질만큼이나 축구에 대한 열정이 넘치는 곳도 없을 것이다. 브라질에서는 19세기 후반에 주로 백인 엘리트 계층으로 구성된 스포츠클럽에서 조직화된 축구 경기가 처음 열렸다. 이후 노동자층과 다른 인종에까지 확대되어 각광을 받았다. 이는 축구를 통해

브라질 리우데자네이루에 있는 마라카낭 경기장은 세계 최대의 축구 경기장이다.

국민을 한데 통합하기를 원하는 사람들에 의해 많이 알려졌다. 지금은 브라질 축구하면 창의성과 탁월한 고급 기술의 연마로 잘 알려져 있으나, 처음에는 브라질이 세계적인 팀이 될 거라고 예상하지 못했다. 브라질 대표팀은 1930년 우루과이 월드컵과 1934년 이탈리아의 1, 2회 월드컵 경기의 출전권을 따지 못하다가 1938년

3회 프랑스 월드컵에 겨우 출전했다. 제2차 세계대전으로 인해 경기들이 취소됐고 프랑스 월드컵 이후 12년간의 공백기 끝에 1950년 제4회 월드컵이 브라질에서 열렸다. 브라질은 리우데자네이루에 새 경기장을 지었다. 그릇을 두 개로 포갠 모양을 한 이 경기장의 공식 이름은 이것을 건설하는데 핵심적인 역할을 했던 지역 기자 마리오 필호Mário Filho의 이름을 땄다. 하지만 실제로는 경기장이 있는 마라카낭이라는 이름으로 더 알려져 있다.

7월 16일 브라질과 우루과이의 최종전을 보러 온 19만 9,854명의 관중들이 마라카낭 경기장을 꽉 채웠다. 실제 입장료를 낸 관객 5천여 명을 포함해 나머지 사람들까지 포함한 숫자였다. 브라질은 이 경기에서 비기기만 해도 우승이었는데 예상치 않은 역전패로 우루과이가 2대 1로 우승을 차지해 전 세계가 놀라움을 금치 못했다. 브라질의 우승을 확신하고 있었던 많은 사람들에게 이 같은 패배는 브라질 국가 차원의 비극이었다.* 하지만 브라질은 1958년 월드컵에서 사상 최초의 5승을 거두면서 이전의 패배를 설욕할 수 있었다. 반면에 1991년 여자 월드컵이 생긴 이래로 브라질은 한 번도 우승을 한 적이 없었다.

* 일명 '마르카낭의 비극'이라고 부른다. 이 일로 관중의 절반이 스탠드에 주저앉아 밤새도록 통곡하고 수십 명이 권총 자살을 했다. 당시 출전했던 선수들은 두 번 다시 브라질 국가대표로 선발되지 못하거나 브라질 축구 연맹에서 영구 제명됐다.

마라카낭은 브라질 축구의 대표적인 장소로 클럽 축구와 국제 경기를 위해 매번 15만 명 이상의 관중이 모인다. 브라질은 세월이 흐르면서 수리해야 할 곳이 많아진 경기장을 2014년 월드컵 개최 이후, 좌석을 78,838개로 줄이는 대대적인 보수에 들어갔다. 이곳에서 최종 우승을 가리는 경기를 했지만 안타깝게 브라질은 준결승에서 탈락해 최종에 들지 못했다.

마라카낭은 리우데자네이루에서 열렸던 남아메리카에서 개최된 첫 번째 올림픽이었던 2016년 하계 올림픽에서 중요한 역할을 했다. 이곳은 두 개의 주경기장 중 하나로, 개막식과 폐막식, 축구 결승전이 열렸다. 근처에 실내 경기장도 세워져 있었다. 하지만 브라질의 올림픽 개최를 두고 논란이 많았다. 브라질 국가 지도부는 부패와 비리 의혹에 휩싸이고 있었으며 올림픽이 개최되기 몇 주 전에 마라카낭에서는 대규모 시위가 열려 시위대와 경찰의 무력 충돌이 있었기 때문이다. 브라질은 경제적 어려움을 겪고 있었고 많은 사람들이 그 비용으로 가난한 사람들을 돕는 데 더 잘 쓰일 것이라고 생각했다. 안타깝게도 브라질의 스포츠 문화 역사에서 중요했던 이곳은 점점 황폐해져갔다.

✦ 047 ✦

비무장지대, DMZ

Korean DMZ

냉전의 상징

1953년 이래 한반도는 서로 다른 이념으로 남한과 북한으로 분단됐다. 남한은 민주주의 공화국으로 북한은 현재 전 세계에서 가장 마지막으로 남은 공산주의 국가로 남았으며 그 사이에는 남과 북을 가로지르는 비무장지대DMZ가 있다.

제2차 세계대전이 끝난 후 가장 큰 문제 중의 하나가 1910년부터 일본제국의 식민지로 있었던 한반도의 운명이었다. 1945년 소련과 미국이 38선을 따라 북한과 남한을 각각 차지했다. 이것은 단순히 임시방편으로 처리된 결정이었지만 미국과 소련 두 강대국의 냉전 체제가 심각해지면서 한반도 통일에 대한 협의점을 찾기 어려웠다. 1948년 지하혁명 조직 지도자였던 김일성을 국가 주석으로 한 조선민주인민공화국DPRK이 북한에서 수립됐다. 남한은 대한민국으로 유엔의 감시 하에 친미주의였던 이승만이 대통령에 당선됐다. 두 개의 국가가 한반도 전역에 자주권을 주장하며 이념 대립으로 국경에서의 충돌이 자주 일어났다.

1950년 6월 25일에 소련의 지원을 받은 북한은 38선을 넘어 대대적인 남한 공격을 시작했다. 사흘 후에 북한군이 서울을 점령했지만, 수도를 빼앗겼다고 해서 남한이 바로 항복하지는 않았다. 미국 정부는 한반도 전체가 공산주의의 손에 넘어가면 입을 여러 가지 타격을 생각하며 전쟁에 개입할 것을 약속했다. 유엔의 지원 속에서 미군은 한반도에 도착했다. 전쟁 초기 미군은 남한군과 함께 부산 지역에 낙동강을 마지노선으로 추가 병력이 도착할 때까지 필사적인 방어전을 치르고 있었다. 그해 9월에 유엔 병력이 도착해 인천상륙작전을 통해 서울을 탈환했다. 이후에 유엔군은 38선을 건너 급속도로 북으로 전진하며 함경북도까지 진출했지만 중공군이 참전하면서 그해 말 38선 이남까지 후퇴했다. 이 무렵, 소련이 공식적으로는 전쟁에 참여하지 않았지만 중국인 혹은 한국인으로 가장한 항공기와 조종사를 보내 항공기 쟁탈전에 동참했다.

이후 한국전쟁은 38선을 중심으로 소모전 양상을 띠기 시작했다. 북한이 훨씬 더 유리한 조건이었음도 불구하고 미군은 북한에 엄청난 양의 폭탄을 투하했다. 엄청난 사상자만 남기고 어느 쪽이 승리를 했는지 명쾌하게 정리되지 않은 상태에서 모든 나라가 전쟁에 개입하는 상황이 됐다. 1951년 7월에 공식적인 평화 회담이 개성에서 이뤄졌다. 그해 10월에 협상국들은 판문점으로 회담 장소를 옮겼다. 비록 전쟁 중일 때 회담이 진행됐지만 어느 누구도 명쾌한 승부를 내지는 못했다. 1953년 7월 27일, '한국 군사 정전에 관한 협정'이 공식적으로 판문점에서 이뤄졌다. 이것이 비록 영구적인 평화조약은 아니었지만 무장으로 인한 비극적인 전쟁은 이로써 끝이 났다. 남한과 북한 사이에 4킬로미터 간격을 두고 완충지역인 휴전선이 그어졌고, 이곳이 비무장지대, 즉 DMZ가 됐다. 그리고 이곳에서 수천 명의 남북한의 전쟁 포로를 교환하기도 했다. 유엔군 사령부 중에서 대부분 미군들은 남한의 평화유지를 위해 남았다. 한국전쟁을 통해 500만 명의 사상자가 났으며 이 중 절반이 민간인이었다.

DMZ는 철저히 요새화되어 있으며 세계에서 가장 무장이 잘 되어 있는 곳으로 가끔 교전이 벌어지기도 한다. 남북한 군대가 직접 대면하고 있는 유일한 곳은 남북한 회담을 위한 판문점 근처에 있는 공동경비구역JSA이다. 북한은 김일성 주석을 시작으로 김정일, 김정은으로 계승된 1인 독재 체제가 계속되고 있다. 가혹한 정치적 탄압뿐 아니라 가장 큰 조력자인 소련이 붕괴될 때 대량 기근을 겪기도 했다. 이러한 상황에도 불구하고 북한은 핵무기를 비롯한 군사력 증강을 위해 물적 투자를 계속하고 있다. 반면 한국전쟁 후 남한의 사정은 완전히 달라졌다. 전쟁의 여파로 세계에서 가장 가난한 나라가 됐지만 1960년대부터 급속한 경제 성장을 이룩했다. 더군다나 군사 정권 이후 1987년 처음으로 민선 대통령을 뽑는 선거가 진행됐다. 대한민국은 산업 중심으로 발전했으며 지금은 세계에서 가장 발달하고 번영한 국가 중 하나로 인정받고 있다.

◆ 048 ◆

바이코누르 우주기지

Baikonur Cosmodrome

우주전쟁의 서막

냉전 체제 때 미국과 소련의 관계는 지구를 넘어 우주를 포함한 경쟁의 관계였다. 1950년대부터 두 초강대국은 우주 개발 경쟁Space Race에서 서로 우위를 차지하기 위해 맞붙었다. 제2차 세계대전 이후 미국과 소련 양국의 탄도미사일 기술은 엄청난 성장을 보였다. 이 목적을 달성하기 위해 양쪽 나라에서 각각 나치 부대의 미사일을 만든 독일 과학자들과 기술자들을 고용했다. 이는 양국 간의 군사 및 국가보안과 관련된 사안이었는데 미사일을 활용해 핵무기 발사에 사용하려고 했기 때문이다. 더불어 이는 공산주의와 자본주의 이념 갈등의 상징적인 행보이기도 했다. 1950년대 중반에 미사일은 지구의 중력을 벗어나 우주로 보낼 수 있을 만큼의 위력을 가졌다.

소련 미사일과 우주 프로그램의 주요 특징은 비밀 유지였다. 1955년, 탄도미사일 발사를 위한 새로운 장소로 카자흐스탄 남부에 위치한 건조한 사막 지대인 튜라탐Tyuratam이 낙점됐다. 비밀유지를 위해 그들은 암호명으로 320킬로미터나 떨어진 광산촌의 이름인 '바이코누르'로 명명하기도 했다. 미사일 발사지를 선정한 소련 정부 기관들이 직접 움직이기 시작했고, 바이코누르까지 연결되는 철도와 도로가 깔리고 튜라탐 주변에 점점 늘어나는 노동자들을 위한 마을도 생기기 시작했다. 1966년에 이곳은 시로 승격됐고, 이름을 레닌스크Leninsk라고 바꾸었다. 장거리 미사일 발사기로 인식되고 있었지만 사실 이곳은 우주 비행을 위한 장소였다. 1957년, 소련은 바이코누르에서 R-7 세묘르카R-7 Semyorka 발사에 성공했다. 이것은 6천 킬로미터의 사정거리인 세계 최초의 대륙간 탄도미사일이었다. 이후 기술을 더 발전시켜 이 미사일은 지구를 한바퀴 이상 돌 정도로 사정거리가 더 멀어졌다.

소련이 바이코누르 우주기지에서 발사한 로켓이 연이어 성공하면서 미국과의 우주개발경쟁에서 우위를 점했다. 1957년 10월 4일, 바이코누르 우주기지에서 R-7 우주로켓을 이용해 스푸트니크Sputnik 1호를 발사시키는 데 성공했다. 스푸트니크는 최초의 인공위성으로 83.6킬로그램밖에 안 되는 무게로 지구에서부터

바이코누르 우주기지는 카자흐스탄에 위치한 세계 최초이자 세계에서 가장 큰 우주선 발사 기지다.

939킬로미터 떨어진 곳에서 타원 궤도를 그리며 96분에 한 번씩 공전했다. 스푸트니크는 다음 해 지구 대기권으로 들어와 소멸했다. 첫 위성을 발사한 지 한 달 뒤에 소련은 스푸트니크 2호에 라이카Laika라는 개를 태워 발사했는데 이 개는 우주에 간 최초의 생명체로, 물리적인 공포와 과열로 인해 임무 수행 6시간 만에 죽었다. 우주 분야에서 소련의 가장 최고의 절정기는 보스토크Vostok 1호에 이전 비행기 조종사였던 유리 가가린Yuri Gagarin을 태워 우주 밖으로 보낸 때였다. 108분 동안 우주여행을 한 뒤 그는 인류 최초로 우주를 비행한 사람이 됐다. 이러한 최초 유인 우주 비행은 소련에 있어 아주 대단한 정치적 선전이었다.

가가린은 세계적으로 유명 인사가 됐지만 이후 추가적인 우주 비행은 이뤄지지 않았다. 왜냐하면 소련 입장에서 가가린과 같은 거물급 인사를 잃고 싶지 않았기 때문이다. 이렇게 국가 차원에서 애지중지 여겼던 그였지만 1968년 훈련 비행 중에 사고로 세상을 떠났다. 최초의 여성 우주인인 발렌티나 테레쉬코바Valentina Tereshkova는 전직 방직 기술자이자 아마추어 스카이다이버로 1963년 바리코누르 기지에서 우주로 날아갔다.

1960년대 중반에 유인 우주선에서 차지한 소련의 우위는 끝이 났다. 1960년대 말까지 달에 인류가 착륙할 것을 계획했던 존 F. 케네디 대통령의 의지에 따라 미국우주항공국NASA은 5백 퍼센트의 예산을 투여하고 엄청난 노력을 기울인 결과 소련을 넘어섰다. 1969년 미국이 달 착륙에 여섯 번을 연속적으로 성공한 것이다. 그러나 소련은 1971년 바이코누르 우주기지에서 최초의 우주 정거장 살류트Salyut 1호가 성공적으로 발사된 것을 제외하고는 네 번의 달 착륙 시도가 매번 실패로 끝났다. 미국과 소련의 우주선이 아폴로-소유스 실험 계획Apollo-Soyuz Test Project을 통해 지구 궤도에 도킹하고 우주인들이 실험을 공동으로 진행하면서 사실상 미국과 소련 간의 치열한 우주개발경쟁은 1975년에 끝이 났다.

1991년, 소비에트 연합이 붕괴되면서 카자흐 소비에트 사회주의 공화국은 카자흐스탄으로 바뀌었다. 하지만 러시아는 카자흐스탄에 바이코누르 우주기지를 그대로 두는 대신 일 년에 1억 1천5백 만 달러의 임대료를 지불하라고 했다. 4년이 지난 후, 공산주의의 쇠퇴를 상징하는 레닌스크의 이름은 공식적으로 바이코누르로 변경됐다. 이곳은 우주선과 우주 탐사의 중요한 허브로 우주 왕복선과 무인 우주선을 위해 사용됐다. 현재 이 우주기지의 가장 중요한 기능은 과학자와 우주 비행사, 그리고 전 세계의 우주 여행자들을 유치하는 지구 궤도 시설이 있는 국제우주정거장으로 가는 출발점으로 1998년 건설된 이후에 계속 운행하고 있다.

미국의 로켓 발사기지, 케네디우주센터

1962년 달에 착륙시킬 로켓을 발사할 적당한 장소를 찾던 미국우주항공국이 플로리다 주 메릿Merrit섬에 기지를 건설하기 시작했다. 이곳은 케이프커내버럴Cape Canaveral과 인접해 있는 곳으로, 이전에 나사에서 발사 수행을 많이 했던 곳이다. 케네디우주센터라는 이름은 달에 우주인을 보내고자 로켓 발사기지를 건설할 계획을 수립했던 케네디 대통령에게서 비롯됐다. 이곳에서 아폴로 11호가 발사되어 1969년 7월 20일에 최초로 달에 인간이 착륙했고, 그 외의 달과 관련된 임무를 수행했다. 미국 최초의 우주 정거장 스카이랩Skylab 역시 이곳에서 발사됐으며, 우주 왕복선의 이착륙도 이뤄지고 있다.

✤ 049 ✤

샤프빌

Sharpeville

인종차별과 학살의 공간

흑인에 대한 아파르트헤이트Apartheid(남아공의 극단적인 인종차별 정책과 제도)가 시행되던 남아공에서 백인이 아닌 인종의 사람들은 소위 '지정지'라고 불리는 분리된 지역으로 격리 수용됐다. 이곳은 시설이 열악했을 뿐 아니라 경제활동을 위한 고용이 제한되어 있었다. 가장 악명 높았던 지정지는 샤프빌로, 남아프리카공화국의 역사를 바꿀 만큼 잔혹했던 곳이었다.

1950년대부터 1979년대까지 아프리카 전역에서 제2차 세계대전의 여파로 서구 열강의 식민지로 있던 나라들이 하나둘씩 독립했다. 하지만 남아공의 상황은 달랐다. 제2차 보어전쟁(1899-1902)에서 승리한 대영제국은 1910년에 지금의 남아공의 땅에 보어인들이 세운 오렌지강 식민지와 트란스발을 포함해 케이프 식민지, 나탈 등 네 개의 식민지를 합쳐 남아프리카 연방Union of South Africa을 수립했다. 연방이 수립된 후에는 이 지역을 자치령으로 삼았으며 1931년에 웨스트민스터법에 따라 영국 의회가 통치권을 포기하고 자치 정부의 권한을 허용했다. 소수의 백인이 남아공의 정치와 경제 권력을 잡게 되면서 흑인들의 투표권한을 박탈하고 재산유지권한을 제한했다. 또한 비공식적으로 인종을 분리하는 정책이 있었는데, 이는 1948년 이후에 아프리카어로 '분리'를 뜻하는 아파르트헤이트 정책이 제정되면서 백인우월주의가 강화됐다. 남아공의 모든 국민들은 인종으로 등록되어 그들이 사는 곳과 일하는 곳은 물론 대중 시설에서도 엄격히 분리정책이 적용됐다.

이러한 인종차별정책을 실시한 남아공 정부에 대해 해외 국가들은 일침을 가했고, 일부 국가는 무역 통상 금지 조치를 시행하기도 했다. 남아공 내부에서는 1950년대에 아파르트헤이트에 대한 반대 운동이 전국적으로 퍼지면서 대규모 항의와 집단 시위가 벌어졌다. 남아공 정부는 폭력과 검열, 체포를 통해 시위대의 목소리를 잠재웠고, 어떠한 식의 저항도 용납할 수 없다는 입장을 고수했다. 가장 규모가 컸던 아파르트헤이트 반대 단체는 1912년에 흑인의 선거권을 주장하기 위해 출범된 '아프리카 민족 회의ANC'였다. 이 단체의 대표는 넬슨 만델라Nelson Mandela로 그는 템부Thembu족

족장의 아들로 태어났다. 그를 비롯한 많은 ANC의 회원들은 비폭력적이고 수세적인 방식으로 저항을 했지만 샤프빌에서의 사건은 그들의 비폭력주의 사고의 변화를 야기했다.

아파르트헤이트의 주요 원칙 중 하나는 다른 인종을 분리된 지역에서 격리시키자는 것이었다. 이것을 뒷받침하기 위한 법이 통과되면서 열 여섯이 넘은 흑인 성인들은 그들이 거주하는 곳이 아닌 다른 곳으로 이동할 때는 출입증을 반드시 소지해야 했다. 이 서류를 소지하지 않을 경우에는 바로 체포됐다. 이러한 출입증에 대한 반발이 심했으며 종종 아파르트헤이트에 대한 반대 표현으로 시위자들이 불을 지르는 경우도 있었다. 1960년에는 ANC에서 분리된 조직이 출범했는데 남아공의 흑인 해방 조직인 범아프리카 회의Pan Africanist Congress, PAC가 수립됐다. PAC는 이 분리정책의 법안 통과에 대한 국가 차원의 시위를 선언했다. 이 대규모 시위는 3월 21일에 거행됐으며 이는 ANC가 반대 시위를 계획했던 것보다 열흘 앞서 진행됐다.

3월 21일, 남아공 전역에서 시위가 벌어졌다. PAC은 사람들에게 출입증을 소지하지 않게 하면서도 이 일로 체포되지 않도록 조심하라고 했으며 이러한 반응들로 남아공 정부가 해당 법안을 철회하길 기대했다. 그날 아침 샤프빌에서는 5천 명이 넘는 시위 군중들이 경찰서 주변에 모여들었다. 사람들은 노래를 부르고 슬로

건을 외치면서 대부분의 시위는 평화롭게 진행됐다. 하지만 경찰 당국은 시위대를 향해 항공기를 낮게 띄우고 무장된 차들과 3백 명에 가까운 경찰들이 시위대를 향했다. 오후 1시 15분경에 인파가 몰려들었고 특별한 경고 없이 경찰 한 명이 발사를 하면서 그 주변 다른 경찰들이 같이 발사하기 시작했다. 2분이 지난 후 69명의 시위대가 사망했고, 2백 명에 가까운 사람이 부상을 당했다. 사상자의 대부분은 총성에 놀라 도망가는 중에 뒤에서 맞은 이들이었다. 이 끔찍한 대학살이 있은 후, 남아공 전역은 폭동과 시위로 가득찼다. 남아공 정부는 즉시 비상사태를 선포하며 ANC의 행위를 금지시켰다.

샤프빌의 여파로 유엔은 남아공 정부에 아파르트헤이트 정책을 중단하라고 촉구했다. 이러한 정책을 중단시키기 위해서는 군대를 동원하는 방법이 필요하다고 느낀 만델라는 1961년 ANC의 무장단체인 '국민의 창Umkhonto we Sizwe'이라는 비밀군대를 조직해 정부 시설을 공격하고 모든 기반시설의 운영을 정지시켰다. 그는 결국 수배자가 됐고 지하조직으로 숨어들었다. 하지만 1962년, 알제리에서 게릴라 전술을 훈련받은 후 요하네스버그로 돌아와 국민의 창 회동을 가졌다가 은신처로 돌아가는 길에 체포됐고, 5년 형을 선고받았다. 그다음 해 요하네스버그 교외 리보니아Rivonia에 있던 ANC의 은신처가 발각되고 경찰이 이들의 무기 저장소와 무장

투쟁 계획의 본거지를 찾아내면서 만델라의 상황은 점점 더 불리해져갔다. 이로 인해 만델라와 다른 10명은 음모 및 국가반역죄 등으로 재판을 받게 됐다. 1964년 재판에서 만델라를 포함한 여덟 명이 무기징역을 선고받았다.

만델라가 교도소에서 오랜 시간을 보내는 동안 반Anti아파르트헤이트 투쟁은 점점 더 거세졌다. 국제 제재를 받은 남아공은 버림받은 국가나 마찬가지였고 시위대와 경찰 간의 충돌은 일상이 됐다. 1980년대에 폭력사태가 점점 고조되면서 남아공 정부와 ANC 사이에 아파르트헤이트를 어떻게 종식시킬 것인가에 대한 협상이 비밀리에 시작됐다. 이러한 움직임으로 만델라는 1990년에 석방됐고 ANC도 공식적으로 허가를 받았다. 이 이후에도 계속된 협상으로 1994년에 모든 남아공 국민들이 동등하게 투표권을 행사할 수 있는 선거가 열렸다. ANC가 선거에서 승리하면서 만델라가 아파르트헤이트 이후의 남아공 정부를 이끌 대통령으로 당선되어 1999년까지 역임했다. 첫 재임기간에 그는 '진실화해위원회TRC'를 구성해 아파르트헤이트 지역에서 벌어졌던 반인권적 공권력 행사 등으로 은폐된 진실을 밝혔으며 1996년에는 법에 따라 모든 남아공 국민들의 평등을 영구히 보장할 수 있는 새로운 헌법을 공포했다. 이 법에 서명하기 위해 선택된 곳이 바로 샤프빌이다.

✦ 050 ✦

유럽입자물리연구소, 세른

CERN

세계 최대의 입자물리학 연구소

월드 와이드 웹World Wide Web, WWW이라는 혁명은 거의 동시에 엄청난 양의 정보를 교환할 수 있는 환경을 만들면서 사회, 정치, 세계 경제에 큰 변화를 가져다주었다. 이것은 유럽입자물리연구소 즉, 프랑스어로 세른Conseil Europn pour la Recherche Nuclire, CERN으로 더 잘 알려진 곳에서 시작됐다.

세른은 1952년에 파리에서 세른 설립 동의안이 체결되면서 임시로 출범했다. 예산 수립과 집행에 관여하는 12개국으로 시작한 세른은 이후에 10개국이 추가로 가입해 현재 총 22개국으로 구성되어 있다. 2014년에는 비유럽 국가로서는 처음으로 이스라엘이 가입했다. 세른은 설립 초기부터 입자 가속기 등을 이용해 고에너지 물리학 연구에 많은 기여를 했다. 또한 각 나라 물리학자들이 제휴할 수 있도록 적극적인 역할을 수행했다. 임시 체제였던 세른은 1954년에 공식화됐다. 이와 동시에 명칭도 '평의회'에서 '연구소'로 변경됐지만 세른으로 계속 불리고 있다. 결의안에 따르면 이곳에서의 연구는 순수한 목적의 과학 연구에 있으며, 군사 목적으로 활용되지 않는다. 또한 연구 자체도 비밀리에 진행되지 않고 대중들에게 공개하도록 되어 있다.

세른의 장소는 제네바 외곽에 있는 작은 마을인 메랑Meyrin으로 프랑스 국경과 아주 가까운 곳이다. 세른이 점점 더 확장되면서 세른의 시설 중 80퍼센트는 프랑스에 위치하게 됐다. 세른의 첫 성과는 1957년에 최초의 가속기를 건설한 것이었다. 가속기는 진공에서 전자나 양성자와 같은 입자를 빠른 속도로 가속시키고 자기장을 사용해 진행 방향을 조절하는데 사용된다. 일단 입자가 목표한 속도에 도달하면 대상이나 다른 빔과 충돌하게 되면서 이 결과가 검출기를 통해 기록된다. 이를 통해 과학자들이 우주 생성의 기본 성질을 더 많이 알게 되면서 입자를 관측할 수 있게 됐다. 세른이 설립된 지 10여 년이 지나면서 더 많은 입자 가속기들이 건설됐다. 그중 대표적인 것이 길이 27킬로미터의 프랑스 땅을 통과하는 지하 고리인 '대형 강입자 충돌형 가속기Large Hadron Collider, LHC'다. 이 가속기는 1998년부터 10년간 만들어져 2009년에 본격적인 가동에 들어갔다. LHC의 실험을 통해 지금까지 힉스입자Higgs boson가 붕괴하면서 발생하는 입자를 관측하여 힉스 입자의 존재를 증명해냈다.

인터넷은 컴퓨터로 연결시켜 정보를 공유하는 망이다. 이것의 기원은 알파넷ARPANET*으로 미국 국방성의재정지원을 통해 1969년 등장했다. 데이터를 여러 조각(패킷)으로 분할해 목적지에서 재조립하는 패킷 교환으로 설계됐는데, 이는 훨씬 더 빠른 전송을 가능하게 했다. 1970년대와 1980년대에 인터넷은 외부의 학계나 과학자, 공무원들로 구성된 소수 모임 이외에는 거의 알려지지 않다가 세른에서의 성과로 인해 모든 것이 바뀌었다.

1989년, 세른에서 연구하던 영국의 한 컴퓨터 과학자이자 엔지니어였던 팀 버너스-리Tim Berners-Lee와 여러 나라의 과학자들은 인터넷을 통해 컴퓨터 파일을 매끄럽게 전송할 수 있는 시스템을 연구 중이었다. 그는 이러한 문제를 해결할 수 있는 WWW을 제안했다. 그는 세른의 운영방침에 따라 1993년 WWW 소프트웨어를 일반 사람들이 무료로 사용할 수 있도록 공개했다. 당시 개인 컴퓨터

* 알파넷은 인터넷의 시초였다. 1969년, UCLA의 작은 지하에 있던 연구실에서 10월 29일 알파넷의 첫 메시지가 스탠포드 연구소로 전송됐다. 프로그래머가 '로그인login' 명령어가 전송이 다 되기도 전에 시스템 간의 충돌이 되면서 알파넷에서 처음 전송된 메시지는 'lo'가 됐다.

의 가격이 하락하면서 인터넷의 활용이 폭발적으로 증가하던 시기였다. 1990년부터 2000년까지 전 세계 인터넷 사용자 수는 260만 명에서 4억 명 이상으로 엄청난 속도의 성장을 기록했다. 현재는 전 세계 인구의 절반에 가까운 30억 명 이상이 인터넷을 사용하고 있다. 다수의 사람들이 모바일을 통해 WWW에 접속하고 있다.

특히 선진국의 특징은 어느 곳에서는 사용할 수 있는 인터넷이다. 소위 '아마존, 애플, 페이스북, 구글, 마이크로소프트'와 같은 '빅5' 기술기업들이 우리 일상에 막대한 영향력을 행사하고 있다. 하지만 WWW와 인터넷이 세른이 원했던 상황에 맞게 따라준 것은 아니었다. 여러 방면에서 사람들을 한 번에 불러 모이게 했을 수도 있었으나 이러한 기술력은 사회에서 소외감을 부추겼을 수도 있고, 온라인과 심지어 국내의 디지털 감시 위험에 대한 두려움과 개인 정보 도용과 같은 문제를 불러 일으켰다. 그러나 인터넷과 WWW는 즉각적인 의사소통과 디지털화된 데이터의 공유와 보존을 가능하게 만들었으며 효율적인 경제 거래에 일조하는 등 여러 측면에서 인류에게 긍정적인 영향을 주었다. 여전히 세른에서 탄생한 버너스-리의 WWW 아이디어는 세계를 변화시켰고, 계속해서 변화시키고 있다.

✤ 나가며 ✤

세계 곳곳은 언제나 잠재적인 역사의 현장이다. 장기적인 흐름에서 어느 특정한 한 곳이 빛날 수도 있다. 예를 들어 전 세계 산업혁명이 시작된 곳이 브루게에 있었던 여인숙이었고, 스코틀랜드의 작은 마을이라는 사실들처럼 말이다. 이처럼 역사적인 인물들과 이들의 이야기가 있는 장소는 뗄 수 없는 관계다. 석가모니와 루이 16세에 대해 얘기하려면 보리수나무와 베르사유 궁전을 꺼내지 않고 어떻게 설명할 수 있겠는가? 역사를 구성하는 큰 전투나 전쟁에 대해 말하려면 독일과 폴란드 국경에 있던 라디오 타워와 같은 특정 장소로 거슬러 올라갈 수밖에 없다.

우리는 앞으로 디지털 환경에서 더 많은 시간을 보낼 것이다. 그래서 역사 속의 중요한 순간들이 늘 물리적인 공간에만 국한된다는 것에 의문이 들 수도 있다. 하지만 인터넷은 서버 팜Server Farm이나 데이터 센터와 같은 장소에 가시적인 의미로 존재하기에 아마도 내일의 역사를 형성하는 장소가 될 것이다. 끝으로 인류가 우주를 식민지로 삼는다 하더라도 그 정복의 시작점에는 과학의 발견과 정치적인 결정이 발생한 장소가 있을 것이라는 점에는 의심의 여지가 없을 것이다.

✤ 감사의 글 ✤

이 책은 마이클 오마라 출판사Michael O'mara Books, 특히 편집자 가브리엘라 네메스Gabriella Nemeth가 없었다면 불가능했을 것이다. 편집 작업을 해 준 데이비드 잉글스필드David Inglesfield, 삽화와 지도를 그려준 오브리 스미스Aubrey Smith와 데이비드 우드로프David Woodroffe에게 감사의 뜻을 전한다. 그리고 지난 몇 년간 같이 해 준 제자들과 동료들과 작업에 협조해준 모든 도서관 관계자 분들께 진심으로 감사드린다.

세계사에 기억된 50개의 장소

시대의 이야기를 품은 특별한 공간,
땅 위에 남겨진 역사를 읽다

초판 1쇄 발행 2021년 8월 24일

지은이 제이콥 필드
옮긴이 김산하

펴낸이 성의현
펴낸곳 (주)미래의창

편집주간 김성옥
기획 김윤하
편집 권서현
디자인 윤일란
홍보 및 마케팅 연상희 · 김지훈 · 김다울 · 이보경

출판 신고 2019년 10월 28일 제2019-000291호
주소 서울시 마포구 잔다리로 62-1 미래의창빌딩(서교동 376-15, 5층)
전화 070-8693-1719 **팩스** 0507-1301-1585
홈페이지 miraebook.co.kr
ISBN 979-11-91464-42-9 03900

※ 책값은 뒤표지에 있습니다. 잘못된 책은 바꿔 드립니다.